经济管理学术新视角丛书

RESEARCH ON THE PRODUCTIVITY GROWTH OF CHINA COAL INDUSTRY UNDER ENVIRONMENTAL CONSTRAINTS

环境约束下中国煤炭产业生产率增长研究

李 强◎著

感谢国家自然科学基金青年项目“考虑环境因素的煤炭产业生产率测度及提升机制研究”（71103181）、国家统计局全国统计科研计划重点项目“考虑能源与环境的工业生产率计算方法研究”（LX2010LB10）的资助。

经济管理出版社
ECONOMY & MANAGEMENT PUBLISHING HOUSE

图书在版编目（CIP）数据

环境约束下中国煤炭产业生产率增长研究 / 李强著. —北京：经济管理出版社，2015.1
ISBN 978-7-5096-3573-5

Ⅰ. ①环… Ⅱ. ①李… Ⅲ. ①煤炭工业—劳动生产率—增长—研究—中国 Ⅳ. ①F426.21

中国版本图书馆 CIP 数据核字（2014）第 312641 号

组稿编辑：赵喜勤
责任编辑：张　艳　赵喜勤
责任印制：司东翔
责任校对：王　淼

出版发行：经济管理出版社
（北京市海淀区北蜂窝 8 号中雅大厦 A 座 11 层　100038）
网　　址：www. E-mp. com. cn
电　　话：（010）51915602
印　　刷：北京京华虎彩印刷有限公司
经　　销：新华书店
开　　本：720mm × 1000mm/16
印　　张：12.25
字　　数：260 千字
版　　次：2015 年 1 月第 1 版　2015 年 1 月第 1 次印刷
书　　号：ISBN 978-7-5096-3573-5
定　　价：45.00 元

前　言

煤炭在中国一次能源结构中占据主体地位，煤炭产业可持续发展对中国经济平稳健康增长至关重要。长期以来，中国煤炭产业由于片面追求速度优先，沿用“高投入、高消耗、高污染”的粗放型增长模式，造成资源过度开发，环境严重破坏。不断累积的负面效应使得中国煤炭产业资源与环境的承载力已经接近极限。在生态文明成为全社会共同追求的大背景下，煤炭产业亟须转型升级，科学合理的发展方式有利于资源、环境与经济相互间的良性循环，反之将会引起一系列不良的连锁反应。煤炭产业作为国民经济基础产业和资源环境双重约束产业，“又好又快”、“绿色增长”将在今后很长一段时间成为中国煤炭产业发展的重要目标之一。“又好又快”突出了“好”在煤炭产业增长中是首要的、决定性的，以“好”来统领“快”;“绿色”则强调低污染、低排放。“又好又快”和“绿色增长”更加重视煤炭产业科学发展，强调发展的质量和效益，把节约资源、保护环境提高到更加重要的战略地位。

本书以“生产率”为主线，将环境因素纳入中国煤炭产业生产率分析框架，系统研究环境约束下的中国煤炭产业的生产率测度及影响因素问题，是对传统生产率理论的拓展和延伸，有助于更加明晰地把握中国煤炭产业增长过程中的资源消耗和环境污染，有助于各地区有针对性地构建煤炭产业绿色增长的实施路径，为提高煤炭资源整合效率和推动煤炭产业转型升级提供参考，具有重要的理论和现实意义。

本书研究的内容主要包括：①设计未考虑和考虑环境因素两种情形下的中国煤炭产业生产率测度方法。分别利用产出距离函数和方向性距离函数并基于DEA 方法构建 Malmquist 指数和 Malmquist-Luenberger 指数，对未考虑和考虑环境因素两种情形下的煤炭产业生产率、技术进步和技术效率进行测算，并将两种情形下的煤炭产业生产率测度结果进行对比，更深入地论证考虑环境因素对客观评价中国煤炭产业增长质量的重要意义。②比较分析煤炭产业和其他能源产业环境生产率的差异性。将二氧化硫排放作为能源产业生产过程的“坏”产出，构建SML 指数模型测算中国能源产业及其四大细分行业的环境生产率、环境技术进步和环境技术效率，并将其与在未考虑环境污染情形下所计算的结果进行比较。在此基础上，利用核密度函数估计法分别检验了中国省际能源产业环境生产率及其四大细分行业环境生产率的收敛性。③从理论和实证两方面系统研究了未考虑环境规制和考虑环境规制两种情形下中国煤炭产业生产率的影响因素问题。首先基于内生增长理论、新制度经济学和发展经济学等理论，充分考虑中国转型期煤炭产业发展特征（包括环保形势严峻、投融资体制不健全、劳动力流动频繁、产权改革有待深入、区域发展不平衡等），在深入剖析技术创新、进出口、市场化进程和基础设施对中国煤炭产业生产率作用机制的基础上，引入环境规制因素，重点分析了环境规制对技术创新、进出口与中国煤炭产业生产率相关性的外部影响，构建了环境约束下中国煤炭产业生产率的影响因素理论分析框架。然后分别设计未考虑环境规制与考虑环境规制的实证检验模型，利用 1999~2011 年中国省级煤炭产业数据对煤炭产业生产率影响因素进行实证分析，厘清了环境约束对中国煤炭产业生产率的特殊影响。④设计了中国环境友好型煤炭产业生产率增长路径。根据理论和实证研究结论，为推动中国煤炭产业“又好又快”、“绿色增长”，实现经济效益与环境效益的“双赢”，从环境规制、技术创新、进出口、市场化进程和基础设施五个方面构建中国环境友好型煤炭产业生产率增长路径。

感谢国家自然科学基金青年项目“考虑环境因素的煤炭产业生产率测度及提升机制研究”（71103181）、国家统计局全国统计科研计划重点项目“考虑能源与环境的工业生产率计算方法研究”（LX2010LB10）的资助。

限于本人的学识和能力，本书的研究过程和结论仍有许多值得推敲和不尽如人意之处，敬请读者和学界同仁批评指正。

李 强

2014 年 12 月

目　录

第一章 导 论

第一节 选题背景及问题提出

一、选题背景

（一）中国煤炭产业发展迅速

经过新中国成立以来60余年的快速发展，中国已经成为全球增长速度最快的经济体之一，而工业经济是推动中国经济快速增长的主要动力。特别是进入21世纪以来，中国的工业化进程不断加快。根据中国社会科学院蓝皮书《中国工业化进程报告》，1995年中国工业化水平综合指数为18，尚处于工业化初期，2002年这一指数上升到33，开始迈入工业化中期阶段，预计到2021年，中国将实现工业化①。从工业产品生产能力来看，中国已经成为名副其实的“世界工厂”。2012年，中国原油产量20700万吨，发电量49377.70亿千瓦小时，水泥产量220984.08万吨，钢材产量95577.83万吨，汽车产量1927.62万辆，水泥、钢材、电视机、服装等一大批工业产品的产量居世界第一位②。

中国工业特别是高耗能产业的快速增长带动了对能源的巨大需求，由于煤炭在中国一次能源结构中长期处于主体地位，使得煤炭生产、进口、消费等均呈现出明显的上升趋势，数据如表1-1所示。煤炭产业投资也急剧增加，从2006年的1459.02亿元上升到2012年的5370.24亿元③。煤炭产业为国家创造了大量的社会财富和就业岗位，为国民经济持续增长提供了强有力的支撑。

---

① 陈佳贵等. 中国工业化进程报告［M］. 北京：社会科学文献出版社，2007.

②③ 数据来源于国家统计局网站。

表 1-1 2006~2012 年中国煤炭生产、进口、消费情况

单位：万吨

年份	煤炭生产量	进口煤量	煤炭消费量	工业煤消费量
2006	252855.1	3810.5	255065.5	238510.2
2007	269164.3	5101.6	272745.9	256202.8
2008	280200	4034.1	281095.9	265574.2
2009	297300	12584	295833.1	279888.5
2010	323500	16309.5	312236.5	296031.6
2011	351600	18209.8	342950.2	326230
2012	364500	28841.1	352647.1	335714.7

注：数据来源于国家统计局网站。

（二）中国煤炭产业发展付出沉重的资源环境代价

在经济快速增长的同时，我们也必须清醒地认识到，中国为之付出了沉重的资源环境代价。中国虽然地大物博，但人均资源拥有量却很贫乏。中国人均水资源量仅为世界人均占有量的 1/4，人均耕地不到世界平均水平的 40%，人均森林占有面积更是只有世界人均水平的 1/5[①]。与此同时，中国有多种主要能源资源人均占有量更是极少，人均石油开采储量仅有 2.6 吨，人均天然气开采储量 1074 立方米，人均煤炭开采储量仅 90 吨，分别为世界平均水平的 11.1%、4.3%和 5.4%[②]。能源产品的短缺已经成为严重制约中国经济发展速度及规模的关键因素，近几年发生的大规模“电荒”、“煤荒”、“油荒”等有力地说明了这一点。另外，中国经济发展中的资源浪费现象非常严重。一方面体现在资源开采过程中乱采滥挖，回采率低。如为煤炭资源开采的“挑肥弃瘦”行为，大量的“边角煤”、“三下”压煤被弃采，回采率平均只有 30%左右，而发达国家总体回收率达 60%~70%[③]。另一方面体现为中国技术水平相对落后，资源耗用量较大，单位 GDP 能耗、原材料消耗和国外有较大差距。世界银行《世界发展报告(2002)》指出，中国 1 亿美元 GDP 所消耗的能源大约是日本的 7.20 倍、德国的 5.62 倍、美国的 3.52 倍、印度的 1.18 倍、世界平均水平的 3.28 倍，资源节约形势异常严峻。

环境破坏是中国煤炭产业发展进程中需要关注的另一个关键问题。据统计，中国现有河流近 50%的河段受到污染，10%的河段严重污染，不能饮用的地表水占全部监测水体的 40%。中国酸雨面积已占国土面积的 30%，空气质量达标城市

① 数据来源于中国国土资源部网站。
② 数据来源于中国生产力学会网站。
③ 数据来源于新华网网站。

仅占 1/3。与发达国家相比，中国每增加单位 GDP 的废水排放量要高出四倍，单位工业产值产生的固体废弃物高达 10 倍以上[①]。2014 年，耶鲁大学和哥伦比亚大学在世界经济论坛公布了《环保表现指标》（EPI），对世界多个国家和地区的环保表现进行了排名，中国只排在第 118 位。具体到煤炭产业，煤炭开发利用对环境的破坏性主要表现在：第一，煤炭开采对区域生态环境破坏严重，包括煤矸石对环境的污染、开采对矿井水的污染、排放瓦斯对环境的污染，煤炭在储、装、运过程中的粉尘污染、地表土地塌陷、水土流失、土地沙漠化、固体废弃物占压和污染土地等，恢复治理难度大。矿产资源开发过程中的每一个阶段都需要生态环境资源的配合，同时都包含对生态环境资源的消耗[②]。据预测，2015 年西部地区煤炭开采将形成土地沉陷面积 4.18 万公顷，产生煤矸石和煤泥 3.52 亿吨、煤矿瓦斯 91.15 亿立方米[③]。第二，以煤炭为基础的资源深加工和产业链延伸对水资源的消耗大。我国"十二五"重点开发的西部煤炭矿区大多位于干旱半干旱地区，水资源短缺。以鄂尔多斯市煤化工产业为例，每生产 1 吨甲醇、二甲醚和煤制油分别要耗水 17 吨、14 吨和 12 吨，而所在地区年降水量不足 400 毫米，年蒸发量却超过 2500 毫米[④]。第三，重工业化的煤炭产业发展导致二氧化碳等温室气体大量排放。我国承诺到 2020 年单位国内生产总值二氧化碳排放比 2005 年下降 40%~45%，并将二氧化碳减排指标纳入地方政府的考核体系，碳减排已成为经济可持续发展的内在要求。高污染、高排放的煤炭产业过快增长造成煤炭矿区的碳减排形势更加严峻。

（三）中国煤炭产业发展面临资源环境的双重约束

煤炭产业的发展离不开资源环境。科学合理的增长方式有利于资源、环境与经济相互间的良性循环，反之将会引起一系列不良的连锁反应，造成资源的浪费和环境的破坏，终将使产业发展受阻。正如《增长的极限》一书中所提出的警告，这个地球既是我们的，也是子孙的，绝不能贪婪无度地向自然界索取。

可以预期，随着中国经济在较长时期内维持高增长水平运行，煤炭产业发展与资源、环境之间的矛盾将更加突出。由于在煤价黄金时期，大部分煤炭企业片面追求速度优先，长期沿用"高投入、高消耗、高污染"的粗放型增长模式，造成中国煤炭产业经济效益不高，资源过度开发，环境破坏严重。不断累积的负面效应使得中国煤炭产业资源与环境的承载力已经接近极限，若继续延续下去，将

① 数据来源于中国生产力学会网站。

② 朱迪·丽丝. 自然资源：分配、经济学与政策［M］. 蔡运龙等译. 北京：商务印书馆，2002.

③ 国家能源局. 煤炭工业发展"十二五"规划［R］. 2012.

④ 中化新网. 内蒙古西部煤化工产业遭遇"水困"［EB/OL］. http://www.ccin.com.cn/ccin/news/2011/09/16/199349.shtml，2011-09-16.

有可能引发巨大的经济和社会风险。中国煤炭产业增长面临着严峻的资源与环境双重压力。

（四）中国煤炭产业需走"又好又快"、绿色发展道路

资源环境约束并不是中国所面临的独有问题，大多数发达国家在发展过程中也都遇到过相似的困扰。虽然各国在实践中采取的应对策略不尽相同，但核心的思想都是提高经济运行效率，实现质量效率型增长，通过全要素生产率提升实现可持续发展。世界银行 2003 年出版的《创新的亚洲：增长的前景》中写道，"以前东亚地区经济的高速增长主要依靠的是资源的大量消耗，其增长方式是资源消耗型增长模式，而这种增长模式如果不改变的话，东亚地区经济就有可能出现边际收益递减的现象，因此，必须走技术集约型的增长道路"。中共十六大报告提出了中国今后应该走科学技术含量高、经济效益好、资源消耗强度低、环境污染少、人力资源优势得到有效发挥的新型工业化道路。在 2006 年度的中央经济工作会议上首次明确要求中国今后的经济增长方式要从"又快又好"转到"又好又快"的发展道路上，从粗放型的经济增长方式转到集约型的增长方式上来，共建资源节约型、环境友好型社会。中共十八大报告指出，面对资源约束趋紧、环境污染严重、生态系统退化的严峻形势，必须树立尊重自然、顺应自然、保护自然的生态文明理念，把生态文明建设放在突出地位，融入经济建设、政治建设、文化建设、社会建设各方面和全过程。2013 年中央经济工作会议再次强调加快传统产业优化升级。从中央的一系列文件和政策可以看出中国政府在发展思想上的重大变化，煤炭产业作为国民经济基础产业和资源环境双重约束产业，"又好又快"、"绿色增长"将在今后很长一个时期成为中国煤炭产业发展的重要目标之一。"又好又快"突出了"好"在煤炭产业增长中是首要的、决定性的，以"好"来统领"快"；"绿色增长"则强调低污染、低排放。"又好又快"和"绿色增长"更加重视煤炭产业科学发展，强调发展的质量和效益，把节约资源、保护环境提高到更加重要的战略地位。

二、问题提出

生产率一直是经济学研究的焦点问题。经济学理论普遍认为，经济增长的源泉主要有两个：增加要素投入和提高生产率。一般而言，在经济发展初期，资本和劳动力等生产要素投入对经济增长的贡献显著，通过大规模的增加资本投入和发展劳动密集型产业能够推动经济快速增长；当经济发展达到较高水平之后，在要素边际收益递减的规律作用下，资本和劳动力等生产要素投入对经济增长的拉动作用已接近极限，此时则需转向生产率提升，发挥技术进步和技术效率等的推动力作用。高效率的生产过程可以以最小的投入，转化为最大的有价值产出，实现生产的快速和优质发展。

随着中国经济的蓬勃发展，关于中国经济增长的源泉受到了学者们的广泛关注，相关研究成果非常丰富，但研究结论存在显著的差异。Jefferson 等（1996）的研究表明，1978 年以后中国所进行的制度变革并没有显著促进中国生产率的增长。Huang 和 Meng（1999）对 967 个国有企业的调查研究表明，1986~1990 年的生产率增长为-2.2%。郑京海等（2002）采用 1980~1994 年的数据对中国四个工业行业的研究发现，除了纺织业外，其他行业的生产率都一直表现为增长的态势。涂正革（2007）分析认为，全要素生产率增长拉动工业增长平均为 9.2%，贡献率约 60%。

需要指出的是，关于中国煤炭产业生产率的研究文献大多没有考虑环境因素。生产率测度的传统方法存在两个方面的问题：一是投入方面。随着中国环境规制制度的不断完善和执行力度的加强，企业为了达到环境规制的要求，必须要投入相关的人力、物力等生产要素。但传统方法并未区分企业的要素投入中哪些用于正常产品生产，哪些用于环境污染防治。二是产出方面。传统方法仅仅用期望产品“好产出”的增长率减去所有投入的贡献，而环境污染等非期望“坏产出”并没有被纳入计算过程。涂正革、肖耿（2009）指出，考虑环境因素的生产率与传统生产率的内涵不同，其主要差异在于前沿产出，即衡量效率高低的标准不同。前者既要求产出高，也要求污染少，两方面综合权衡，而传统生产率的衡量标准只考虑产出最大。因此，考虑环境因素的生产率测度方法与传统方法的计算结果并不相同。传统方法由于忽视环境污染因素，会使生产率的测度结果出现偏差，不利于对煤炭产业生产率的增长质量进行客观评价，进而影响政策建议的科学性和可行性。

因此，面对理论和现实需求，基于实现中国煤炭产业“又好又快”、“绿色增长”的发展目标，围绕“环境约束下的中国煤炭产业生产率”这一主题，有以下问题值得提出：

第一，考虑环境污染“坏产出”的中国煤炭产业生产率水平如何，与未考虑环境因素相比，是否有明显的差异？

第二，与其他能源产业相比，中国煤炭产业的环境生产率处于什么水平，各地区煤炭产业生产率是否存在收敛性？

第三，在生态文明建设目标引导下，中国政府出台了多项针对煤炭产业的环境规制政策。基于中国特殊的制度背景，环境规制是否对中国煤炭产业的生产率产生了影响，环境约束下驱动中国煤炭产业生产率增长的关键因素有哪些？

第四，如何构建中国环境友好型煤炭产业生产率增长的具体路径，助推煤炭产业转型升级？

本书在已有研究文献的基础上，将环境因素纳入中国煤炭产业生产率的分析框架，尝试从理论和实证角度研究环境约束下中国煤炭产业生产率的测度及影响因素问题。

第二节 研究意义

一、理论意义

本书构建环境约束下的煤炭产业生产率分析框架，是对传统生产率理论的拓展和延伸，对于推进环境经济学与产业发展理论的相互融合具有重要的理论意义，具体表现在：

第一，纳入环境因素，设计煤炭产业生产率测度方法。煤炭生产的期望产品称为“好产出”，而所排放的废水、废气、废渣等环境污染物称为“坏产出”。本书考虑到煤炭生产的特殊性，以资本、劳动力、技术进步和能源作为投入，区别考虑“好产出”和“坏产出”，构建非参数型环境生产前沿理论模型，并对生产率指数进行分解，得出技术进步效应和技术效率效应，有利于克服传统煤炭产业生产率测度方法忽视环境污染产出造成的偏差问题，提高生产率测度的准确性。

第二，考虑中国转型经济的典型特征，系统架构环境约束下的煤炭产业生产率影响因素理论体系。主流经济学的理论强调技术、人力资本对生产率的作用，但是，主流经济学的研究往往是以西方发达市场经济作为研究背景的，研究结论并不完全适用于处于转型期的国家。本书从中国煤炭产业面临的环境规制和资源整合背景入手，基于内生增长理论、新制度经济学和发展经济学等理论，深入分析环境约束下的技术创新、进出口、市场化进程和基础设施等对中国煤炭产业生产率的作用机制，有利于从理论上探究中国煤炭产业生产率背后诸多因素的影响路径和方向。

二、实践意义

当前，中国政府正在大力加强生态文明建设和煤炭资源整合，其目标包括两层含义：一是提高生产率对煤炭产业增长的贡献，促进资源节约；二是降低煤炭产业发展对环境的不利影响，减少环境污染和排放。本书对中国煤炭产业可持续发展的实践意义在于：

第一，通过测度考虑环境因素的中国煤炭产业生产率，有助于更加明晰地把握中国煤炭产业增长过程中的资源消耗和环境污染情况，更加清楚地反映所面临的资源环境约束，从而客观地评价中国煤炭产业增长的速度和质量；通过比较环境约束下中国各地区煤炭产业生产率的差异性，能够发现各地区煤炭产业在投入产出方面的差距以及是否有上升空间，能为确定政策调控着力点、制定有区别的政策措施提供决策依据。

第二，对影响中国煤炭产业生产率增长的关键因素进行实证分析，特别是考虑环境规制、技术创新、进出口、市场化进程和基础设施的作用，有助于各地区有针对性地构建促进煤炭产业绿色增长的具体路径，为提高煤炭资源整合效率和推动煤炭产业转型升级提供参考。

第三节 技术路线与研究内容

一、技术路线

本书研究的技术路线如图 1-1 所示。

本书首先分析中国煤炭产业增长面临的资源环境约束，提出中国煤炭产业应转变增长方式，实施“又好又快”、“绿色增长”，进而引出将环境因素纳入中国煤炭产业生产率分析框架的必要性。其次，设计考虑环境因素的煤炭产业生产率测度方法，具体计算中国煤炭产业生产率的增长情况，并与未考虑环境因素的传统测度方法进行比较。再次，将煤炭产业与其他能源产业的生产率进行比较分析，探究其差异性，并检验是否存在收敛性。然后，在对环境约束下的中国煤炭产业生产率影响因素做理论分析的基础上，进行实证检验。最后，根据理论和实证分析结论，构建中国环境友好型煤炭产业生产率增长的具体路径，并对未来研究方向进行展望。

二、研究内容

本书共包括九章。各章的主要研究内容如下：

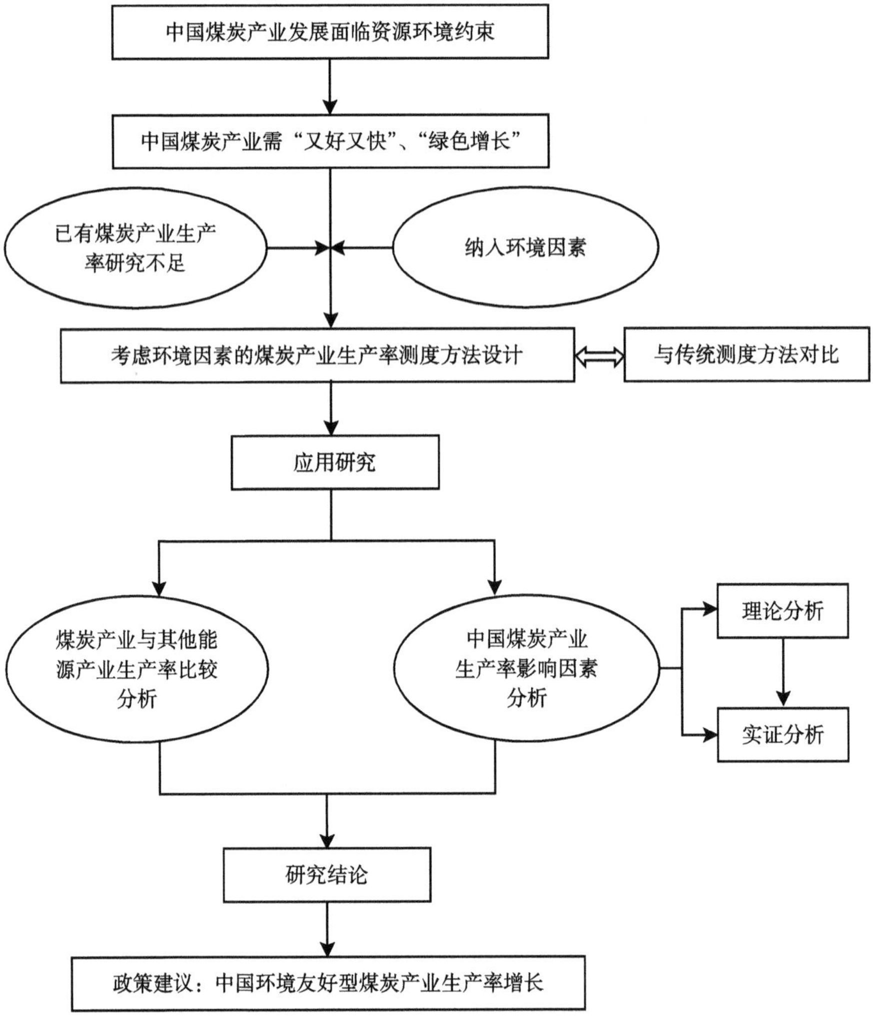

图 1–1 技术路线图

第一章是导论。主要从中国煤炭产业发展面临的资源环境约束以及已有煤炭产业生产率研究存在的不足等方面论证本书的选题背景以及理论意义和实践意义。在此基础上，阐述本书研究的技术路线、研究内容和研究方法。

第二章是国内外相关研究综述。主要以生产率为主线，系统回顾了生产率内涵和生产率测度方法等理论，对国内外关于中国生产率测度以及生产率影响因素的实证研究文献进行了较为细致的梳理。总结已有研究取得的成果，并指出进一步完善的方向。

第三章是中国煤炭产业发展现状。主要介绍中国煤炭资源赋存情况和生产布局，然后分析中国煤炭产业经济效益，选择相应指标及典型企业对煤炭产业的总体和个体经济效益进行评价，并对中国煤炭产业市场化改革历程进行回顾。最后介绍中国煤炭产业兼并重组的现行政策及实施进展。

第四章是未考虑环境因素的中国煤炭产业生产率测度。主要是采用传统方法，即在未考虑环境因素的情况下，构建中国煤炭产业生产率指数、技术进步、技术效率等的测度模型，并选择各省份数据进行实证分析。

第五章是环境约束下的中国煤炭产业生产率测度。首先将方向性距离函数应用于考虑环境因素的生产率测算，投入端加入能源因素，产出端考虑环境污染“坏产出”，基于 DEA 方法构建 Malmquist-Luenberger 指数，并将生产率拆分为技术进步和技术效率提高两个部分。在此基础上，将本章的测度结果与第四章的传统方法测度结果进行对比分析，进一步说明在煤炭产业生产率测度过程中考虑环境因素的必要性和科学性。

第六章是中国煤炭产业与其他能源产业生产率比较研究。分别计算中国能源产业以及四大细分行业，即煤炭开采及洗选业、石油及天然气开采业、石油及炼焦加工业和电力、热力及燃气的生产和供应业等的生产率及其分解情况，并进行比较研究。最后，对地区间能源产业生产率的收敛机制进行分析，并对中国省级能源产业生产率及其分解的数据进行实证检验。

第七章是环境约束下中国煤炭产业生产率影响因素理论分析，构建中国煤炭产业生产率影响因素的理论体系。基于内生增长理论、新制度经济学和发展经济学等理论，深入分析环境规制背景下技术创新、进出口、市场化进程和基础设施等对煤炭产业生产率的作用机制，以探究环境约束下中国煤炭产业生产率背后诸多因素的影响路径和方向，为下文的实证分析奠定理论基础。

第八章是中国煤炭产业生产率影响因素实证分析。在理论研究的基础上，实证检验中国煤炭产业生产率影响因素。首先，介绍考虑环境规制和未考虑环境规制两种情况下的实证研究模型构建以及所涉及的相关数据来源及指标选取。其次，对相关指标进行描述性统计和分析。再次，采用面板数据分析方法对实证研究模型进行形式检验并得出实证研究结果。最后，对实证研究结果进行讨论。

第九章是研究总结、政策建议和展望。总结本书的研究成果，基于理论和实证研究结论，构建中国环境友好型煤炭产业生产率增长的具体路径，并对未来的研究工作进行展望。

第四节　研究方法

本书研究内容因涉及学科交叉问题，所包括的理论工具和研究工具范围较广。在理论分析方面，借鉴了环境经济学、内生增长理论、新制度经济学和产权经济学等。在研究方法方面，主要采用了三类研究方法。

1. 基本统计分析方法

分析中国煤炭产业发展取得的成绩（特别是经济效益）以及所造成的资源环境损失，论证中国煤炭产业走“又好又快”、“绿色增长”之路的必要性和本书选题的重要意义。

2. 非参数分析方法

采用非参数分析方法测度考虑环境因素的中国煤炭产业生产率情况。首先通过 DEA 技术构造出某经济体的生产可能性边界，其次利用方向性距离函数计算出经济体中每个生产决策单元与生产可能性边界的距离，最后基于两期的方向性距离函数计算出此期间的 Malmquist-Luenberger 指数。

3. 理论分析与实证分析相结合的方法

对于中国煤炭产业生产率影响因素的研究，首先从中国环境规制的制度背景入手，基于内生增长理论、新制度经济学和发展经济学等理论，构建环境约束下的技术创新、进出口、市场化进程和基础设施等对生产率的作用机制，从理论上探究各因素对生产率的影响路径和方向。然后采用计量经济学模型进行实证分析，并对实证分析结果进行讨论。

第二章　国内外研究综述

第一节　生产率内涵及测度方法研究

一、生产率内涵研究

对生产率的探索最早可以追溯到古希腊的柏拉图、亚里士多德。Quesnay（1766）首次对生产率的概念进行了界定，在此研究中，生产率被定义为产出与投入之比值。此后，Solow（1956）、Jorgenson 和 Griliches（1967）等不断地深化生产率的内涵。目前，学术界比较一致的观点是，生产率即为产出与投入之比，衡量资源开发利用的效率。经济学理论普遍认为，经济增长的源泉主要有两方面：增加要素投入和提高生产率。短期来看，要素投入对经济增长的推动作用是显著的，但由于资源有限性和要素边际收益递减等规律的存在，经济的长期增长必须依靠生产率的提高来实现。因此，生产率分析是评价经济增长质量、促进经济可持续增长的关键问题。

生产率可分为单要素生产率（Single Factor Productivity，SFP）和全要素生产率（Total Factor Productivity，TFP）。若作为研究对象的投入物只包括单一生产要素，所得生产率为单要素生产率，比如资本生产率、劳动生产率等。假定某一要素投入用 x_i 表示，产出用 Y 表示，则单要素生产率为：

$$SFP_i = Y/x_i$$

全要素生产率则是衡量总产出与综合要素投入的效率关系。综合要素投入是各要素投入的加权和，假定用 X 表示。则全要素生产率为：

$$TFP = Y/X$$

早期研究主要关注的是单要素生产率，虽然计算简便、结果明确，但只能反映局部的、孤立的生产效率。相对而言，全要素生产率能够表达综合经济效率，从要素投入数量、结构和关联性等多方面反映对产出的影响。因此，自“二战”以后，学术界关于生产率的研究转向了全要素生产率。本书所研究的生产率也特指全要素生产率。

二、生产率测度方法研究

为了准确把握一个国家、地区或行业的经济增长质量，有必要对生产率进行测度，学术界对这个问题进行了深入的研究。从理论的完善程度和应用的广泛程度来看，生产率的测度方法大体上可以分为两大类：第一类是参数方法。参数方法使用一定的生产函数来描述投入与产出的关系，通过对生产余值的计算来获取全要素生产率的变化率，主要有索罗余值方法、随机前沿分析方法等。参数方法的关键在于需要首先确定恰当的生产函数，这将决定最终的测度结果。第二类是非参数方法。非参数方法绕开了生产函数，基于线性规划理论和指数理论等非参数理论，直接从投入和产出的角度来考虑全要素生产率的变化率，主要有数据包络分析方法等。

下面对这几种常用的生产率测度方法进行介绍。

（一）索罗余值方法

索罗余值方法是索罗（1956，1957）提出的。他将产出增长中不被生产要素投入的增长所解释的那部分称为“增长余值”，并认为这一“余值”是由于技术进步产生的。索罗用“余值法”测度技术进步对经济增长的贡献，也即为全要素生产率的增长率。

设生产函数为：$Q=f(K, L, t)$

Q 表示产出量，K 和 L 分别代表以“物理”单位衡量的资本投入和劳动投入，t 为时间变量。从函数关系式中可以看出，这个生产函数等产量线随时间的变化而发生改变。

假设技术进步是“中性”的，采用希克斯中性技术进步，则有：

$$Q=A(t)\cdot f(K, L)$$

两边取对数，可得：

$$\ln Q=\ln A(t)+\ln f(K, L)$$

两边对时间 t 求导数，可得：

$$\frac{dQ/dt}{Q}=\frac{dA/dt}{A}+\frac{1}{f}\cdot\frac{\partial f}{\partial K}\cdot\frac{dK}{dt}+\frac{1}{f}\cdot\frac{\partial f}{\partial L}\cdot\frac{dL}{dt}$$

上式可改写为：

$$\frac{\dot{Q}}{Q}=\frac{\dot{A}}{A}+\frac{\partial Q/Q}{\partial K/K}\cdot\frac{\dot{K}}{K}+\frac{\partial Q/Q}{\partial L/L}\cdot\frac{\dot{L}}{L} \tag{2-1}$$

式（2-1）中，$\frac{\partial Q/Q}{\partial K/K}$和$\frac{\partial Q/Q}{\partial L/L}$分别是资本产出弹性和劳动产出弹性。假定生产函数是一阶齐次的，即规模报酬不变，则有：

$$\frac{\partial Q/Q}{\partial K/K}+\frac{\partial Q/Q}{\partial L/L}=1$$

设定生产函数具有柯布—道格拉斯（C-D）函数形式，则有：

$$Q=A(t)\cdot K^{\alpha}\cdot L^{\beta}$$

式（2-1）可改写为：

$$\frac{\dot{A}}{A}=\frac{Q}{Q}-\alpha\cdot\frac{\dot{K}}{K}-\beta\cdot\frac{\dot{L}}{L}$$

在规模报酬不变的假定下，技术进步率即是全要素生产率增长率，则：

$$\frac{dTFP}{TFP}=\frac{dA}{A}=\frac{dQ}{Q}-\alpha\cdot\frac{dK}{K}-\beta\cdot\frac{dL}{L}$$

在使用 C-D 生产函数形式时，需要满足以下假定：①技术进步是希克斯中性的，达到了完全市场竞争和市场均衡；②资本和劳动力的产出弹性 α 和 β 保持不变，即不变弹性；③$\alpha+\beta=1$，即规模报酬不变；④生产要素的替代弹性为 1。由于 C-D 生产函数形式简单，计算方便，所以在实际中应用较为广泛。除此之外，还可以采用不变弹性生产函数或超越对数生产函数等形式。

需要说明的是，索罗余值并不是纯指技术进步，而是经济增长中不能用资本和劳动力解释的其他因素，包括技术进步、知识积累、产业调整、制度变迁等。因此，索罗余值方法往往用于长期的生产率测度，这是因为技术进步对经济增长的贡献具有长期性、滞后性。若用于短期测度，则可能出现结果扭曲，导致决策偏差。

（二）随机前沿分析方法

从长期来看，生产率的增长不仅与技术进步有关，还取决于对现有技术的使用和发挥状况的改进，即技术效率的变动。对于生产率的长期增长来说，技术效率和技术进步同样重要。随机前沿分析方法（Stochastic Frontier Analysis，SFA）可以有效地测度生产率增长中技术效率的贡献，并能检验各因素对技术效率的贡献。根据 Kumbhakar 和 Lovell（2000）在其论文中的总结，Meeusen 和 Broeck（1977），Aigner、Lovell 和 Schmidt（1977）与 Battese 和 Corra（1977）三篇论文首先介绍了随机前沿分析方法。SFA 方法的一般步骤为：首先，估计生产函数的基本形式；其次，假设该函数中误差项具有复合结构，并假设其分布形式；最后，估计该函数中的各个参数。值得注意的是，这个过程应该根据不同的误差项分布假设而采取不同的技术方法。随机前沿分析方法可以准确地分离出外生扰动变量和内生技术无效。

一般来讲，随机前沿分析的基本模型为：

$Q=f(X;\ \beta)\cdot \exp(V-U)$

在上式中，Q 代表一组产出变量，X 表示一组投入变量，β 为一组待估计参数，$\exp(V-U)$ 是误差项，它具有复合结构，其中，V 服从 $N(0,\ \sigma_v^2)$ 分布，它代表对生产活动具有影响的随机因素，$V\in iid$；U 代表仅仅对生产活动中的某个厂商所产生的单个冲击，$U\geqslant 0$。因此，$TE=\exp\ (l-u)$ 可以用来表示单个厂商的技术效率。一般认为，如果 $U=0$，则表明该厂商的状态正好处于生产的包络线上，表明该厂商技术效率为 1；而如果 $U>0$，就说明该厂商在生产包络线内，表明该厂商是一种无效率情形。

根据上述表述，U 分布的假设不同，SFA 方法的计量模型也不同。Battese 和 Coelli（1995）建立了基于对数型 C-D 生产函数的计量分析模型：

$Q_{it}=X_{it}\beta+(V_{it}-U_{it})\qquad i=1,\ 2,\ \cdots,\ N;\ t=1,\ 2,\ \cdots,\ T$

$m_{it}=Z_{it}\cdot\delta$

$TE_{it}=exp(-U_{it})$

$\gamma=\sigma_U^2/(\sigma_U^2+\sigma_V^2)$

随机前沿分析方法的突出优点在于将传统的误差项分解为随机误差和管理误差，这使得模型能够在一定程度上排除随机因素的干扰。通过测量管理误差确定生产单元的实际产出与最优产出之间的差距，进而确定决策单元的技术低效率程度。

（三）数据包络分析方法

自从美国运筹学家 Charnes、Cooper 和 Rhodes（1978）创立数据包络分析（Date Envelopment Analysis，DEA）模型以来，关于生产前沿研究的各种概念和理论取得了很快的发展。DEA 模型将生产过程看作在一定可能范围内，某一实体通过投入一定数量的生产要素以生产出一定产品的活动。这一实体称为“决策单元”（DMU）。在生产技术不变的条件下，各种可能投入与产出所形成的集合构成“生产可能集”（Production Possibility Set），而各种投入组合能使产出最大的集合，则称为有效生产前沿（Efficiency Frontier）。包络线（Envelope）所显示出来的意义，即是在所有生产可能集合最佳的组合点所形成的边界。若企业投入与产出的组合落在效率前沿上，则视为有效率；若企业投入与产出的组合落于效率前沿内，则视为无效率。

从产出角度测度相对效率的 DEA 模型可表示为：

$$\max \alpha$$

$$s.t. \sum_{j=1}^{n} X_j\lambda_j \leqslant X_0$$

$$\sum_{j=1}^{n} Q_j\lambda_j \geqslant \alpha Q_0$$

$$\sum_{j=1}^{n} \lambda_j = 1$$

$\lambda_j \geqslant 0$，$j=1$，2，3…

从投入角度测度相对效率的 DEA 模型可表示为：

$$\min \theta$$

$$s.t. \sum_{j=1}^{n} X_j\lambda_j \leqslant \theta X_0$$

$$\sum_{j=1}^{n} Q_j\lambda_j \geqslant Q_0$$

$$\sum_{j=1}^{n} \lambda_j = 1$$

$\lambda_j \geqslant 0$，$j=1$，2，3…

DEA 模型最初主要应用于公共部门（如学校和医院）的评价，现在已经广泛应用于各种主体的效率评价。与前沿生产函数的参数方法相比，DEA 模型最大的特点是不需要设定具体的函数形式，仅仅依靠 DMU 的实际观测数据，利用线性规划方法将有效的 DMU 线性组合起来，构造出“悬浮”在整个观测样本点上的分段平面，即生产前沿面，并由此来评估 DMU 的相对效率，从而避免因错误的生产函数而带来的问题。而且，在多投入和多产出的情况下，投入和产出不需要提供价格信息，而是以实物数量直接表示，能够很好地避免因价格体系不合理等非技术因素对效率测度的影响。

表 2-1 对上文介绍的三种生产率测度常用方法进行了总结。

表 2-1　生产率测度常用方法比较表

	索罗余值方法	随机前沿分析方法	数据包络分析方法
所属类型	参数方法	参数方法	非参数方法
理论基础	计量经济学理论	计量经济学理论	线性规划理论
是否需事前确定生产函数	是	是	否
测算时期	相对较长时期	相对较长时期	较短时期
特点	最基本、最简单的生产率测度方法，在实践中应用广泛	可以对误差项进行分解，能够用于对技术效率的测算	能够测度相对效率，不能测度绝对生产率水平及其增长

续表

	索罗余值方法	随机前沿分析方法	数据包络分析方法
存在不足	生产函数选择影响测度结果	生产函数选择影响测度结果	不能对生产率进行分解
改进	选择恰当的生产函数	选择恰当的生产函数	采用基于生产率指数的数据包括分析方法

第二节　基于中国数据的生产率测度研究

一、未考虑环境因素的中国生产率测度研究

国外方面，Chow（1993）是最早测度全要素生产率对中国经济增长贡献的学者之一，他认为在 1952~1980 年中国经济增长的主要原因是资本积累。Hu 和 Khan（1997）拓展了 Chow（1993）的研究，指出尽管在 1952~1994 年资本积累是中国经济增长的主要因素，但 TFP 提高也发挥了重要作用，其中 1979~1994 年 TFP 年均增长率大约为 4%。在此后的研究中，Chow 和 Lin（2002）计算结果表明，1952~1978 年中国的 TFP 增长几乎为零，1978 年以后以 2.7%的速度增长。OECD（2005）采用 C-D 函数，测度中国 TFP 变动趋势，1978~2003 年中国 TFP 年均增长率的估计结果为 3.7%，1993 年以后 TFP 增长率持续下降。Perkins 和 Rawski（2008）研究发现在 1978~2005 年的改革时期内，中国的 TFP 以年均 3.8%的速度增长。Li 和 Liu（2011）认为，推动中国经济增长的因素主要有四个：投入增长、规模效应、技术进步和效率提升，而促进人力资本积累和改善技术效率是维持中国经济可持续增长的关键。Laurenceson 和 Donnell（2014）测算了中国省级生产率，研究发现 1978~2010 年中国生产率增长主要源于技术进步，规模效率只是发挥补充作用。此外，Borensztein 和 Ostry（1996）、Young（2003）、Cowgill（2001）、Wang（2011）、Chen 和 Golley（2014）等也在英文期刊上发表了有关中国生产率测度的文献。

国内方面，根据研究文献所采用的测度方法不同，本书对其做了归类和简单的梳理。

（一）生产函数法

王小鲁、樊纲（2000）测度了我国 1953~1999 年的 TFP 增长率，得出结论认为，1953~1978 年为-0.17%，1979~1999 年为 1.46%。张军（2002）的计算结果

是1953~1998年的平均TFP增长率大约为1.07%，改革前的1953~1978年的平均TFP增长率大约为0.4%，改革后1979~1998年的大约为2.81%，而且TFP增长率在1992年以后出现了递减趋势。孙琳琳、任若恩（2005）发现，从1981~2002年整个时期来看，中国经济增长主要的来源是资本投入，TFP对经济增长的贡献为35%。

（二）随机前沿分析方法

涂正革（2005）计算结果表明，1996~2002年大中型工业企业的TFP增长年均为6.8%，1996、1997两年TFP分别下降4.3%和0.7%，此后，总体TFP加速增长，1998~2002年TFP分别以3.0%、7.5%、11.2%、8.2%和14.0%的年平均速度增长。王争、郑京海、史晋川（2006）研究发现，1987~2002年，各地区工业TFP除初始两年略有下降外，总体上处于增长状态，增长率逐年攀升。各地区共有的唯一的例外是1998年和1999年TFP增长率的下降。除了东部地区增长率的下降幅度比较小外，其他地区的下滑幅度均非常显著。1999年中部地区的TFP增长率接近于零，而东北地区和西部地区的TFP增长率甚至跌到了负值，也就是说出现了TFP水平的倒退。直到1999年以后，各地区的工业TFP增长率才开始从谷底迅速回升并恢复到平稳增长的轨道上来。查冬兰、周德群、严斌剑（2009）检验了能源约束下的全要素生产率增长，基于1995~2004年数据的结果表明，东中西部三个地区TFP增长率依次递减，技术进步是TFP增长的主要推动力，其次是规模效率，而技术效率却起到负作用。张自然（2010）利用中国29省市1993~2004年的面板数据，测算了中国生产性服务业的全要素生产率增长，研究表明，中国生产性服务业TFP在1994~2004年年均增长4.92%，其中技术进步率为3.21%，技术效率改善1.71%。程郁、陈雪（2013）以2002~2010年52个国家高新区的面板数据为基础，应用超越对数的随机前沿生产函数模型，通过对全要素生产率（TFP）增长的测算和分解，实证检验高新区是否实现创新驱动型增长。研究显示，高新区的TFP增长率明显高于其所在省区水平，且TFP的增长主要是由技术进步贡献的，技术进步对高新区经济增长的贡献率为26.81%。

（三）数据包络分析方法

郑京海等（2002）采用机械、纺织、轻工业、重工业四个行业的1980~1994年的数据，发现在所有的部门中，生产率几乎都在增长，但是纺织业有四年的生产率在下降。岳书敬、刘朝明（2006）考虑人力资本的情况，采用Malmquist指数的计算发现，1996~2003年中国的生产率增长主要是由技术进步带来的，其中TFP平均增长1.35%，技术进步是1.22%，效率变化是0.16%。涂正革（2007）分析表明，大中型工业平均增长15.5%，其中全要素生产率增长拉动工业增长平均为9.2%，贡献率约60%。傅东平（2009）的研究表明，1978年以来，从省级层面上来看，中国生产率水平取得了较大的成绩，年平均增长率为 2.4%。从生产率的分解来看，技术进步所带来的贡献大约是 2.1%，技术效率的贡献是 0.4%。但是，这并不表明中国各年的生产率都是增长的，例如，1989 年和 1990 年中国省级生产率都有所降低。李强、聂锐（2009）基于 DEA-like 模型的测度结果表明，2001~2007 年中国大中型工业企业的生产率年均增长 1.1%，技术进步增长 0.9%，技术效率增长 0.2%。黄章树、苏小密（2013）在 DEA-Malmquist 指数的基础上，考虑能源要素，进一步把福建省三大主导产业产出的增长分解为全要素生产率的增长以及要素投入的增长效应。赵国浩、高文静（2013）选择基于方向性距离函数的 DEA 方法，测算了中国工业部门各细分行业 2004~2009 年的广义碳生产率指数，并对其变化进行了分解，结果表明，中国工业部门广义碳生产率指数整体小于 1，说明广义碳生产率水平整体上存在下降的趋势，引致工业部门广义碳生产率指数整体小于 1 的主要原因是技术效率和规模效率低下。

正如于永达、吕冰洋（2010）所指出的，由于实证分析方法的局限性，现有研究对中国全要素生产率的判断存在很多不确定性：索洛余值法的缺陷是存在非体现技术进步、规模收益不变、要素产出弹性不变和单方程假定；数据包络分析方法的缺陷是不能剔除随机因素的影响；随机生产前沿方法的缺陷是先验地确定随机误差项的概率分布形式。无论如何，在现有技术方法条件下，对中国生产率做出合理估计，对于评价中国经济增长质量、制定科学发展政策都是非常必需的。综合对中国生产率的测度研究文献可以发现，虽然研究方法、样本选择存在差异，但是大多数学者较为一致的认识是，中国经济增长主要依靠的是要素投入，TFP 的贡献并不显著；改革开放之前我国的 TFP 增长率很低，改革开放到 20 世纪 90 年代初期，TFP 增长显著，之后开始出现递减。

二、考虑环境因素的中国生产率测度研究

近几年，将环境因素纳入生产率的计算成为学者们新关注的对象。胡鞍钢等（2008）采用以方向性距离函数为表述的全要素生产率模型，对于中国各地区生产率绩效度量中的“技术效率”指标在考虑了环境因素的情况下进行了分析。吴军、笪凤媛、张建华（2010）研究发现，在控制 SO_2 和 COD 排放时，全国 TFP 增长率不到传统 TFP 增长率的 1/3，并且 TFP 增长均完全源于前沿技术进步。许海萍（2008）的博士论文侧重于从宏观角度分析基于环境因素的全要素生产率和国民核算问题，贺胜兵（2009）的博士学位论文较为深入地研究了考虑能源与环境因素的中国省级生产率问题。匡远凤、彭代彦（2012）运用广义马姆奎斯特指数与随机前沿函数模型相结合的方法，对我国在考虑环境因素下的生产效率及全

要素生产率1995~2009年的增长变动状况进行了研究，结果表明，相比传统生产效率，环境生产效率能够体现环境问题给生产效率带来的损失，且更能反映省际间在资源利用上的效率差异；环境全要素生产率增长在通常年份中大于传统全要素生产率增长。但是，这几篇文献均未单独分析某一产业的生产率问题。

关于以工业为对象的生产率问题研究，涂正革（2008）计算了各地区环境技术效率，衡量环境与工业增长的协调性，并对环境技术效率的差异进行了回归分析。岳书敬、刘富华（2009）在考虑了环境因素的前提下，探讨了中国工业行业的增长效率及其影响因素。吴军（2009）测度了环境约束下中国1998~2007年地区工业TFP增长及其成分，并对其收敛性进行了检验。涂正革、肖耿（2009）解析了中国工业增长的源泉，特别是环境管制和产业环境结构变化对工业增长模式转变的影响。陈诗一（2010）基于方向性距离函数对改革开放以来中国工业全要素生产率进行了重新估算，研究发现改革开放以来中国实行的一系列节能减排政策有效地推动了工业绿色生产率的持续改善，特别是从20世纪90年代中期到21世纪初，中国工业绿色生产率增长最快并达到顶峰，且重工业生产率、效率和技术进步增长首次全面超过轻工业，初步彰显环境政策的绿色革命成效。王兵等（2013）运用数据包络分析方法和BML生产率指数对2003~2010年中国37个工业行业碳排放约束下的传统能源效率指标进行了测度和分解，研究发现，技术进步、资本和劳动对能源的替代及产出结构变化提高了能源效率，其中产出结构效应的贡献最大，劳动对能源替代的作用最小。

三、中国煤炭产业生产率测度研究

对于中国煤炭产业生产率的测度，相关研究不多，且均未考虑环境污染“坏产出”。张青、穆忻普（1995）建立了适合煤炭生产特点的生产函数，构造了煤炭企业全要素生产率模型，在理论上做出了一定贡献。姚平和梁静国（2008）、赵梦楠（2008）、王晓东（2009）、丁哲新（2009）以及姚平、黄文杰（2012）等分别选用煤炭上市公司或主要煤炭矿区企业数据，基于随机前沿分析方法或数据包络分析方法对煤炭产业生产率进行了具体测度，但存在着因样本偏少、忽视环境而导致的计算结果精确度值得商榷等问题。赵萌（2011）运用Malmquist-Luenberger指数将污染物及矿难作为“坏产出”纳入全要素生产率的分析框架，测算了中国1998~2009年30家大型煤炭企业的全要素生产率增长，结果表明，“坏产出”约束下大多数企业的全要素生产率出现了负增长。王克强等（2013）以能源开采企业为对象，将资源耗减、资本投入产出滞后和需求因素纳入全要素生产率测度框架，并以煤炭和石油与天然气行业为例，以1999~2010年省级面板数据为样本进行了实证研究，结果表明，样本期间两行业的生产效率均具有显著增长，年均增长率分别达 17.00%和 3.88%，其中需求和规模报酬对其增长贡献最大。

但需要指出的是，上述研究并未将煤炭产业生产率增长问题置于整个煤炭产业资源整合的制度背景开展，在影响因素的选择上未能与煤炭产业的兼并重组、产权改革等相结合。因此，对于煤炭产业生产率测度模型的设计及应用还有待进一步地深入研究。

第三节 生产率影响因素研究

一、传统因素对生产率影响研究

（一）传统因素对生产率影响的国外研究

1. 基于经典经济增长理论的生产率影响因素

经典经济增长理论强调资本投资、研发支出、人力资本对生产率的促进作用。Arrow（1962）在其论文中讲到，资本投资会产生“边干边学”和“知识外溢”效应。他分析道：当企业进行资本投资时，一方面，可以通过生产过程中的“边干边学”来丰富阅历，不断变革生产经营方式，因此，生产率会得到提高；另一方面，该企业所凝炼出的新知识还可能被同行业企业学习，这样便会促进行业生产率的提高。Romer（1986）构建了一个知识溢出模型，他指出知识的使用具有非竞争性和部分排他性，一个企业对某一知识的使用并不影响其他企业的使用，这是知识与其他投入要素的最大区别。知识在某个企业使用的过程中会产生“外溢效应”，也就是说某企业所凝炼的知识一旦用于生产活动，就有可能被其他企业模仿学习，一旦被模仿，社会生产率就会提高。Romer（1990）则进一步强调了研发支出（R&D）的重要作用。技术进步是全要素生产率增长的主要源泉，而技术进步是企业为追逐利润而进行研发活动的结果。Lucas（1988）将人力资本纳入经济增长模型，强调经济增长的源泉是人力资本的积累。他指出了人力资本与一般知识的区别，认为人力资本是关于“特定人的知识或者一个民族的特定文化”，并且指出人力资本不同于劳动力，它是通过教育和培训等投入形成的。对人力资本的投资具有显著正外部性。某人通过教育或培训获取人力资本，在榜样或示范作用的指引下，他周围的人会向他学习或相互学习，从而带动一群人的人力资本增加，提高社会生产率。

2. 外商直接投资（FDI）

与东道国当地企业相比，外商直接投资企业具有或多或少的技术优势，而技术是一种带有公共品特征的知识，当地企业通过与外商直接投资企业建立各种联系，可能会获得外商直接投资技术溢出带来的好处。关于 FDI 的技术溢出理论起源于 20 世纪 60 年代初的 MacDougall（1960），他第一次把国际技术溢出效应视为 FDI 的一个重要现象。一般认为，外商直接投资技术溢出效应是通过四类渠道产生的：人员培训效应（Chen，1983；Pack 和 Saggi，1999）；示范和模仿（Das，1987；Kokko，1992；Tomiura，2007）；前后向联系（Aitken 和 Harrison，1999；Markusen 和 Venables，1999；Lee，2009）；竞争（Wang 和 Blomstrom，1992；Sjöholm，1999；Anwar Sun，2014）。外商直接投资会促进母公司所拥有的先进技术在东道国产生非自愿扩散，这一过程会使得东道国的技术水平得到提高，进而提高了东道国的生产率。

3. 进口

这一影响机制是指进口国“从进口中学”获得技术进步进而促进生产率增长。Grossman 和 Helpman（1991）认为，中间产品的贸易是进口环节中技术溢出的主要渠道。出口国通过加大研发人员和研发资本的投入生产出与现有中间产品不同或更先进的中间产品，当进口国进口这些中间产品时，可以从三个方面对生产率起到促进作用：第一，进口国不必为之支付额外的研发费用，更先进的中间产品能够节约生产最终产品的投入或增加产出；第二，进口国学习和模仿这些中间产品，或者开发出更适用或先进的替代产品；第三，推动进口国产业结构的分工，提升专业化水平，引导生产要素从低效率产业流向高效率产业。

4. 其他因素

近年来，学者们进一步从市场需求角度研究生产率的影响因素。市场需求包括消费和出口等方面。Syverson（2004）认为，市场需求的增加会诱使更多的供给方进入，导致更激烈的市场竞争，只有优秀的企业才能生存，一些生产率水平较低的企业被淘汰，从而提高行业的生产率。Acemoglu 和 Linn（2004）基于医药行业、David Lagakos（2008）基于零售业、Aw 等（2009）基于电子行业、Olper 等（2014）基于食品行业的实证研究支持这一观点。Levin 和 Raut（1999）采用新经济增长模型中处理外部性的方法，构建模型来表述出口的学习效应及外部性对增长的影响，对一些工业化国家和地区的数据进行了计量分析，结果发现，出口部门的全要素生产率比非出口部门高出 89%。

此外，企业的外部基础设施也会对生产率产生影响。发达的交通、快捷的通信、先进的金融体系、崇尚竞争和创新的社会环境等都可以吸引外资、促进研发、节约成本，从而对生产率的提升起到十分重要的作用。

（二）传统因素对生产率影响的国内研究

对生产率影响因素的选择，国内学者更多的是借鉴国外主流经济学的思路，并考虑中国特殊性问题，侧重于从研发支出、进出口、人力资本、FDI 等多个角度，同时考虑因素间的交互作用进行实证检验，但结论差异较大。

1. 研发支出

王玲、Adam（2008）通过一个基于内生增长理论的生产函数模型分析了中国高技术产业各类技术投入和生产率变动之间的关系，结果显示，当考虑各类技术投入的单独作用时，研发投入和购买技术对生产率的作用比较显著，如果将各种技术投入的交叉影响综合考虑时，研发投入与从国外引进技术的交互影响对生产率的作用非常显著，反映了它们之间的互补关系，即 R&D 具有提高进口技术吸收能力的作用。刘建翠（2007）和曹泽、李东（2010）的研究也得到了研发支出促进生产率增长的结论。但是，李小平（2007）发现尽管高 R&D 投资行业具有更高的生产率增长，但研发投资并不是全要素生产率增长的原因。夏良科（2010）对生产率进行了分解，针对技术进步和技术效率的研究表明，行业自身 R&D 投入对 TFP 增长和技术进步具有显著的促进作用，前向 R&D 溢出与技术效率显著正相关，而后向 R&D 溢出虽然不利于行业 TFP 的增长，却有利于行业的技术进步。万伦来、朱琴（2013）指出，企业自主研发通过显著提升企业绿色技术效率，可推动绿色全要素生产率增长，但却对绿色技术进步产生一定的抑制作用，尤其表现在低 R&D 投入行业；国外技术引进显著地提高了绿色全要素生产率并促进绿色技术进步，但却阻碍了企业绿色技术效率的改善，尤其是在高 R&D 投入行业。张同斌（2014）研究发现，随着研发投入的积累，中国高技术产业生产率增速逐渐下降，而且研发存量对全要素生产率（TFP）增长呈现先减弱后增强的影响，研发投入的生产率悖论特征凸显。

2. 进出口

李小平、卢现祥、朱钟棣（2008）就出口和进口对生产率增长的影响作了实证分析，他们发现，贸易开放度高的行业并不比贸易开放度低的行业具有更高的技术效率和规模效率；出口和生产率增长的关系不显著；但进口显著地促进了工业行业的全要素生产率增长和技术进步的增长。黄静波、向铁梅（2010）研究结果显示，引入工具变量后，贸易开放度对制造业整体劳动生产率的外溢效应不显著；进口依存度对劳动密集型行业劳动生产率产生了显著负向外溢效应；贸易开放度对技术资本密集型行业劳动生产率产生了显著的正向技术外溢效应。王恬、王苍峰（2010）实证研究了以关税减让为主的贸易政策变动对中国不同类型企业生产率的影响，结果发现，进口关税减让显著地降低了企业生产率，但是企业类型不同，影响存在差异。李新等（2013）对进口、出口与生产率关系的分析表明，进口方面，企业在非进口—进口过程中存在自我选择效应，不存在学习效应；在只进口—进出口过程中两种效应均不存在。出口方面，企业由非出口—出口、无贸易—只出口以及只出口—进出口过程中的自我选择效应依赖于企业的出口密集度，即此效应只存在于那些出口密集度低的企业中，而学习效应只在只出口—进出口过程中得到体现。

3. FDI、进出口和人力资本的交互作用

何枫（2004）研究发现，对外经济开放度对我国技术效率增长有着积极显著的贡献，其中，外国直接投资的影响力度要大大高于国际贸易的影响。黄先海、石东楠（2005）指出，一国生产率的提高不仅依赖于本国的R&D投入存量，而且还依赖于外国R&D的溢出。通过贸易渠道溢出的国外R&D资本存量对我国全要素生产率的提高有着明显的促进作用，但这种作用相对来说要小于国内自身R&D资本存量的作用；同时计量结果还表明，人力资本要素通过提高创新能力间接地促进了我国全要素生产率的增长。何元庆（2007）检验了人力资本、国际进出口及FDI的影响。结果表明，人力资本和出口对技术效率的提高有正向作用，进口负向影响技术效率，FDI的影响不显著。出口对技术进步和TFP增长有轻微的负向影响，进口对两者具有小幅度的正向促进作用；而人力资本、FDI对技术进步和TFP增长的正向影响要大于进口；对外开放能够促进TFP的增长，但是其影响只有人力资本正向效果的1/10。刘舜佳（2008）发现，虽然短期内FDI有助于全要素生产率的提高，但国际贸易和FDI在长期弱化了我国全要素生产率，而且基于误差修正模型的检验还显示国际贸易、FDI同全要素生产率下降构成长期因果关系。张三峰（2009）使用制造业1999~2006年的面板数据，从整体和分行业角度检验了FDI对我国制造业生产率的溢出效应及其渠道。研究发现，尽管整体上FDI水平、人力资本和后向溢出渠道的溢出效应显著为正，但人力资本交互项的结果表明其作用还很有限。分行业检验发现，在中高技术行业中，当期FDI的溢出效应都不明显。而且由于内资企业员工向外资的单向流动，反而产生了反向溢出。研究结果还表明，不论从整体角度还是分行业角度，内资企业的技术吸收能力对内资企业生产率提升的作用都很微弱。傅东平（2010）利用1990~2007年的省际面板数据，在测算我国省际全要素生产率及其变化的基础上，分析了基于FDI和进口渠道的国际技术溢出对我国全要素生产率的影响。研究表明，外商直接投资和进口的技术溢出均显著地促进了我国生产率的增长，但随着FDI和进口额的增加，其对生产率增长的促进作用是递减的，人力资本对提高生产率具有显著的促进作用。蒋冠宏等（2013）利用2005~2008年针对我国有对外投资的工业企业实证检验了企业的技术研发型外向FDI对其生产率的影响，

结果表明，企业的技术研发型外向 FDI 显著提升了企业生产率。

4. 其他因素

涂正革（2007）将工业企业全要素生产率快速增长的因素归纳为：省际间竞争、学习和模仿、经济全球化和外商投资、民营化改革和经济扩张期。李小平、陈勇（2007）检验了“结构红利假说”，发现劳动力流动对生产率增长的促进作用不显著；资本转移对生产率增长具有一定的促进作用；考虑 Verdoorn 效应后，劳动力和资本转移对中国工业 TFP 增长的总贡献较小，结构红利假说并不显著。柴志贤、黄祖辉（2008）实证研究结果表明，专业化更有利于促进行业技术效率提高，而不太有利于促进行业技术进步；多样化对一些行业的生产率有促进作用，但与行业特征并无特别关联；竞争效应总体影响较弱，会在一定程度上阻碍部分行业生产率的提高，对技术效率与技术进步的作用有明显差异，技术效率普遍有负面影响，但对技术进步有积极作用。刘秉镰、武鹏、刘玉海（2010）研究发现，交通基础设施对中国的全要素生产率有显著正向影响，2001~2007 年铁路和公路基础设施存量的增加共带动中国全要素生产率增长了 11.075%，占 TFP 整体增幅的 59.1%，其中，高速公路和二级公路基础设施的带动作用最为明显。李凯、邹怿（2010）研究了金字塔控制结构对管理层持股与公司全要素生产率关系的影响，结果显示，现金流权越高，终极控制股东监督管理层的动机越强，管理层持股对公司全要素生产率的正向影响越大；终极控制权与现金流权的分离程度越小，终极控制股东越倾向获取现金流权收益，对管理层的监督也越强，增大了管理层持股对公司全要素生产率的正向影响。戚磊（2013）实证分析表明，隐性经济无论在水平效应上还是上下游产业的垂直关联效应上，对正规经济的劳动生产率都有负面影响，并且隐性经济前向关联的负面效应大于隐性经济后向关联。孙晓华、王昀（2014）研究发现，在不同要素密集度的行业中，企业规模分布和生产率水平存在一定差异；企业规模与生产率之间呈现倒“U”形关系，但多数企业扩大规模仍然有利于生产率的提升。

二、环境规制对生产率影响研究

（一）环境规制理论的演进

环境规制源于环境污染的负外部性，旨在通过对企业及其他造成环境污染的行为进行调节，尽可能地把环境污染带来的负外部性降到最适水平。

Pigou（1920）指出，造成负外部性的环境污染者未对其追求私人利益最大化而导致的污染付出相应的成本，从而造成边际私人成本与边际社会成本、边际私人收益与边际社会收益之间出现差异。由于差异的存在，市场价格不能反映生产的边际社会成本，市场机制无法依靠自身运行达到资源配置的帕累托最优状态。为解决市场失灵问题，政府应当采取适当的干预政策。Pigou 建议对边际私人成本小于边际社会成本的污染者征税，对边际私人收益小于边际社会收益的主体实行补贴，数额大小正好等于两者之差。通过征税和补贴使外部性成本内部化，实现整个社会的福利最大化。这种解决环境污染外部性问题的方法被称为“庇古税”理论。“庇古税”在理论上可以说是完美的，但在实践中却面临着重大障碍。原因在于“庇古税”对信息的要求过于苛刻，政府部门需要准确地掌握外部性产生的原因以及与之相关的排污者边际私人成本、边际社会成本、边际私人收益和边际社会收益等信息，但拥有如此充足的信息往往很难。

Coase（1960）从产权的角度提出了新的环境污染解决思路。他认为，环境外部性问题之所以存在，是由于环境资源的公用品属性，关键在于缺乏对环境产权的明确界定。一旦产权明确，无论是排污者拥有污染权还是受害者拥有不被污染权，只要交易成本为零，有效的谈判将使污染水平趋向于最优。但由于交易成本的存在，在不同的产权制度下，交易成本将对资源配置的效率有不同影响，因此对产权的初始安排是至关重要的。在 Coase 的理论中，明晰环境产权是完善环境规制的基础，政府的作用在于合理地分配初始产权。但是 Coase 理论的适用范围却值得怀疑。他所提出的谈判方式只适用于谈判各方人数较少、交易成本较低的情形。当环境污染涉及的主体众多时，特别是在“多对多”的情况下，由于各自承担的责任难以准确描述，无论是私人谈判还是政府介入都会导致巨大的交易成本，谈判方式变得不可行。

此后，基于委托—代理理论、信息经济学和动态博弈论，学者们尝试构建环境规制的激励机制。政府部门通常并不直接治理污染，而是通过规制政策强制或引导排污者实施，这就产生了委托—代理关系。由于信息不对称的存在，政府部门并不能完全掌握排污者的行动信息，这就不可避免地会出现“逆向选择”和“道德风险”。因此，作为委托人的政府部门需要设计适当的规制政策以激励排污者。Baron 和 Myerson（1982）、Heyes（1998）、King 和 Zhao（2000）等从激励和监督角度探索了这一问题。

总体来看，环境规制理论经过近百年的发展，学者们对于解决环境污染的外部性问题提出了多种思路，“庇古税”理论、产权理论和激励理论均转化为具体的环境规制工具，指导着环境保护实践工作的开展。

（二）环境规制的主要工具

学者们对环境规制工具有多种分类方法，并不统一，相对而言认可度较广的是：①三分法，分为法律工具、经济激励工具和信息工具（Bemelmans-Videc 等，1998），或分为直接调控工具、间接调控工具和自我调控工具（王明远，1999），或分为命令与控制、基于市场、相互沟通（赵细康，2006）。②四分法，分为利用市场、创建市场、直接的环境规制和公众参与（世界银行，1997）。③五分法，分为物质的、组织的、法律的、经济的、信息的（Lundqvist，2000）。本书参考世界银行的分类，将利用市场和创建市场合并为市场激励型，将直接的环境规制称为行政命令型，因此，环境规制工具主要分为行政命令型、市场激励型和公众参与型。

1. 行政命令型

行政命令型环境规制工具是指由政府通过立法或制定行政部门的规章制度来规定排污者必须遵守的环境规制目标和标准，并对违反相关命令的排污者进行处罚。在这种模式下，排污者没有选择的余地，只能无条件地接受和执行。具体而言，行政命令型环境规制工具主要有：

（1）技术标准。技术标准是对企业生产产品或治理环境所采用的技术做出的强制性规定，包括技术参数、工艺流程、操作程序等标准。该工具最大的弊端在于限制了排污者对污染治理技术的选择权，损害了技术供应方的技术创新积极性，不利于环保技术的更新换代与快速发展。

（2）产品标准。产品标准是对企业所生产产品的规格、质量、环保等所做的一系列规定。赵细康（2006）列举了产品标准的主要内容，包括：产品的适用范围；产品的品种、规格和结构形式；产品的主要性能；产品的试验、检验方法和验收规则；产品的包装、储存和运输等。

（3）绩效标准。绩效标准是对排污者在一定期限内的排污量或排污强度实行限制。该工具侧重于污染防治的结果，而对实现这一结果的途径不进行严格限制。排污者执行起来具有一定的灵活性，可选择成本最低的便利方式。

2. 市场激励型

市场激励型环境规制工具并不强制性规定排污标准，而是依靠市场机制来引导排污者做出理性的行为决策，在追求自身经济利益的过程中实现政府期望的污染控制目标。市场激励型环境规制工具主要包括：

（1）环境税（费）。环境税（费）是“庇古税”理论在实践中的应用，是排污者对造成的外部环境损失和环境容量损耗做出的经济补偿。根据庇古的观点，通过将税率设定为等于边际个人成本与边际社会成本的差额可以将环境污染引起的负外部性内部化。

（2）环境补贴。环境补贴可以看作逆向的环境税（费），是政府部门对全部或部分治污成本的偿还。环境补贴的形式主要有政府专项基金、低息或贴息环境治理贷款、税收减免或返还等。环境补贴的最大问题在于它有悖于“污染者付费”原则。

(3) 排污权交易。排污权交易是近年来世界各国环境规制应用日益增多的一种新型经济工具，依据是 Coase 理论，政府部门决定允许排污的总量及其分配，排污权可以销售、出租或赠予。排放水平低于其被分配的许可水平的排污者可以将其剩余的许可转让给其他的排污者。这一工具的关键在于初始排污权的分配直接影响到政策的公平性与公信力，应避免“鞭打快牛”。

(4) 押金—返还。押金—返还是在使用者购买可能会对环境造成污染的商品时预先交纳一定数额的押金，当商品被退回时再将押金领回。押金—返还简单易行，在发达国家的应用中也取得了良好的效果，尤其适用于固体废弃物管理。

(5) 环境履约保证金。它是由规制部门对有可能造成环境污染的企业生产活动之前收取的保证金，一般多用于自然资源的开发利用。当生产活动结束，若企业能证明其给环境带来的损害小于保证金，规制部门应退还差额及利息，反之，将没收或部分退回。Shogren 等（1993）认为该工具的实施有赖于以下七个条件：环境损害成本被充分理解；生产者的行为可观察，也就是没有道德风险；需要监管的生产者不是很多；汇款的时间范围固定；后果及其发生可能性被明确规定；无不可逆转的效应；保证金数额较低。但遗憾的是，现实中往往很难同时满足这些条件。

3. 公众参与型

近十几年来，随着公民社会责任意识和环境保护意识的不断增强，环境信息公开、参与机制等公众参与型工具日益受到重视。

(1) 环境信息公开。信息不对称理论是环境信息公开的理论基础，让公众及时并清楚了解排污者的污染排放和治理情况，能在一定程度上威慑和影响排污者的行为。这里的公众是广义的概念，包括消费者、投资者、劳动者、立法执法者以及其他利益相关者。消费者往往倾向购买绿色产品，通过了解产品的环境污染信息，对产品造成的直接或间接环境损害做出评估，环境成为影响购买决策的重要因素。作为投资者，从长远来看，企业的环境绩效在某种意义上是与经济绩效密切相关的，投资者显然更愿意投资能带来高回报且不损害环境的企业。作为劳动者，企业重视环境保护，能为员工创造健康的工作条件，从而形成对劳动者的吸引力。环境信息公开也为立法执法者提供制定环境管理政策的依据，同时为污染受害者提起诉讼提供便利。

(2) 参与机制。参与机制旨在吸引各利益集团参与环境规制政策的制定、执行与监督，降低政府部门的负担与成本，提高规制效率。该机制的有效实施是建立在环境信息公开的基础上的。参与机制主要包括：与排污者签订自愿协议，排污者承诺降低其生产经营活动给环境保护带来的压力；在行政部门、排污者、研发机构、咨询机构等之间建立环保技术的快速联络通道，提高环保技术创新能力和应用效率；将环境规制的监督权部分下放给社区组织或行业协会。

4. 环境规制工具的比较

表 2-2 从规制效率、规制成本、绩效影响、适用对象四个方面对这三类工具进行比较。

表 2-2 环境规制工具比较

类别	工具名称	规制效率	规制成本	绩效影响	适用范围
行政命令型	技术标准	被规制者只能机械地遵守，缺乏激励，效率低	政府需确定合理污染水平的最优技术，成本高	不利于规制对象加强技术创新，对绩效有负影响	适用于技术比较明确的情况，如核电站等
	产品标准	相对于技术标准有一定激励性，效率较低	政府需要确定产品标准的细节，成本较高	不利规制对象改进产品，对绩效有负影响	适用于产品容易测度的情况，如工业产品等
	绩效标准	相对于技术标准有明显激励性，效率较高	政府需确定减污量等标准，成本较高	有利于规制对象改进生产环节，对绩效有正影响	适用于大多数污染控制
市场激励型	环境税（费）	对促进排污者削减污染有较强的激励作用	政府需收集排污者的减污信息，成本较高	给规制对象带来税费压力，对绩效有负面影响	除危险品以外的大多数污染控制
	环境补贴	不符合污染者付费的原则	政府需承担补贴支出，成本高	规制对象易产生依赖心理，对绩效有负面影响	适用于环保投资、研发
	排污权交易	具有灵活性，能调动排污者的减污积极性	政府需确定初始分配额，成本较高	有利于规制对象加强创新，对绩效有正面影响	适用于空气污染控制
	押金—返还	可促进循环利用和清洁生产	政府不需投入过多精力，成本低	对绩效影响较小	适用于固体废弃物控制
	环境履约保证金	可促进资源开发利用中保护环境	政府需检验履约情况，有一定成本	对绩效影响较小	适用于自然资源开发保护
公众参与型	环境信息公开	提供多渠道的监督机制	调动多方面积极性，成本较低	促进经济绩效和环境绩效的双赢	适用于消费品和可见品污染控制
	参与机制	规制对象主动进行环境保护	节省政府的规制资源，成本较低	促进经济绩效和环境绩效的双赢	适用于绩效对环境比较敏感的情况

（三）环境规制对生产率影响的国外实证研究

关于环境规制与生产率的关系，传统观点认为，环境规制不利于生产率的增长，原因在于：①环境规制要求企业增加污染治理投入或缴纳排污税费等，导致企业生产成本增加。为了补偿这部分成本，企业被迫提高产品价格，这反过来又降低了需求，造成产出降低、利润下滑（Christiansen 和 Haveman，1981；Siegel 和 Johnson，1993）。②环境规制促使企业采取更先进的制造工艺和生产设备，使得生产管理更复杂，管理难度加大，这种变化有可能导致生产效率的降低

(Brock 和 Evans，1986)。③在总资本一定的情况下，环保投资会挤占企业的其他生产性、营利性投资，降低资本的比较收益，从而对经济绩效产生不利影响。④企业家需要将更多的才能用于满足环境规制的要求。遵从环境规制将占用企业家一定的时间，分散企业家的精力，不利于企业家对企业竞争战略和长远发展的关注（Walley 和 Whitehead，1994）。但是，波特等（1991，1995）对此提出了挑战，他们认为，从动态的角度看，由于企业并不总是能够做出最优的决策，所以合理设置的环境规制政策能够触发技术创新，促使企业在降低投入、削减浪费、减少污染等方面的技术进步和生产工艺改进，产生创新补偿效应，弥补甚至超过环境规制成本，从而达到经济绩效和环境绩效同时改进的“双赢”状态。这一观点被称为“波特假说”。Xepapadeas 和 De Zeeuw（1999）、Ambec 和 Barla（2002）、Mohr（2002）、Campbell（2003）等对“波特假说”进行了理论上的证明。

由于理论上存在重大分歧，国外学者从实证角度对这一问题进行了广泛的研究，但并未得出一致的结论。大体有以下四种观点：

1. 消极效应，环境规制不利于生产率的提高

Barbera 和 McConnell（1990）研究发现，美国 1960~1980 年化工、钢铁、有色金属、非金属矿物制品以及造纸等产业 10%~30%的生产率下降可归于污染治理投资。Gray 和 Shadbegian（2005）对美国 1979~1990 年造纸、钢铁和石油三个产业的研究结果表明，环境规制强度与产业生产率间存在负相关关系。Dufour 等（1998）基于加拿大制造业的检验也得出了类似的结论。在此基础上，Lee（2008）进一步研究指出，环境规制与生产率的相关性依赖于不同行业的市场支配力，市场支配力强的行业受到的环境规制不利影响较少。

2. 积极效应，环境规制促进生产率的提高

Berman 和 Bui（2001）针对美国石油冶炼业、Domazlicky 和 Weber（2004）针对美国化学及相关产品产业、Yang 等（2012）针对中国台湾制造业的研究都认为，环境规制对生产率有正的影响。Bi 等（2014）基于中国火力发电行业的数据分析表明，环境规制对环境效率和能源效率均有显著的积极作用。

3. 不相关

Henderson 和 Millimet（2005）使用参数和非参数方法检验了环境政策对美国各州产出的影响，发现两者并不存在显著的相关性。Shadbegian 和 Gray（2005）采用生产函数方法，发现污染治理支出对生产率的影响很小甚或没有。Becker（2011）基于美国制造业的实证分析也表明，环境规制对生产率的影响在统计上并不显著。

4. 不确定

环境规制与生产率的关系受到环境受损害程度、吸收成本增加的能力、环境规制政策的质量、创新补偿作用的大小、技术在产业间扩散的能力等多种不同因素的影响，并不是确定的。Conrad 和 Wastl（1995）对德国高污染行业的研究表明，污染治理成本导致一些产业全要素生产率降低，但对另外一些产业影响很小。Majumdar 和 Marcus（2001）指出，设计较好、灵活的规制工具对生产率有正的影响，设计不好的规制工具对生产率有负的影响。Alpay、Buccola 和 Kerkvliet（2002）发现，环境规制对美国和墨西哥食品业生产率的影响不同。Telle 和 Larsson（2007）分别采用 MI 和 EMI 指标衡量生产率增长，MI 即传统的 Malmquist 指数，EMI 是引入环境投入修正后的 Malmquist 指数，结果表明，环境规制与 MI 不相关，但却与 EMI 显著正相关。Armando（2013）基于墨西哥制造业的分析表明，环境规制与生产率是非线性关系。

对于实证研究结论的不一致，学者们试图寻找其内在的原因。随着经济学理论特别是对技术进步测度理论研究的深入，相关研究进一步细化到生产率增长的驱动力层面，实证检验环境规制对技术创新的作用。Lanjouw 和 Mody（1996）、Brunnermeier 和 Cohen（2003）均发现，随着污染治理支出的增加，环境专利数量也相应增加。Vries（2005）经过实证研究发现，环境规制对技术创新有较大的激励作用。Hamamoto（2006）基于日本制造业的研究认为，污染控制支出与 R&D 支出正相关，由规制强度而激发的 R&D 支出对全要素生产率增长有正效应。Carmen 和 Innes（2010）、Ford 等（2014）也发现，更为苛刻的规制目标有利于诱导环境创新。

（四）环境规制对生产率影响的国内实证研究

1. 环境规制对生产率的影响

张友国（2004）分析了排污收费政策对中国 40 个行业产出的影响，发现排污收费政策不会对各行业产出造成显著影响。王兵等（2008）研究发现，在平均意义上，考虑环境管制后，APEC 国家的全要素生产率增长水平提高；涂正革（2008）根据我国 30 个省市地区要素资源投入、工业产出和污染排放数据，计算各地区环境技术效率，衡量环境与工业增长的协调性，并对环境技术效率的差异进行了回归分析，结果发现，东部沿海地区工业发展与环境关系较为和谐，但是中西部地区环境技术效率普遍较低，陕西、山西、广西、甘肃和宁夏五地区工业与环境关系严重失衡。解垩（2008）基于中国 31 个省区数据的研究表明，增加治污投资和减少工业二氧化硫排放对工业生产率没有明显的影响；李强、聂锐（2009）研究发现，单位产值二氧化硫排放量每减少一个单位，生产率指数、技术进步以及技术效率将分别增加 0.0080、0.0035 和 0.0043；张成等（2010）的研究结果表明，环境规制和TFP之间存在协整关系；环境规制是TFP的格兰杰成因，随着滞后期的加大，格兰杰成因更加显著；环境规制在长期对TFP的正向促进作用比短期更为明显。李玲、陶锋（2012）实证分析发现，重度污染产业当前环境规制强度相对合理，能够促进产业绿色全要素生产率提高以及技术创新和效率改进；中度污染产业环境规制强度较弱，环境规制与绿色全要素生产率、技术创新和技术效率的关系呈“U”形，相对于生产率和技术创新而言技术效率可以更早地突破“U”形拐点；轻度污染产业环境规制强度与三者的关系也呈“U”形，相对于生产率和技术效率而言，技术创新能够更早突破“U”形拐点。李斌等（2013）研究认为，环境规制可以通过作用于绿色全要素生产率而影响中国工业发展方式的转变，但却存在环境规制强度的“门槛效应”；当环境规制强度低于门槛值1.999时，环境规制对工业发展方式转变的促进作用并不显著；而当环境规制强度为门槛值1.999~3.645时，逐步加大环境规制力度有利于促进工业发展方式的转变；当环境规制强度越过门槛值3.645时，加强环境规制会对工业发展方式的转变产生负面作用。王杰、刘斌（2014）研究发现，环境规制与企业全要素生产率之间符合倒“N”形关系，即环境规制强度较弱时，企业环境成本较低，技术创新的动机不够，全要素生产率会降低；当环境规制提高到能够促进企业技术创新时，只要环境规制处于合理的范围内，就会促进企业全要素生产率的提高；但当环境规制强度超过了企业所能承受的负担，全要素生产率会下降。

2. 环境规制对技术创新的影响

王齐（2005）分析结果表明，借助于技术创新，环境规制强度与产业升级水平之间呈现显著的正线性相关关系；黄德春、刘志彪（2006）认为，环境规制给企业带来直接费用的同时，也会激发一定程度的技术创新，部分或全部地抵消这些成本，因此，环境规制可以同时减少污染和提高生产效率。赵红（2008）实证分析了环境规制对中国产业技术创新的影响，结果显示，环境规制对滞后的R&D支出和专利申请数量有显著的正效应，表明环境规制在中长期对技术创新有一定的激励作用；李强、聂锐（2009）发现，环境规制对核心创新指标产生了显著的正的影响，环境规制强度每提高1%，发明专利数量和实用新型专利数量就会分别增加0.17%和0.07%。但是，赵细康（2006）实证分析显示，由于我国环境政策的强度不大，对企业创新动力的激发作用不太显著。江珂、卢现祥（2011）研究表明，环境规制必须与一定的人力资本相结合才对技术创新有一定的推动作用。沈能、刘凤朝（2012）发现，环境规制对技术创新的促进作用存在地区差异，“波特假说”在较落后的中西部地区难以支持，而在较发达的东部地区则得到了很好的支持，这种地区差异主要是受到环境规制强度及经济发展水平的影响。李婉红等（2013）得出结论认为，在考虑行业规模和创新人力资源投入两个控制变量的情况下，政府制定严厉的环境规制政策可有效促进污染密集行业实施绿色技术创新，但未考虑以上两个控制变量时，环境规制强度对污染密集行业的绿色技术创新则产生了负效应，这一实证结果验证了“不完全环境规制”现象的存在，也证实“波特假说”成立的条件性。蒋伏心等（2013）研究发现，环境规制与企业技术创新之间的关系呈现先下降后提升的“U”形动态特征，随着环境规制强度由弱变强，影响效应由“抵消效应”转变为“补偿效应”。

可以看出，国内外学者们的意见并不统一。其中，关于环境规制对生产率的影响，研究结论差别较大。而关于环境规制对技术创新的影响，“波特假说”在一定条件下得到了支持。

三、市场竞争对生产率影响研究

近年来，国外研究大都认为，市场竞争的引入与增强是生产率增长的基础驱动力量（Holmes 和 Schmitz，2010）。Januszewski 等（2002）基于德国制造业、Okada（2005）、Inui 等（2012）基于日本制造业、Khalid（2009）基于约旦、摩洛哥和埃及三个发展中国家制造业的研究均发现，市场竞争能够促进生产率提高，对支持市场竞争有积极作用。Malick（2013）分析了加拿大、美国生产率差异的原因，得出结果指出，竞争强度差异是导致生产率差异的重要原因，市场竞争既有直接影响，又通过影响 R&D 投入和生产性投入发挥间接影响。但是，也有研究发现市场竞争与生产率的非线性关系。Amri 和 Mouelhi（2014）针对突尼斯制造业的研究表明，市场竞争对生产率的影响呈现倒“U”形，即当市场竞争程度较低时，竞争程度的增加有助于提高生产率，当市场竞争程度较高时，竞争程度的增加会对生产率造成负面作用。

国内方面，由于我国经济体制改革和市场化改革的复杂性，研究结论存在较大的差异。李玉红等（2008）较早从企业动态演化的视角，对“十五”前后我国工业全要素生产率变动来源进行考察，研究发现，存活企业生产率水平最高，进入企业生产率增速最快，退出企业无论是水平还是速度都处于最后，说明企业演化带来的资源重新配置是中国工业生产率增长的重要途径。柴志贤、黄祖辉（2008）研究认为，竞争效应总体影响较弱，会在一定程度上阻碍部分行业的生产率提高，对技术效率与技术进步的作用有明显差异，技术效率普遍有负面影响，但对技术进步有积极作用。简泽（2011）进一步分析了市场竞争对生产率的作用机制，发现市场竞争一方面为在位企业提高生产率提供了激励，从而推动了企业层面的生产率增长；另一方面，市场选择机制改善了跨企业的资源配置效率，进而促进了总量层面的生产率增长。在此基础上，简泽、段永瑞（2012）从经济转轨过程中市场竞争环境的变化出发考察了竞争的增强对企业层面全要素生产率增长的影响，研究发现，在竞争激发的逃离竞争效应的作用下，竞争的增强促进了全要素生产率跨企业分布上四分位数以下全要素生产率的增长，然而对于生产率较高的上四分位数以上的企业，竞争的增强阻碍了它们全要素生产率的增长。李平等（2012）研究指出，市场开放激发了以非国有企业为主体的大规模的进入退出和动态竞争过程；通过竞争的激励效应，进入退出促进了企业层面全要素生产率的增长；通过跨企业的资源再配置效应，进入退出促进了总量层面全要素生产率的增长。毛其淋、盛斌（2013）对企业进入与退出的特征及其与全要素生产率动态演化的关系进行了系统性的实证研究，结果表明，存在显著的市场选择效应促使生产率较低的企业退出市场，新企业在进入之后通过学习效应实现了自身生产率的快速增长，企业更替通过市场竞争效应对存活企业生产率的提高产生显著的间接促进作用。简泽等（2014）考察了加入世界贸易组织后进口自由化带来的进口竞争对本土企业全要素生产率的影响，研究发现，进口竞争促进了本土企业平均全要素生产率的增长；进口竞争对效率不同的企业产生了不同的影响，它阻碍了低效率企业全要素生产率的增长，促进了高效率企业全要素生产率的增长。

四、所有权结构对生产率影响研究

中国产权制度改革的经济后果问题一直是国内外学术界的热点话题。Jefferson 和 Rawski（2002）、Jefferson（2003）研究发现，中国集体所有制和股份制企业的生产率均优于国有企业。袁宏泉、陈建梁（2005）较早关注所有权对生产率的影响问题，以 1999~2003 年沪、深两市发生的 699 起股权转让超过 5%的并购事件作为有效样本，分析了不同并购活动对产出效率的影响，实证研究表明，整体上看，公司股权转让后产出效率得到提高，但对长期产出效率改善缺乏持续作用；混合并购使股权转让公司的效率提高，而横向和纵向并购却降低了目标公司的效率。叶彬、任佩瑜（2010）研究认为，第一大股东持股比例与全要素生产率呈“U”形曲线关系；股权制衡程度、最终所有者现金流权的提高有利于全要素生产率的提高；两权分离程度与全要素生产率没有显著相关关系。张红凤、张肇中（2013）基于工业行业的研究发现，行业所有权结构与全要素生产率之间存在显著负相关关系。李兴华等（2014）研究了经营环境与治理结构对商业银行全要素生产率动态变化的影响，结果表明，市场结构与所有权结构不合理仍然是造成中国商业银行全要素生产率低下的最主要根源。姜永宏、蒋伟杰

(2014) 进一步发现，不同产权属性的上市商业银行具有不同的效率优势，城市商业银行的优势在于技术水平和技术效率，国有商业银行在于规模效率，股份制商业银行在于范围效率。

表 2-3 从传统因素和非传统因素两方面对已有文献所涉及的生产率主要驱动因素进行了总结。

表 2-3 已有文献涉及的生产率主要影响因素

类型	影响因素	相关文献
传统因素	投资	Arrow (1962) 等
	研发支出	Romer (1990)，王玲等 (2008)，夏良科 (2010)，万伦来、朱琴 (2013) 等
	人力资本	Lucas (1988)，黄先海、石东楠 (2005)，傅东平 (2010) 等
	FDI	MacDougall (1960)、Kokko (1992)、刘舜佳 (2008)、蒋冠宏等 (2013) 等
	进口	Grossman 和 Helpman (1991)，黄静波、向铁梅 (2010)，傅东平 (2010) 等
	出口	Levin、Raut (1999)，李小平等 (2008)，李新等 (2013) 等
	消费	Syverson (2004)、David Lagakos (2008)、傅东平 (2010) 等
	基础设施	贺胜兵 (2009)、刘秉镰等 (2010) 等
	多元化	柴志贤、黄祖辉 (2008) 等
	公司治理	李凯、邹怿 (2010) 等
非传统因素	环境规制	Porter (1991，1995)，Telle 和 Larsson (2007)，涂正革 (2008)，李玲、陶锋 (2012)，王杰、刘斌 (2014) 等
	市场竞争	Holmes 和 Schmitz (2010)、Amri 和 Mouelhi (2014)、李玉红等 (2008)、简泽等 (2014) 等
	所有权结构	Jefferson 和 Rawski (2002)，袁宏泉、陈建梁 (2005)，张红凤、张肇中 (2013) 等

第四节 已有研究评述

综上可见，国内外学者对生产率问题进行了广泛的研究，在生产率的内涵、测度、影响因素等方面已经取得了较为丰硕的成果。中国煤炭产业的转型升级对生产率研究提出了新的课题。本书认为，在已有生产率研究的基础上，应进行以下四个方面的拓展：

1. 完整准确地度量煤炭产业投入产出要素

根据经典经济增长理论，资本、劳动力和技术是生产的三大投入要素。煤炭生产造成的环境污染“坏产出”尚未被纳入煤炭产业生产率的计算过程，由此造成的计算结果偏差不利于政府部门从宏观上对煤炭产业形势的把握和相关政策的制定，也有可能在微观上误导煤炭企业和投资者做出错误判断。对投入产出要素的度量既要考虑指标的合理性，又要考虑数据的可得性，需要进行深入的思考。

2. 进一步改进煤炭产业生产率测度方法

将环境因素纳入生产率测度过程，需要对原有的测度方法加以改进。转型国家在测算全要素生产率上与发达国家不同，因此探讨适合中国特殊国情的煤炭产业生产率测度方法十分重要。不管是索罗余值方法，还是SFA或DEA方法，都或多或少存在一定的缺陷。最近一些学者提出了全新的三阶段DEA模型、方向性距离生产函数等。如何基于中国煤炭产业发展变动剧烈的现实，对假设条件、参数设置、模型构建等做出合理规定，实现生产率测度方法上的创新，是研究的方向之一。

3. 煤炭产业生产率影响因素的研究还很薄弱

“十一五”、“十二五”期间，我国重点建设了蒙东、神东、陕北、鲁西、河南、云贵、两淮等14个大型煤炭基地。大型煤炭基地建设对于我国优化煤炭资源配置、保障能源安全具有重要意义，同时也带动了煤炭企业向大型煤炭基地的跨地区转移，在一定程度上形成了煤炭产业的空间集聚。2010年10月，国务院办公厅下发了《关于加快推进煤矿企业兼并重组的若干意见》，明确要求调整优化煤炭产业结构，提高煤炭生产集约化程度和生产力水平。国家引导政策对于改变煤炭产业的市场竞争和所有权结构具有显著的影响，能否带来生产率的提升还需要系统地检验。

4. 缺乏环境规制对煤炭产业生产率的作用机制研究

研究环境规制对煤炭产业生产率影响的根本目的是为了降低环境规制的负面效应，因此不能仅停留在环境规制与生产率相关性的探讨上，应进一步探究其传导路径。在环境规制背景下，以提升煤炭产业生产率为目标，设计科学合理的空间集聚和市场集中的具体调控措施的成果还不多见。

第三章 中国煤炭产业发展现状

第一节 中国煤炭资源分布和生产布局

一、中国煤炭资源分布

（一）中国煤炭资源储量和消费情况

统计资料显示，中国已探明煤炭储量约占世界总量的 33.8%，其中可开采量位居世界第二[①]。目前，世界最大的煤炭消费国是中国，煤炭在中国一次能源消费结构中处于主体地位，长期保持在 2/3 左右。如图 3-1 所示，2006~2012 年中国煤炭消费量呈逐年上升趋势，2012 年达到 35.3 亿吨[②]。煤炭对中国国民经济持续健康发展起到重要的支撑作用。

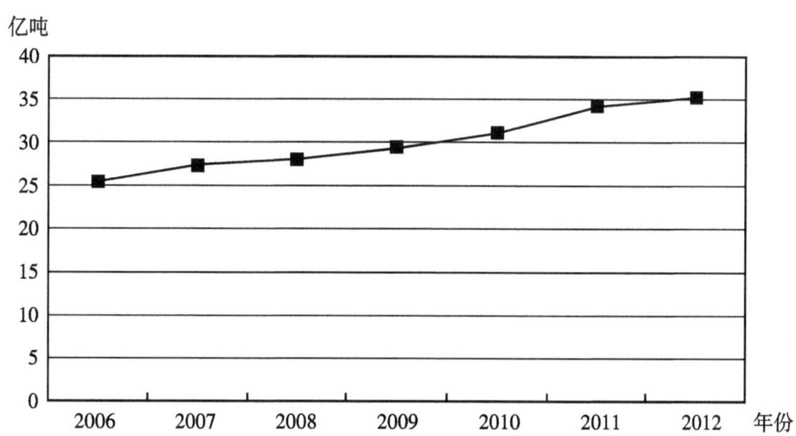

图 3-1 2006~2012 年中国煤炭消费量

① 数据来源于中国煤炭工业协会网站。

② 数据来源于国家统计局网站。

(二) 中国煤炭资源的总体分布情况

中国煤炭资源分布较为广泛，但并不均衡。按照地理位置，大致可以分为东部地区、中部地区和西部地区，其中，西部地区还可进一步分为西南地区和西北地区。

东部地区包括的省份主要有黑龙江、吉林、北京、天津、辽宁、河北、山东、福建、浙江、江苏，煤炭资源储量约为 802.3 亿吨，约占全国总量的 6.13%；中部地区包括的省份主要有山西、安徽、河南、湖南、湖北、江西，煤炭资源储量约为 3287.3 亿吨，约占全国总量的 25.1%；西南地区包括的省份主要有云南、贵州、重庆、广西、四川，煤炭资源储量约为 1032.6 亿吨，约占全国总量的 7.88%；西北地区包括的省份主要有陕西、宁夏、甘肃、内蒙古、新疆、青海，煤炭资源储量约为 7966.1 亿吨，约占全国总量的 60.82%①。主要地区煤炭资源储量如表 3-1 所示。

表 3-1 中国主要地区煤炭资源量统计

单位：万吨

省份	累计探测资源量	保有资源量	已利用资源量	尚未利用资源量
辽宁	104.89	84.56	48.56	36.00
吉林	29.12	22.21	17.18	5.03
黑龙江	235.57	218.31	87.94	130.37
皖北	371.48	352.23	189.17	163.06
苏北	43.28	33.30	22.91	10.39
北京	27.25	24	13.73	10.27
河北	374.22	345.65	116.61	229.04
山东	333.67	227.96	57.10	170.86
河南	666.81	617.78	114.36	503.42
湖南	40.84	31.98	10.79	21.19
蒙东	3167.51	3146.47	220.83	2925.64
蒙中	5759.18	5760.72	320.01	5440.71
山西	2875.82	2688.16	1401.92	1286.24
陕北	1814.43	1794.153	333.52	1460.92
宁夏	383.89	376.92	143.891	233.03
重庆	43.91	40.043	23.6854	16.36
川东	125.74	103.38	28.66	80.72
贵州	707.61	683.43	74.166	609.26

① 各地区数据来源于《中国煤炭工业发展研究报告（2011）》。

续表

省份	累计探测资源量	保有资源量	已利用资源量	尚未利用资源量
滇东	294.88	282.67	47.33	235.344
北疆	2111.17	2097.85	642.81	1455.04
甘肃	167.45	158.66	31.84	126.82
青海	70.42	63.40	16.78	46.62
南疆	200.57	197.47	40.45	157.01

注：数据来源于国土资源部网站。

二、中国煤炭生产布局

（一）中国煤炭生产布局总体规划

中国煤炭开采量一直位居世界前列。如表 3-2 所示，2011 年中国煤炭产量接近世界煤炭总产量的一半，是世界最大的煤炭生产国。

表 3-2　2006~2011 年世界主要产煤国煤炭产量

单位：百万吨标准煤

国家＼年份	2006	2007	2008	2009	2010	2011
中国	1234.5	1312.2	1452.9	1496.2	1623.2	1823.4
美国	576.8	568.5	579.3	530.1	531.9	536.4
印度	197.9	210.2	225.1	244.9	244.5	252.2
澳大利亚	201.4	227.4	231.9	225.7	237.3	222.6
印度尼西亚	137.5	157.9	165.0	166.8	186.3	206.9
俄罗斯	143.3	163.0	167.2	153.6	180.0	180.0
南非	138.3	139.9	142.5	140.9	143.8	142.7
波兰	67.6	62.5	60.9	56.4	55.4	55.8
哈萨克斯坦	42.3	43	48.8	44.3	48.6	50.9
哥伦比亚	42.6	45.4	47.8	47.3	48.3	55.8
德国	53.4	54.6	50.1	45.7	45.1	46.5
加拿大	32.5	34.3	33.6	30.7	33.8	33.7
乌克兰	35.5	33.6	33.7	32.0	31.0	40.4

注：数据来源于《中国煤炭工业统计年鉴 2012》。

2012 年 3 月，国家发展改革委员会出台《煤炭工业发展“十二五”规划》（发改能源〔2012〕640 号，以下简称《规划》）。该《规划》要求，全国煤炭开发总体布局是控制东部、稳定中部、发展西部。东部（含东北）开采历史长，可供建设新井的资源少，控制开发强度，维持现有供应能力。中部资源相对丰富，开发强度偏大，放缓开发增速，保障稳定供应。西部资源丰富，开发潜力大，提高供应能力，增加调出量。

对于煤炭生产，《规划》预计 2015 年全国煤炭产量 39 亿吨。东部（含东北）煤炭产量 4.6 亿吨，占全国的 12%；中部煤炭产量 13.5 亿吨，占全国的 35%；西部煤炭产量 20.9 亿吨，占全国的 53%。

（二）中国煤炭生产布局现状①

如图 3-2 所示，2006~2012 年中国煤炭产量逐年增长，2012 年达到 36.5 亿吨，相对于 2011 年增加了 1.3 亿吨，增长速度为 3.7%。其中，东部地区产煤约为 4.34 亿吨，占全国产量的 11.9%；中部地区产煤约 12.3 亿吨，占全国产量的 33.7%；西部地区产煤约为 19.8 亿吨，占全国总产量的 54.3%。

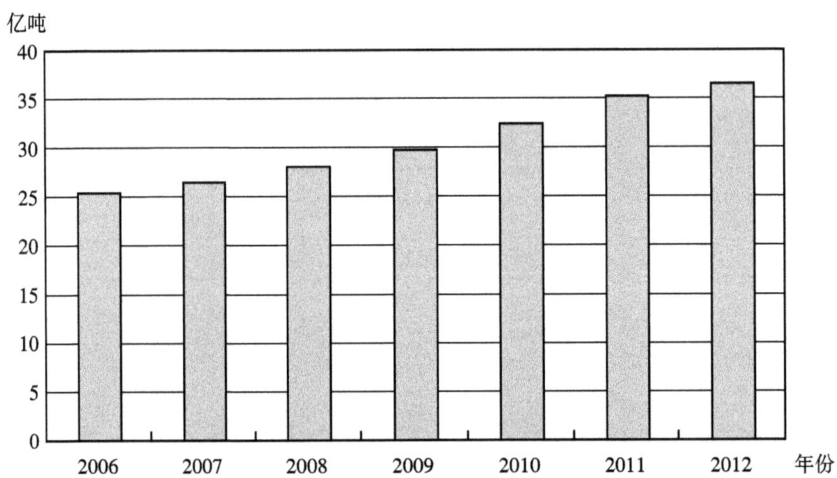

图 3-2　2006~2012 年全国煤炭产量

1. 东部地区煤炭生产情况

东部地区属于我国经济相对发达的地区，也是煤炭资源开发利用较早的地区。但由于开采时间长且开发力度大，各主要矿区的煤炭资源耗减严重，已出现不同程度的枯竭。山东、河北、江苏、黑龙江是东部地区的主要产煤省。山东是

① 本部分的分析数据均来源于《中国煤炭工业统计年鉴 2012》。

我国产煤大省之一，煤炭资源储量丰富，煤质优良，含煤面积占全省面积的11.5%。山东省煤田地质复杂，对煤炭开采的技术要求较高。山东能源集团和兖矿集团是该省两大支柱煤炭企业。2012 年，山东省共有生产矿井 213 处，煤炭产量为 1.45 亿吨，居全国第七位。河北省经济结构以高耗能产业为主，对煤炭等能源产品的需求量大。河北省煤炭开采历史悠久，开滦集团、冀中能源集团排名全国煤炭企业前列。2012 年，河北省共有各类煤矿（矿井）268 处，省内产量完成 9382 万吨，同比增长 2.85%；省外产量完成 10629.81 万吨，同比增长27.26%。

2. 中部地区煤炭生产情况

中部地区主要的产煤省份是山西、河南、安徽，煤炭产量在全国的比重较为稳定，维持在 1/3 左右。山西省煤炭资源储量丰富，赋存条件好，拥有同煤集团、晋煤集团、阳煤集团、山西焦煤集团等多家大型煤炭企业。2012 年，山西省煤炭产量约为 9.14 亿吨，同比增长 4.8%；销售收入 11870.18 亿元，同比增长41.72%；煤炭工业对山西省经济的贡献率为 56.6%。河南省是国家规划的 14 个大型煤炭基地之一，经过大范围的资源整合，现已形成以河南能化集团、平煤神马集团、郑煤集团、神火集团等大型煤炭企业为主的煤炭生产布局。2012 年，河南省省内煤矿共生产原煤 15153.29 万吨，同比下降 19.1%，完成煤炭销售量19525.02 万吨，同比下降 23.4%。

3. 西部地区煤炭生产情况

西部地区主要产煤省份是内蒙古、新疆、陕西。西部地区在我国煤炭开发利用政策的引导下，已经成为重要的煤炭资源开发地区，多个大型煤炭基地在此设立。2012 年，西部地区煤炭产量占全国煤炭生产总量的 54.3%，同比增长 1.6%。陕西省的榆林、延安等地区煤炭储量充足。2012 年，陕西省全省原煤产量达到4.63 亿吨，同比增长 14.3%，位居全国第三。其中，省属煤矿原煤产量达到36592 万吨，增长 15.28%。在省属煤矿中，国有重点煤矿生产原煤 12637 万吨，地方煤矿生产原煤 23955 万吨。

第二节　中国煤炭产业经济效益分析

一、中国煤炭产业经济效益的总体分析

（一）当前煤炭产业发展面临的不利因素

1. 煤炭资源整合引发的规模过度扩张

我国煤炭产业长期以来存在着“多、小、散、乱”的格局，山西于2009年全面启动了煤矿企业兼并重组工作，随后山东、陕西、贵州等地也陆续揭开煤矿企业兼并重组大幕。2012年国家发展和改革委下发《煤炭工业“十二五”发展规划》，要求控制煤炭产能及煤矿企业的数量，“十二五”期间煤炭生产以大型煤炭企业、大型煤炭基地和大型现代化煤矿为主。但我国现阶段的煤炭产业资源整合造成产能集中释放，又由于煤炭企业经营业务类型较为相似，同质化竞争激烈，产能过剩会使煤价下跌，挤压煤炭企业的盈利空间，进而影响煤炭产业的经济效益。

2. 环保与安全生产压力

一方面，国家不断加快新能源的开发步伐，2012年3月温家宝在政府工作报告中指出，将大力发展新能源和核能、页岩气等。2013年1月发布的《能源发展“十二五”规划》提出2015年“全国能源消费总量40亿吨标煤”的控制目标。另一方面，《2013年煤炭安全工作要点》以小煤矿关闭退出为重点、坚决停止审批新建30万吨/年以下高瓦斯矿井和45万吨/年以下煤与瓦斯突出矿井①，以上措施有利于煤矿的集约化管理，淘汰落后产能煤矿。这些节能减排、发展循环经济的政策，使煤炭产业面临环保与安全生产的双重压力，要求以“绿色理念”开发“黑色资源”，不断加大科技和环保资金投入，这增加了煤炭企业的货币资金、短期借款等，可能会影响资金的使用效率。

3. 进口煤冲击

印度尼西亚、澳大利亚、越南等国是我国传统的进口煤炭的主要来源，2010年以来美国和加拿大等国的煤炭也开始进入我国市场。2013年全年我国煤炭进口共3.3亿吨，同比上涨13.4%②，进口煤与国产煤价格已非常接近，甚至出现价

① 数据来源于中国煤炭资源网。

② 数据来源于秦皇岛煤炭网。

格倒挂现象。进口煤的猛烈冲击对国内煤炭市场的平衡关系产生了较大的影响，使得价格竞争越来越激烈，加上国内煤炭供过于求促使煤炭价格下跌、煤炭销量放缓，进而导致我国煤炭产业库存增加。

4. 宏观经济对煤炭的需求在下降

煤炭产业是国民经济的最上游行业，属于典型的后周期行业，宏观经济变动对煤炭产业的影响有较长的产业链条需要传导。受国内外复杂经济形势的影响，我国经济增长放缓，煤炭需求也有所降低，主要表现在：国家控制能源消费制约了下游钢铁、电力等产业对煤炭的需求，新能源的开发也减少了对煤炭的需求。同时，由于煤炭资源整合使产能集中释放，导致煤炭的供过于求，再加上进口煤的冲击，这使得煤炭的区域竞争范围扩大，价格竞争日益激烈，质量标准不断提高，煤炭产品价格低位运行，煤炭存货增加、应收账款回收困难。

综上所述，近几年，我国煤炭供需形势发生逆转、煤炭价格快速下滑，连续10年的繁荣戛然而止，已表现出明显的买方市场格局。2013年，煤炭上市公司的存货和应收账款增加迅速且数值较高，尤其是应收账款增加了157.81亿元，增幅高达17.96%；与此同时，营业收入却减少了405.89亿元，是2008年以来的首次降低①。种种迹象表明煤炭产业的经济效益亟须引起关注。本书根据证监会2013年第4季度的划分标准，选取2008~2013年A股23家煤炭上市公司（不包括ST或者*ST公司）作为研究对象，以营运资金管理为切入点和着眼点，借鉴王竹泉等（2011）的研究②，分别从渠道视角和要素视角设计营运资金管理评价指标，定量分析煤炭产业经济效益。

（二）煤炭产业营运资金占用状况

传统的营运资金是按照要素分类，包括应收账款、应付账款和存货等。王竹泉等（2007）③提出了营运资金的重分类，分为经营活动营运资金和理财活动营运资金，并将经营活动的营运资金按照采购渠道、生产渠道和营销渠道进行细分。

如表3-3所示，煤炭上市公司的营运资金占用总额（即流动资产总额）在2008~2012年呈逐年增加趋势，由2008年的1720.23亿元迅速增加到2012年的3336.44亿元，年均增幅达18%；2013年出现轻微的减少。营运资金占用净额（即流动资产减去流动负债的差额）2008~2010年逐年增加，此后却逐年减少，到2013年仅为-30.43亿元，比2010年的峰值减少了974.27亿元，这说明从2010年开始我国煤炭上市公司的流动负债在不断加大。

① 数据通过煤炭上市公司2013年年报搜集整理得到。

② 王竹泉等. 中国上市公司营运资金管理调查：2010［J］. 会计研究，2011（12）：52-62.

③ 王竹泉等. 国内外营运资金管理研究的回顾与展望［J］. 会计研究，2007（2）：85-90.

表 3-3　煤炭上市公司营运资金占用情况

单位：亿元

年份	营运资金占用总额	营运资金占用净额	经营活动营运资金（按渠道）	经营活动营运资金（按要素）	理财活动营运资金
2008	1720.23	734.42	-128.47	758.36	949.92
2009	2202.20	857.26	-242.82	1005.81	1211.88
2010	2560.79	943.84	-268.53	1278.10	1335.91
2011	3089.21	784.44	-447.89	1692.00	1380.44
2012	3336.44	419.85	-452.75	2151.80	1106.13
2013	3318.12	-30.43	-405.66	2516.59	656.42

按照渠道划分的经营活动营运资金总额为负值且基本呈逐年减少的趋势，而按照要素划分的经营活动营运资金总额却逐年以较大幅度增加。这说明划分标准不同，对经营活动营运资金的评价也不一样。传统的以要素分类的营运资金没有将预付账款、短期借款、货币资金等考虑在内，以渠道划分的营运资金更有利于企业有针对性地对其营运资金进行管理。理财活动营运资金总额 2008~2011 年不断增加，到 2013 年却减少到 656.42 亿元，较 2012 年减少了 40.66%，这主要因为 2013 年我国煤炭产业的货币资金减少、短期借款增加。

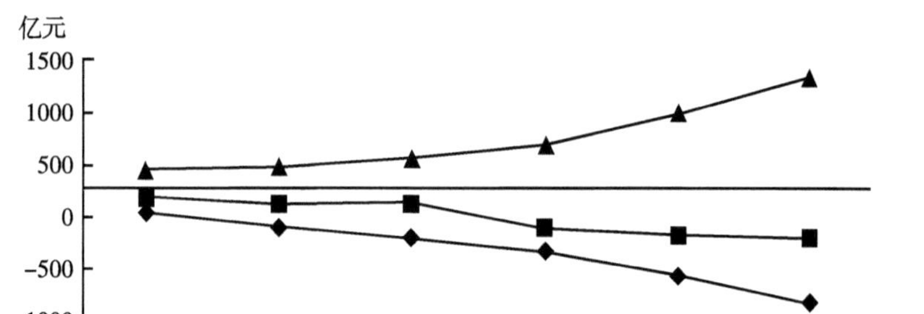

	2008	2009	2010	2011	2012	2013
采购渠道	-197.48	-294.23	-387.89	-484.35	-662.21	-877.50
生产渠道	-74.92	-119.41	-113.79	-296.57	-358.00	-373.00
营销渠道	143.93	170.82	233.15	333.03	567.46	844.85

图 3-3　煤炭上市公司各渠道资金占用情况

结合表 3-3 和图 3-3，分渠道来看，采购渠道总额为负值并逐年减少，尤其是 2013 年，减少了 215.29 亿元，减幅高达 32.51%，这主要是因为煤炭上市公司的预付账款比较少，而应付账款数额很大，使得其营运资金总额为负数。生产渠道总额也为负值并基本是逐年减少的，2010~2012 年的减速尤其明显，这主要是因为煤炭产业的其他应付款数额过高所致。营销渠道总额是正值且每年都增加，尤其是2012~2013年增速明显，这主要是因为2012~2013年煤炭产业的成品存货和应收账款增加过快。

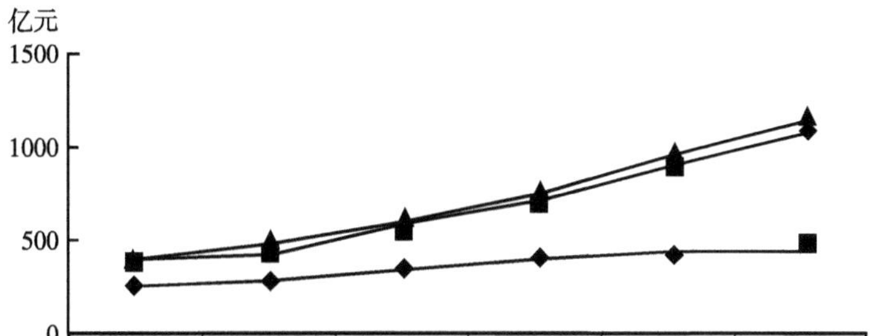

	2008	2009	2010	2011	2012	2013
存货占用额	162.86	196.74	246.74	327.19	350.68	365.96
应收账款占用额	289.87	381.52	486.79	655.79	878.74	1036.55
应付账款占用额	305.64	427.55	545.26	709.03	922.39	1114.07

年份

图3-4 煤炭上市公司各要素资金占用情况

结合表3-3和图3-4，分要素来看，存货占用额、应收账款占用额和应付账款占用额从2008年到2013年都呈现不同幅度的增长趋势，存货的增速要低于应收账款和应付账款的增长速度。其中应收账款占用额的增幅最大，年均增长29.03%，2012年增加了222.95亿元（增幅高达34.00%），2013年增加了157.81亿元（增幅为17.96%）；2012年应付账款增加了213.36亿元（增幅为30.09%），2013年应付账款增加了191.68亿元（增幅为20.78%）。

（三）煤炭产业营运资金管理效率分析

1. 基于渠道管理的营运资金管理效率

（1）基于渠道管理的营运资金管理效率评价指标。根据中国海洋大学企业营运资金管理研究课题组对营运资金重分类的研究①，渠道管理方面主要用到以下公式：

经营活动营运资金周转期（按渠道）=（营销渠道营运资金+生产渠道营运资金+采购渠道营运资金）÷（营业收入/360）

其中，营销渠道营运资金周转期=营销渠道营运资金÷（营业收入/360）=（成品存货+应收账款、应收票据-预收账款-应交税费等）÷（营业收入/360）；生产渠道营运资金周转期=生产渠道营运资金÷（营业收入/360）=（在产品存货+其他应收款-应付职工薪酬-其他应付款等）÷（营业收入/360）；采购渠道营运资金

① 中国海洋大学企业营运资金管理研究课题组. 中国上市公司营运资金管理调查：2009［J］. 会计研究，2010（9）：30-42.

周转期 =采购渠道营运资金÷（营业收入/360）=（材料存货+预付账款-应付账款、应付票据等）÷（营业收入/360）。

（2）基于渠道管理的煤炭产业营运资金管理效率分析。如表 3-4 所示，我国煤炭上市公司营运资金周转期在 2008~2009 年有所增加，然而此后呈现较大幅度的减少趋势，这表明煤炭上市公司营运资金管理的改善越来越明显。但是仔细观察，不难发现这主要得益于理财活动营运资金周转期的不断缩短，经营活动营运资金周转期虽然有增有减，但是变化不明显。

表 3-4　基于渠道管理的营运资金周转期

单位：天

年份	经营活动营运资金周转期[①]				理财活动营运资金周转期	营运资金周转期
	采购渠道	生产渠道	营销渠道	平均		
2008	–23.18	–8.79	16.90	–15.08	111.51	96.43
2009	–30.88	–12.53	17.93	–25.49	127.19	101.70
2010	–31.11	–9.13	18.70	–21.54	107.15	85.61
2011	–28.58	–17.50	19.65	–26.43	81.47	55.03
2012	–33.72	–18.23	28.90	–23.05	56.33	33.22
2013	–47.41	–20.15	45.64	–21.92	35.46	13.55

煤炭产业采购渠道的营运资金周转期均为负值且有增有减。这主要因为在采购渠道中，少量的预付账款和大量的应付账款使得其营运资金总额为负数，这说明煤炭上市公司用上游供应商的资金来降低本企业的融资成本，这体现了煤炭上市公司的延期支付能力和对供应商的讨价还价能力。

煤炭产业生产渠道的营运资金周转期均为负值且有增有减，在 23 个样本公司中，仅有两家公司生产渠道的营运资金额为正值，但是由于其他应付款均占用较大的比重，导致生产渠道营运资金净额出现了负值，这说明煤炭上市公司利用了其他债权人和员工的资金。

煤炭产业营销渠道的周转期不断延长，尤其是 2013 年增加了 16.74 天，增幅高达 57.92%。这是因为 2013 年煤炭上市公司的成品存货和应收账款呈现明显的增加趋势，这说明煤炭上市公司的销售不景气。

进一步分析还发现，GTXJ 公司的营运资金周转期在 2008~2013 年一直保持行业领先地位，尤其是 2010 年以来始终处于煤炭产业的第一名。GTXJ 公司的经营活动（按渠道）周转期一直处于行业第一名的位置，而理财活动营运资金周转

① 行业的营运资金平均周转期 = Σ行业内各企业的营运资金 ÷（Σ行业内各企业营业收入/360），下同。

期逐年缩短，由 2008 年的行业中下游到 2010 年已成功进入前三甲。GTXJ 公司是 2007 年 12 月首次发行股票并上市的，它地处煤炭销售市场集中、经济相对较发达的华东中部，地质储量非常丰富，且与主要销售客户保持长期、良好的合作关系，所以公司在煤炭资源、地域区位、煤电煤气项目上均具有一定优势，并且公司动态调整招标采购价格，实行灵活的价格策略与回款模式。

2. 基于要素管理的营运资金管理效率

（1）基于要素管理的营运资金管理效率评价指标。传统的按要素分类的营运资金管理效率主要用到以下公式：

营运资金周转期=存货周转期+应收账款周转期–应付账款周转期

其中，存货周转期=存货÷（营业收入/360）；应收账款周转期=（应收账款+应收票据）÷（营业收入/360）；应付账款周转期=（应付账款+应付票据）÷（营业收入/360）。

（2）基于要素管理的煤炭产业营运资金管理效率分析。我国煤炭上市公司的营运资金周转期虽然此增彼减，但总体来看变化比较小，具体情况见表 3–5。

表 3–5 基于要素管理的营运资金周转期

单位：天

年份	存货周转期	应收账款周转期	应付账款周转期	营运资金周转期
2008	19.12	34.03	35.88	17.27
2009	20.65	40.04	44.87	15.82
2010	19.73	39.05	43.73	15.05
2011	19.31	38.70	41.84	16.17
2012	17.86	44.75	46.97	15.63
2013	19.77	56.00	60.19	15.58

煤炭产业的存货周转期从 2009 年开始逐年减少，2013 年有较大幅度的增加。其中 2012 年较 2011 年减少了 1.45 天，减少 7.51%。2012 年存货周转的加快，说明对存货的营运资金管理有所改善，但是由图 3–4 我们知道存货资金占用额是逐年增加的，这说明存货周转期的改善并不是因为库存的减少，而是因为营运收入增加的幅度（15.89%）超过了存货的增幅（7.18%）。

煤炭产业的应收账款周转期在 2008~2009 年是增加的，且幅度比较大，为 6.01 天（17.66%），这主要是因为受金融危机的影响，下游分销商的资金周转比较困难；2011~2012 年增幅比较大，为 6.05 天（15.63%），这说明资金使用效率下降。

煤炭产业的应付账款周转期在 2008~2009 年是增加的，且幅度比较大，为

8.99 天（25.06%），这主要是因为受金融危机的影响，企业占用了大量的应付账款而不能及时偿还；2012~2013 年增幅比较大，为 13.22 天（28.15%），这说明 2013 年我国煤炭产业利用应付账款的能力提高。

进一步分析发现，GTXJ 公司的营运资金周转期在 2008~2013 年一直保持行业第一位。GTXJ 公司的存货周转期（最短是 2008 年的 25.51 天，2012 年最长达 47.44 天）在 2008~2013 年逐年增加且在行业中的排名逐年往后，应收账款周转期处于行业上游（尤其是 2010 年以来始终处于行业前五名），而应付账款周转期（由 2008 年的 86.72 天增加到 2013 年的 149.96 天）在 2008~2013 年基本上属于行业中周期最长的。由于按要素的营运资金周转期=存货周转期+应收账款周转期-应付账款周转期，这说明 GTXJ 公司的营运资金管理效率高主要得益于应付账款周转期的延长。

通过上述计算和分析可以看出，煤炭产业的营运资金占用额近年增速明显，尤其是营销渠道和应收应付款项，并且其营运资金周转期有所延长。这说明我国煤炭产业经济效益出现下滑，亟须改善。

二、中国煤炭产业经济效益的个体分析

《财富》杂志 2013 年发布的中国企业 500 强榜单中共有 23 家煤炭企业上榜。本书选取前五家最具代表性的煤炭企业进行分析，见表 3-6。考虑到数据的可得性问题，下文的分析是以上市公司为基础进行。

表 3-6　2013 年财富中国企业 500 强前五家煤炭企业一览表

行业排名	榜单排名	上年排名	公司名称	收入（百万元）
1	18	19	ZGSH	250260
2	45	67	SMGJ	95408
3	56	47	ZGZM	87292
4	73	98	YQMY	71517
5	85	103	YZMY	59674

注：数据来源于中国煤炭工业网。

（一）ZGSH

如表 3-7 所示，ZGSH 近三年的总资产保持在 12%以上的扩张速度，并在 2013 年达到了 5076.74 亿元的规模。ZGSH 2013 年营业收入同比增长（13.4%）虽不及 2011 年（36.91%），但仍然达到 2837.97 亿元的营业收入，与之伴随的是存货大幅增加。2013 年净利润较 2012 年相比出现了零增长。

表 3-7 ZGSH 2011~2013 年总体情况

单位：亿元；%

	2011 年	同比增长	2012 年	同比增长	2013 年	同比增长
资产	3975.48	17.18	4532.56	12.29	5076.74	12.01
营业收入	2081.97	36.91	2502.60	20.20	2837.97	13.40
存货	126.28	13.08	151.71	20.14	176.41	16.28
净利润	515.07	21.18	557.07	8.15	557.07	0

注：数据来源于国泰安数据库。

如表 3-8 所示，在煤价下跌的背景下，ZGSH 的盈利能力仍然维持在较高的水平，说明企业在控制成本方面取得了良好的效果。应收账款周转率逐年降低，存货周转率相对稳定，但均低于行业水平，需要重视营运资金的周转能力。流动比率和速动比率逐年降低，略低于行业水平，资产负债率变化不大，远低于行业水平，说明企业的偿债能力比较乐观。

表 3-8 ZGSH 2011~2013 年盈利、营运、偿债能力分析

单位：%

财务指标		2011 年	2012 年	2013 年	2013 年行业平均
盈利能力	营业利润率	31.59	26.80	24.72	6.2
	资产报酬率	13.55	12.76	11.39	3.9
	销售毛利率	41.09	35.98	33.86	22.9
	净资产收益率	19.70	18.40	16.90	4.8
营运能力	应收账款周转率（次）	16.8	13.09	12.87	26.4
	存货周转率（次）	9.71	10.56	10.64	22.98
偿债能力	流动比率	1.23	1.05	0.92	1.055
	速动比率	1.09	0.91	0.79	0.901
	现金比率	0.70	0.49	0.29	0.28
	资产负债率	34.23	33.20	35.09	54.02

注：数据来源于国泰安数据库。

ZGSH2013 年的经营活动产生的现金流量净额为近三年最低水平，主要是企业经营性应收项目增加，达到 542.88 亿元的现金流量净额；投资活动产生的现金流量净额波动较大，说明煤炭价格的大幅变动对企业投资产生了较大影响；2013 年企业的筹资活动相对活跃，达到近三年较高水平，主要是因为发行债券和筹集借款使得现金净额增加。

（二）SMGJ

如表 3-9 所示，2011~2013 年，SMGJ 资产规模在逐年增加，但是增长幅度

却在 2013 年骤减。2013 年实现营业收入 813.29 亿元，虽然同比下降 14.76%，但却跃居煤炭行业的第二位。实现净利润 7.09 亿元，下滑严重。

表 3–9 SMGJ 2011~2013 年总体情况

单位：亿元；%

	2011 年	同比增长	2012 年	同比增长	2013 年	同比增长
资产	346.02	59.78	453.38	31.03	460.48	1.57
营业收入	697.61	80.52	954.08	36.76	813.29	–14.76
存货	38.96	74.00	45.25	16.16	42.06	–7.06
净利润	16.69	23.72	14.97	–10.30	7.09	–52.68

注：数据来源于国泰安数据库。

如表 3–10 所示，SMGJ 盈利水平逐年降低，2013 年营业利润率降到 1.43% 的低水平，资产报酬率从 5.17%降到 3.43%，销售毛利率长期维持在较低水平，净资产收益率从 13.87%降至 6.55%，说明企业的盈利能力出现较严重的问题，存在“大而不强”的发展障碍。应收账款周转率逐年降低，存货周转率相对稳定。流动比率和速动比率下降明显，而且资产负债率超过 75%，说明 SMGJ 负债不断增加，财务风险加大。

表 3–10 SMGJ 2011~2013 年盈利、营运、偿债能力分析

单位：%

财务指标		2011 年	2012 年	2013 年	2013 年行业平均
盈利能力	营业利润率	3.52	2.45	1.43	6.2
	资产报酬率	6.67	5.17	3.43	3.9
	销售毛利率	7.38	5.84	5.09	22.9
	净资产收益率	15.16	13.87	6.55	4.8
营运能力	应收账款周转率（次）	17.15	9.92	10.90	26.4
	存货周转率（次）	16.59	19.85	18.35	22.98
偿债能力	流动比率	1.34	0.91	0.87	1.055
	速动比率	1.13	0.76	0.72	0.901
	现金比率	0.45	0.10	0.07	0.28
	资产负债率	68.19	76.19	76.50	54.02

注：数据来源于国泰安数据库。

SMGJ 经营活动产生的现金流量净额较 2012 年相比有明显改观，增加了 17.94 亿元，主要得益于对销售回款的管理；投资活动产生的现金流量净额也有了明显改观，这得益于对基础建设和新建投资的合理规划和管理；筹资活动不理想，为近三年来最低水平，仅为 4.7 亿元，进一步说明吸收和筹集资金的能力减弱。

（三）ZGZM

如表 3–11 所示，2013 年 ZGZM 尽管资产规模在稳步增长，但营业收入只实现 823.16 亿元，同比下降 5.7%，而且净利润下滑极其严重。

表 3–11　ZGZM 2011~2013 年总体情况

单位：亿元；%

	2011 年	同比增长	2012 年	同比增长	2013 年	同比增长
资产	1585.23	31.21	1838.64	15.99	2149.44	16.90
营业收入	888.72	24.70	872.92	–1.78	823.16	–5.70
存货	73.19	17.76	66.97	–8.49	68.06	1.63
净利润	103.05	36.12	100.10	–2.87	42.96	–57.09

注：数据来源于国泰安数据库。

如表 3–12 所示，2013 年 ZGZM 盈利能力指标较 2011 年均大幅度下降，说明盈利空间被压缩。应收账款周转率降低，存在坏账风险。资产负债率维持在 35%左右，但现金比率下降过大，流动性有所恶化。

表 3–12　ZGZM 2011~2013 年盈利、营运、偿债能力分析

单位：%

财务指标		2011 年	2012 年	2013 年	2013 年行业平均
盈利能力	营业利润率	15.17	15.24	7.16	6.2
	资产报酬率	6.61	5.58	2.29	3.9
	销售毛利率	33.62	36.17	31.80	22.9
	净资产收益率	10.81	9.94	4.18	4.8
营运能力	应收账款周转率（次）	16.80	13.09	12.87	26.4
	存货周转率（次）	9.71	10.56	10.64	22.98
偿债能力	流动比率	1.23	1.05	0.92	1.055
	速动比率	1.09	0.91	0.79	0.901
	现金比率	0.70	0.49	0.29	0.28
	资产负债率	34.23	33.20	35.09	54.02

注：数据来源于国泰安数据库。

从现金流量可以看出，ZGZM 2013 年筹资活动产生的现金流量净额为 172.60 亿元。投资活动产生的现金流量净额增加，与经营活动和筹资活动产生的现金流量净额基本持平。

（四）YQMY

如表 3-13 所示，YQMY 2013 年营业收入 261.69 亿元，同比下降严重，资产总额也存在缩水，净利润大幅度缩水，出现微利经营的局面。

表 3-13　YQMY 2011~2013 年总体情况

单位：亿元；%

	2011 年	同比增长	2012 年	同比增长	2013 年	同比增长
资产	279.13	25.40	315.01	12.86	271.35	-13.86
营业收入	507.20	81.53	715.17	41.00	261.69	-63.41
存货	8.04	-18.80	14.02	74.37	2.54	-81.91
净利润	27.11	8.71	22.46	-17.15	7.16	-68.13

注：数据来源于国泰安数据库。

如表 3-14 所示，YQMY 的盈利能力指标大部分呈下降趋势，说明盈利空间有限。存货周转率明显高于行业平均水平，说明对存货流动速度控制较好，采取促销模式收效明显。但应收账款周转率的下降要求企业更加重视收款风险。流动比率和速动比率以及现金比率均有不同程度的下滑，说明短期偿债能力存在问题。

表 3-14　YQMY 2011~2013 年盈利、营运、偿债能力分析

单位：%

财务指标		2011 年	2012 年	2013 年	2013 年行业平均
盈利能力	营业利润率	7.41	4.39	5.54	6.2
	资产报酬率	10.25	7.69	3.15	3.9
	销售毛利率	13.70	8.60	16.33	22.9
	净资产收益率	20.96	15.41	5.09	4.8
营运能力	应收账款周转率（次）	31.08	31.64	15.39	26.4
	存货周转率（次）	54.43	46.62	86.33	22.98
偿债能力	流动比率	1.20	1.18	0.92	1.055
	速动比率	1.14	1.08	0.90	0.901
	现金比率	0.60	0.41	0.37	0.28
	资产负债率	53.66	53.72	48.16	54.02

注：数据来源于国泰安数据库。

YQMY 2013 年产生 25.77 亿元经营活动的现金流量净额，增加了近 8.94 亿元；但是投资活动明显增加，主要是因为对固定资产的投资增加，而借款增加导致筹资活动产生的现金流量净额增加。

（五）YZMY

如表 3-15 所示，YZMY 2013 年资产规模虽然增速较小，但仍达到 1256.99 亿元，营业收入增加到 587.27 亿元，净利润仅 2.99 亿元，较前两年相去甚远，同比降低 94.64%。

表 3-15　YZMY 2011~2013 年总体情况

单位：亿元；%

	2011 年	同比增长	2012 年	同比增长	2013 年	同比增长
资产	975.04	33.88	1213.02	24.41	1256.99	3.63
营业收入	487.68	39.96	596.74	22.36	587.27	-1.59
存货	13.91	-15.48	15.66	12.53	15.97	2.02
净利润	86.44	-4.09	55.84	-35.41	2.99	-94.64

注：数据来源于国泰安数据库。

如表 3-16 所示，YZMY 2013 年营业利润率为-0.19%，净资产收益率为 0.7%，盈利能力极弱。应收账款周转率降幅较大，但仍高于行业水平。偿债能力方面的指标变化不大，而且与行业水平较为接近，说明财务风险可控。

表 3-16　YZMY 2011~2013 年盈利、营运、偿债能力分析

单位：%

财务指标		2011 年	2012 年	2013 年	2013 年行业平均
盈利能力	营业利润率	24.95	7.04	-0.19	6.2
	资产报酬率	9.13	4.98	2.79	3.9
	销售毛利率	40.61	24.09	22.33	22.9
	净资产收益率	20.17	11.63	0.70	4.8
营运能力	应收账款周转率（次）	59.92	64.41	40.19	26.4
	存货周转率（次）	20.82	28.93	28.56	22.98
偿债能力	流动比率	0.96	1.17	1.09	1.055
	速动比率	0.92	1.11	1.04	0.901
	现金比率	0.23	0.45	0.38	0.28
	资产负债率	56.04	60.44	66.14	54.02

注：数据来源于国泰安数据库。

YZMY 2013 年经营活动产生的现金流量净额大幅度降低，降低至 29.57 亿元，一方面主要是销售活动、提供劳务收到的现金均有减少；另一方面需要支付的经营活动现金增加。2013 年收购资产和股权投资大幅度增加，主要通过借款取得 79.23 亿元的筹资活动现金流量净额。

第三节 中国煤炭产业市场化改革历程及成效

能源是人类生存和发展不可或缺的物质基础。改革开放以来，中国能源产业发展迅速，有力地推动了经济的高速增长。因受限于“多煤少油缺气”的能源资源赋存现状，煤炭在中国能源结构中所占的比重较大。而且中国优质煤炭资源大多集中在经济欠发达、生态环境脆弱的内蒙古、陕西、山西等中西部地区，在煤炭供需方面存在“北煤南运，西煤东运”格局，运输距离长，运输环节矛盾突出。此外，中国煤矿地质条件相对复杂，资源埋藏较深，95%以上的煤炭需要井工开采，适宜露天开采的很少。随着开采强度增加，顶板坍塌、瓦斯、突水等自然灾害威胁不断加重，环境破坏程度和治理难度加大。因此，煤炭产业科学发展问题一直是党和国家高度关注的重要问题。虽然近些年新能源比重有所增加，中国能源结构发生了一定变化，但以煤为主的能源格局在较长时期内很难改变，煤炭资源仍然是推动中国工业化进程和经济增长的重要力量。

一、中国煤炭产业市场化改革历程

中国煤炭产业的市场化改革是在中国经济体制改革的大环境中进行的，但由于煤炭产业特殊的自然属性和社会属性，其改革的轨迹也不同于一般的工业部门。中国煤炭工业协会发布的《中国煤炭工业改革开放三十年》对这一市场化改革历程进行了总结①。

第一阶段（1978~1992 年）：该阶段煤炭产业的主要任务是以调整、整顿、行业总承包和推进煤矿机械化为主，在市场化改革方面强调转换经营机制以及加强煤矿基础工作。改革开放初期，为调动经营者积极性和活力，煤炭企业经历了承包制改革：对大型国有统配煤矿实行投入产出总承包，不仅包括产量等指标的承包，还包括对投资和煤矿开采等产业发展类的指标进行承包。这一思想同时也影响到了中小煤矿的改革思路。20 世纪 80 年代初到 90 年代初，为了解决煤炭供应不足问题，政府决定放开搞活小煤矿，从办矿体制、资源划分、产品运销、技术服务等方面进行了改革。虽然矿权归属、定价、交易机制、资源补偿、基本技术条件等机制普遍缺乏，政府依然提倡县级以下的乡、镇、村、居民、小组以

① 资料来源于国家煤炭工业网煤炭工业协会的《中国煤炭工业改革开放三十年》报告。

及个人集资办煤矿，投资开采煤矿成了当时流行的现象，各类主体一拥而上，小煤矿数量迅速增长，很快便形成了地方煤炭企业、乡镇煤矿和国有重点煤矿“三分天下”的煤炭产业市场格局。

第二阶段（1993 年至今）：该阶段的主要任务是逐步放开煤价、企业下放、关井压产、关闭破产、减员增效等。政府出台的一系列政策强调推进煤炭产业的市场化改革、资源整合、建设大基地和大集团，转变发展方式。之前所推行的承包制虽然有其特定的优越性，但也存在很多企业发展的深层次问题，如法人治理结构缺失、忽视可持续发展等。国务院 2005 年出台的《关于促进煤炭工业健康发展的若干意见》明确提出以建设大型煤炭基地、培育大型煤炭企业和企业集团为主线，坚持体制改革与机制创新相结合的原则，推进煤炭企业建立规范的现代企业制度，建立保障安全生产和促进健康发展的激励约束机制，形成与社会主义市场经济体制相适应的新型煤炭工业体系。

二、中国煤炭产业所有权变动情况

所有权是企业的核心治理问题。在计划经济时期，国有企业在中国经济中占据统治地位。改革开放 30 多年来，通过建立社会主义市场经济体制，中国成功地解决了国有企业的所有制归属问题，完善了市场机制的功能，包括国有企业在内的各种所有制企业均向建立“产权清晰、权责明确、政企分开、管理科学”的现代企业制度迈进，混合所有制成为新的改革方向。中国煤炭产业的所有权改革受制于历史原因，步伐相对缓慢，具有长期性、复杂性和曲折性等特点。

表 3-17 是 1978~2009 年中国煤炭产业隶属关系情况①。可以看出，改革开放以来国有煤矿原煤产量的比重经历了一个先下降后上升的过程。1978 年国有煤矿的原煤产量为 34148 万吨，占所有类型煤矿产量的比重为 47.91%，而后一直下降，1995 年国有煤矿的原煤产量为 48228 万吨，仅占所有类型煤矿产量的 25.53%。在这段时间，地方煤矿和集体所有制煤矿产量所占比重均有所上升，原煤产量占所有类型煤矿产量的比重分别从 1978 年的 38.72%和 13.37%上升到 1995 年的 42.88%和 31.39%，尤其是在 20 世纪 80 年代后半期，还出现了个体煤矿和其他煤矿较大幅度的增长，这与政策导向具有很强的相关性。

从 1995 年开始，由于煤矿安全和煤炭企业规模偏小等问题凸显，中国政府开始大力整顿煤炭产业，关闭小煤矿、以兼并重组为特征的煤炭企业发展模式拉开了序幕。国有煤矿原煤产量的比重逐步上升，2001 年达到了 45.17%最高点，

① 本部分数据来源于《中国煤炭工业统计资料汇编（1949-2009）》和《煤炭工业统计年鉴》。

之后出现了较小幅度的下降，主要是由于这段时间集体所有制煤炭企业迅速发展，其原煤产量占所有类型煤矿产量的比重从 2001 年的 19.27%上升到 2009 年的 26.06%。

表 3-17 中国煤炭产业各所有制企业的原煤产量及比例

年份	国有煤矿		地方煤矿		集体所有制煤矿				其他	
	产量（万吨）	比例（%）	产量（万吨）	比例（%）	产量（万吨）	比例（%）	其中：个体产量（万吨）	比例	产量（万吨）	比例（%）
1978	34148	47.91	27602	38.72	9532	13.37	—	—	—	—
1979	35777	48.23	27777	37.44	10631	14.33	—	—	—	—
1980	34439	46.94	27574	37.58	11362	15.48	—	—	—	—
1981	33505	44.78	28658	38.30	12659	16.92	—	—	—	—
1982	34990	43.07	31642	38.95	14607	17.98	—	—	—	—
1983	36312	41.05	35141	39.73	17007	19.23	—	—	—	—
1984	39470	39.23	39453	39.21	21688	21.56	—	—	—	—
1985	40626	35.67	46602	40.92	26671	23.42	1653	1.45	—	—
1986	41392	35.31	48012	40.95	27748	23.67	2043	1.74	83	0.07
1987	42020	34.24	50789	41.38	29633	24.14	2836	2.31	288	0.23
1988	43445	33.59	54542	42.17	30673	23.72	3804	2.94	676	0.52
1989	45830	32.70	59585	42.52	33727	24.07	4307	3.07	1005	0.72
1990	48022	33.58	59908	41.89	34580	24.18	4331	3.03	488	0.34
1991	48060	33.27	60368	41.79	35593	24.64	3993	2.76	426	0.29
1992	48254	31.26	63201	40.94	42549	27.56	4477	2.90	371	0.24
1993	45803	27.92	69334	42.26	48445	29.53	5293	3.23	486	0.30
1994	46867	26.26	76086	42.64	54822	30.72	7359	4.12	668	0.37
1995	48228	25.53	80990	42.88	59293	31.39	7329	3.88	363	0.19
1996	53725	27.01	83683	42.08	61477	30.91	9658	4.86	—	—
1997	52916	27.91	79610	42.00	57042	30.09	8421	4.44	—	—
1998	50349	28.79	72902	41.69	51617	29.52	3694	2.11	—	—
1999	51271	37.68	53093	39.02	31701	23.30	1873	1.38	—	—
2000	53574	42.24	46343	36.54	26917	21.22	1325	1.04	—	—
2001	61857	45.17	48702	35.56	26385	19.27	1172	0.86	—	—
2002	71458	38.65	70072	37.90	43351	23.45	2517	1.36	—	—
2003	81405	34.47	91382	38.69	63390	26.84	6553	2.77	—	—
2004	93880	34.03	105856	38.37	76175	27.61	10531	3.82	—	—
2005	102421	34.29	112711	37.74	83551	27.97	11803	3.95	—	—
2006	111957	34.72	121222	37.60	89236	27.68	13070	4.05	—	—
2007	121491	34.78	130850	37.46	97004	27.77	13867	3.97	—	—
2008	137781	36.55	137076	36.36	102106	27.09	14567	3.86	—	—
2009	152634	37.19	148617	36.21	109191	26.60	14229	3.47	—	—

三、中国煤炭产业市场竞争结构分析

已有研究认为，市场竞争结构可以根据市场集中度这一指标来分析，具体而言，是用产业内规模最大的前几名企业的相关指标占整个产业的比重来衡量，这个比重能够反映一个产业受到几个大企业控制的程度。这些相关指标根据研究问题的性质，可以采用产量、产值、销售额、销售量、资产总额以及从业人员总数等。比较常见的行业集中度有前三家企业、五家企业和八家企业在整个行业中的市场份额。本书考虑数据的可得性和代表性，并参考王炳文（2013）[①]的做法，采用前八大煤炭企业的原煤产量比重来衡量煤炭产业的市场集中度。表 3-18[②]是 2005~2012 年中国煤炭产业的市场集中度情况。

表 3-18　中国煤炭产业市场集中度情况

年份	前八大企业产量（万吨）	行业总产量（亿吨）	市场集中度（前八名）（%）
2005	49356	21.1	23.39
2006	59087	23.8	24.83
2007	66370	25.2	26.34
2008	76122	27.2	27.99
2009	85836	29.1	29.50
2010	103268	32.4	31.87
2011	119313	35.2	33.90
2012	130602	36.6	35.68

从表 3-18 可以看出，2005~2012 年我国煤炭产业以前八名企业煤炭产量来衡量的产业集中度呈现逐年上升的趋势，从 2005 年的 23.39%上升到 2012 年的 35.68%，这说明我国煤炭产业集中度进一步加大，产业结构调整成效初显，“小、散”的特征得到一定改善，但是与美国等发达国家相比产业集中度仍然较低，提升煤炭产业集中度依然任重道远。需要说明的是，我国煤炭产业集中度较低有其特殊的背景，与我国煤炭资源分布广泛、地方煤炭企业较多、市场对煤炭产品需求多样性、兼并重组政策的实施效果有待加强等有较强的相关性。

① 王炳文. 中国煤炭产业集中度及政策研究［D］. 北京交通大学博士学位论文，2013.

② 本部分数据来源于《煤炭工业统计年鉴》。

第四节　中国煤炭产业兼并重组现状

一、中国煤炭产业兼并重组的政策规定

（一）国务院、国家发展和改革委发布的相关政策

2010 年 10 月，国家发展和改革委发布《关于加快推进煤矿企业兼并重组的若干意见》，要求全国煤炭企业特别是小煤矿数量明显减少，形成一批年产 5000 万吨以上的特大型煤矿企业集团，煤矿企业年均产能提高到 80 万吨以上，特大型煤矿企业集团煤炭产量占全国总产量的比例达到 50%以上。明确要求山西、内蒙古、河南、陕西等重点产煤省区坚决淘汰落后小煤矿，大力提高煤炭产业集中度，促进煤炭资源连片开发；黑龙江、湖南、四川、贵州、云南等省要加大兼并重组力度，切实减少煤矿企业的数量。

2012 年 3 月，国家发展和改革委发布《煤炭工业发展"十二五"规划》，要求"十二五"期间全国煤炭行业计划淘汰煤矿 2917 处，淘汰落后产能 9718 万吨。到"十二五"期末，产能 30 万吨以下小煤矿数量降至 7000 处以内，产能控制在 6 亿吨以内，占总产能的 15%。

2012 年 8 月，国务院常务会议上提出要研究部署推进煤矿企业兼并重组的活动，指出要探索煤矿企业兼并重组的有效方式，支持符合条件的国有和民营煤矿企业成为兼并重组主体，鼓励各种所有制煤矿企业和电力、冶金、化工等行业企业以产权为纽带、以股份制为主要形式参与兼并重组。

2013 年 2 月，在国家发展和改革委、国家能源局新修订的《煤炭产业政策》中明确提出，国家逐步提高煤矿企业最低规模标准，鼓励通过兼并重组等方式，提高产业集中度。山西、内蒙古、陕西北部等地区煤矿企业规模不低于 300 万吨/年，福建、江西、湖北、湖南、广西、重庆、四川等省煤矿企业规模不低于 30 万吨/年，其他省区煤矿企业规模不低于 60 万吨/年。

2013 年 11 月，国务院下发《关于促进煤炭行业平稳运行的意见》，提出加快结构调整，有效整合资源，鼓励煤炭企业兼并重组，以大型企业为主体，在大型煤炭基地内有序建设大型现代化煤矿，促进煤炭集约化生产。

（二）国家安监局和能源局发布的相关政策

2013 年 1 月，国家安全监管总局发布的《2013 年煤炭安全工作要点》指出

2013 年我国将整顿关闭金属非金属矿山 5000 座以上，坚决停止审批新建 30 万吨/年以下高瓦斯矿井和 45 万吨/年以下的煤与瓦斯突出矿井。

2013 年 3 月，国家能源局和国家煤矿安全监察局发布《关于做好 2013 年煤炭行业淘汰落后产能工作的通知》，当年计划淘汰煤矿 1256 处，淘汰落后产能 6418 万吨；改造升级 479 个，改造升级产能 1674 万吨；兼并重组 268 个，兼并重组产能 2075 万吨，比 2012 年的计划数相比翻了一番。

2013 年 11 月，国家安监总局在召开煤矿安全生产电视电话会上表示 2015 年底前将计划再关闭小煤矿 2000 处以上。

（三）地方政府发布的相关政策

2011 年 4 月，河北省人民政府《关于加大小煤矿关闭力度加快推进煤矿企业兼并重组的决定》提出按照“关小建大、重组一批、关闭一批”的工作思路，到 2012 年底，全省所有煤矿单井生产能力达到 15 万吨/年以上，煤矿数量由现在的 548 处减少至 200 处左右；全省所有煤矿企业通过兼并重组，全部由开滦集团和冀中能源集团控股开发，形成以两大集团为主体的煤炭开发格局。

2011 年 5 月，河南省政府召开了全省煤炭企业兼并重组暨打非治违紧急会议，对加快推进煤炭企业兼并重组工作、严厉打击煤矿非法违法生产进行了具体安排部署。2013 年 4 月，河南省工业和信息化厅制定了《2013 年全省煤炭行业工作要点》，按照“提升改造一批、巩固提高一批，淘汰退出一批”的原则，全力推进兼并重组煤矿分类管理工作。2013 年拟退出煤矿 10 处，淘汰落后产能 150 万吨。

2011 年 8 月，山西省政府第 93 次常务会议研究通过《山西省焦化行业兼并重组指导意见》。此次会议强调指出，为形成“以化为主”的格局，到 2015 年，在煤焦油深加工、粗苯深加工及焦炉煤气化工合成三个方面形成规模优势。到 2015 年底，年产 60 万吨以上甲醇合成烯烃项目建成投产，苯、酚、萘、蒽、轻油、洗油、沥青等系列产品及延伸产品形成产业体系。2012 年 5 月，山西省政府公布 《山西省焦化行业兼并重组实施方案》，标志着山西全面推进焦化行业兼并重组。

2012 年 11 月，山东省人民政府办公厅下发了《关于加快推进煤矿企业兼并重组的实施意见》。发展目标是在“十二五”期间，全省原煤产量稳定在 1.5 亿吨；发展壮大山东能源、兖矿两大省属煤矿企业集团；着力推进地方煤矿企业兼并重组，煤炭资源赋存条件较差地区（济南、淄博、潍坊、烟台、泰安、莱芜、临沂和枣庄东部矿区）的煤矿企业生产规模不低于 60 万吨，其他地区（济宁、菏泽和枣庄滕州矿区）不低于 120 万吨，地方煤矿企业重组整合到 60 家以内；大型煤矿企业煤炭产量达到全省总产量的 75%以上；原煤生产百万吨死亡率继续保持全国领先水平。

2012 年 10 月，根据《陕西省人民政府关于“十二五”期间深入开展煤矿整顿关闭资源整合和淘汰落后产能工作的通知》，陕西将全面落实国务院煤矿整顿关闭和淘汰落后产能的政策精神，“十二五”期间淘汰落后产能矿井 200 处以上，坚决关闭不具备安全生产条件的矿井，深入开展煤炭资源整合，积极推进煤炭企业兼并重组。

2013 年 12 月，甘肃省首次确定重点监管 15 个重点产煤县区，将逐步关闭 3 万吨及以下小煤矿，依法关闭治理瓦斯不达标的煤炭企业。将关闭淘汰 79 处产能 3 万吨及以下小煤矿，实施煤矿企业兼并重组。

2013 年 8 月，贵州省先后下发了《关于进一步深入推进全省煤矿企业兼并重组工作的通知》和《贵州省支持煤矿企业兼并重组政策规定的通知》。推进煤矿兼并重组，控制煤矿数量，当年要关闭 101 个煤矿，力争到 2014 年上半年完成兼并重组任务，届时煤矿数量将减少到 800 个左右，煤与瓦斯突出矿井设计规模将不低于年产 45 万吨，其余矿井设计规模原则上不低于年产 30 万吨。

2013 年 5 月，吉林省发展和改革委颁布了《加快推进煤矿企业兼并重组工作实施方案》，到 2013 年底，全省煤矿企业数量由原来的 193 户减少到 60 户以内。兼并重组后的煤矿企业生产规模不低于 30 万吨/年，单矿井生产能力不低于 9 万吨/年，煤矿安全质量标准化达到国家Ⅲ级及以上标准。

二、中国煤炭产业兼并重组的实施现状

内蒙古、陕西、山西、河南、安徽五省区是我国重要的煤炭主产区，本书以此为例，说明我国煤炭产业兼并重组的实施现状①。

2011 年 3 月，内蒙古自治区人民政府颁布了《内蒙古自治区煤炭企业兼并重组工作方案》，要求各盟市根据区政府下达的煤炭企业控制指标，综合考虑煤炭生产企业资产状况、生产规模、管理水平和产业化发展等条件确立兼并主体，鼓励有条件的大型国有企业参与兼并重组。指导原则是：开展以资源为基础，以资产为纽带，以股份制为主要方式，通过并购、转让、联合、控股等多种有效形式进行煤炭生产企业兼并重组。主要采取的措施有：严格煤炭生产行业准入；支持兼并企业提升生产水平；优先安排兼并主体铁路运力；支持兼并企业资源配置；加大财税政策支持力度；拓宽企业投融资渠道；建立煤炭企业退出机制；认真落

① 部分资料来源于《关于印发河北山西安徽河南等省煤矿关闭整合重组淘汰落后产能工作经验的通知》（煤安监监察〔2012〕33 号）。

实安全生产责任。内蒙古自治区计划“十二五”末期原煤产量控制在 10 亿吨，其中 120 万吨及以上井工矿、300 万吨及以上露天矿产能占总产能的 70%，生产规模在 120 万吨以下的煤炭生产企业全部退出市场。2013 年底全区地方煤炭生产企业数量控制在 80~100 户；通过兼并重组，在地方煤炭生产企业中形成 1~2 户亿吨级、5~6 户 5000 万吨级、15~16 户千万吨级的煤炭企业，一共形成 20 户营业收入超百亿元的煤炭企业。

陕西省针对煤炭企业兼并重组，确定严格核定煤矿建设项目核准和生产能力，严格煤矿企业和管理人员准入的原则。一律停止核准新建生产能力低于 30 万吨/年的煤矿，一律停止核准新建生产能力低于 90 万吨/年的煤与瓦斯突出矿井。重组成立陕西省第三大能源集团——陕西榆林能源集团。对以下九种情况的小煤矿实施关闭：9 万吨/年及以下不具备安全生产条件的；超层越界开采拒不退回或资源枯竭的；被依法责令停产整顿仍继续组织生产的；2014 年 3 月底前仍未实现壁式正规开采的；没有达到安全质量标准化三级标准，经限期停产整顿仍不达标的；国有大矿周边小煤矿 2014 年 6 月底前仍未按规定实现实质性托管或托管后不履行托管协议的；2011 年以来停产整顿的小煤矿，2014 年 6 月底前仍未经省市县三级验收合格的；整合技改煤矿在规定期限内未完成改造任务或无正当理由拖延工期超过一年的；可采储量小于 70 万吨的小煤矿，由县级政府负责，原则上 2015 年底前采完关闭。

2012 年 8 月国务院正式批复《山西省国家资源型经济转型综合配套改革试验总体方案》，山西省成立了煤矿企业兼并重组整合工作领导组，省长任组长，分管副省长任副组长，省领导组的主要职责是制定规划和产业政策，从原则、目标、政策层面对各市上报的整合重组方案进行审查；山西省有关部门在审批或换发证照时落实集中受理、联合办公、限时办结政策；各市县政府具体负责本地整合重组方案的制定和实施，协调各方面利益诉求。山西省煤炭企业的主体由 2200 家减少至 130 家，形成了四个年生产能力亿吨级的特大型煤炭集团、三个年生产能力 5000 万吨级的大型煤炭集团；形成了以股份制为主体，国有、民营并存的办矿格局，国有企业办矿占 20%，民营企业办矿占 30%，股份制企业办矿占 50%。2014 年山西省进一步推进煤炭资源市场化配置：完善矿业权出让市场，除国家有明确规定外，对新设立的煤炭资源矿业权全部采用招标、拍卖、挂牌等市场竞争方式出让；制定矿产资源矿业权转包、出租、出让、抵押等市场交易规则，加快完善矿业权转让市场；加快矿产资源矿业权交易有形市场建设，完善全省 11 个设区市网上交易和网上监管机制。

河南省也是较早开展煤炭行业兼并重组的省份，政府给予大力支持。一是金融支持，省政府支持具备条件的兼并重组企业上市融资，通过发行企业债券、股权转让等融资方式筹集发展资金；各类金融机构积极支持煤矿企业兼并重组工作，在制定金融资源投放决策时，对兼并重组企业优先给予信贷支持，对其贷款授信和不良债务回购等予以优惠；鼓励省内商业银行开展并购贷款业务，设立小煤矿兼并重组专项贷款资金，加大对小煤矿兼并重组的贷款支持力度。二是税收支持，兼并重组后的煤炭企业在印花税、契税、所得税等方面，享受国家规定的税收优惠政策。三是资源配置支持，根据兼并重组规模和全省煤炭生产开发规划，按照就近适量原则，优先将被兼并企业周边或部分深部资源配置给兼并重组主体企业；对于未参加兼并重组的小煤矿，一律不予新增资源，采矿权到期后不予延期。四是资金支持，在向国家申报争取国家煤矿安全改造等项目资金时，优先考虑兼并重组的省骨干煤炭企业；支持企业发展的有关专项资金安排使用时向兼并重组煤炭企业安全技改等项目倾斜。

安徽省设立了煤矿关闭退出专项资金，采取以奖代补的方式对 9 万吨/年以下小煤矿关闭退出给予补偿。省级财政每年预算 4050 万元，每万吨产能补偿 50 万元，市、县两级财政补助原则上不得低于省级标准，重点用于 2012~2014 年底前关闭退出煤矿的补偿、职工安置和消除安全隐患等。这一政策有力地推进了全省小煤矿关闭工作。在“十一五”期间关闭小煤矿 151 个、淘汰落后生产能力 544 万吨的基础上，2011 年再关闭小煤矿 15 个、淘汰落后产能 81 万吨，分别超额完成国家下达任务的 188%和 180%，全省煤矿平均单井产能达 102 万吨，淮南矿业集团等四大国有煤矿企业的产量占全省的 96%。

第四章　未考虑环境因素的中国煤炭产业生产率测度

本章首先构建未考虑环境因素情形的中国煤炭产业生产率测度模型；其次对实证研究模型中涉及的数据来源及指标的选取进行说明，并对各变量进行描述性统计和简要分析；最后是未考虑环境因素情形的中国煤炭产业生产率、技术进步以及技术效率测度结果的分析。

第一节　未考虑环境因素的生产率测度模型构建

根据本书第二章关于生产率内涵以及测度方法的分析，本部分采用 DEA-like 方法对未考虑环境因素的中国煤炭产业生产率进行测度，即将中国每一个省（直辖市、自治区）煤炭产业看作一个生产决策单位，运用 DEA-like 方法构造每一个时期的中国煤炭产业生产的最佳实践前沿面。把每个省（直辖市、自治区）煤炭产业的投入产出与最佳实践省份进行对比，计算距离得出各个省份煤炭产业的技术效率，通过最佳实践前沿面的变化来测度技术进步的水平。根据 Fare 等（1944）的研究，一个参考技术或者最佳实践前沿面可以由三种等价的方式表述：投入要求集、产出可能性集和曲线图。

一、产出距离函数构建

本书主要从产出的角度来研究中国省级煤炭产业全要素生产率变化，假设在每一个时期 $t=1, \cdots, T$，生产技术 S^t 将要素投入，$x^t \in R_+^N$，转化为产出，$y^t \in R_+^M$，用集合来表示就是：

$$S^t = \{(x^t, y^t): x^t\ can\ produce\ y^t\} \tag{4-1}$$

S^t 是生产可能性集，在生产可能性集中，所有既定投入的最大产出子集即为技术前沿。此外，在 t 时点，产出的距离函数是：

$$D_0^t(x^t,\ y^t) = \inf\{\theta:(x^t,\ y^t/\theta) \in S^t\} = (\sup\{\theta:(x^t,\ \theta y^t) \in S^t\})^{-1} \tag{4-2}$$

产出距离函数可以看作某一产出点 (x^t, y^t) 向理想的最大产出点逼近的比例。如果 $D_0^t(x^t, y^t) \leqslant 1$，说明 t 时刻 (x^t, y^t) 在生产技术前沿的内部，表明生产在技术上是无效的。只有当 $D_0^t(x^t,\ y^t) = 1$ 时，$(x^t,\ y^t)$ 处于生产技术前沿线上，按照 Farrell（1957）的解释，这表明它的效率为 1，即在既定投入要素的情形下得到了最大可能产出。

类似地，$t+1$ 时刻和 t 时刻的距离函数可定义如下：

$$D_0^t(x^{t+1},\ y^{t+1}) = \inf\{\theta:(x^{t+1},\ y^{t+1}/\theta) \in S^t\} \tag{4-3}$$

式（4-3）表示以 t 时刻的生产技术为参照投入产出量 $(x^{t+1},\ y^{t+1})$ 实际产出与所能达到的最大可能产出的比率。

二、Malmquist 指数及其分解

为了更加科学地选择生产技术的参照系，本章将 t 和 $t+1$ 两个时刻的生产技术为参照的 Malmquist 指数进行几何平均，得到一个新的 Malmquist 指数，其表达式如下：

$$\begin{aligned} M_0(x^{t+1},\ y^{t+1},\ x^t,\ y^t) &= \left[\left(\frac{D_0^t(x^{t+1},\ y^{t+1})}{D_0^t(x^t,\ y^t)}\right)\left(\frac{D_0^{t+1}(x^{t+1},\ y^{t+1})}{D_0^{t+1}(x^t,\ y^t)}\right)\right]^{1/2} \\ &= \frac{D_0^{t+1}(x^{t+1},\ y^{t+1})}{D_0^t(x^t,\ y^t)}\left(\frac{D_0^t(x^{t+1},\ y^{t+1})}{D_0^{t+1}(x^{t+1},\ y^{t+1})}\frac{D_0^t(x^t,\ y^t)}{D_0^{t+1}(x^t,\ y^t)}\right)^{1/2} \end{aligned} \tag{4-4}$$

式（4-4）可看作两部分的乘积，即 $M_0(x^{t+1},\ y^{t+1},\ x^t,\ y^t) = \dot{T}E \times \dot{T}P$，其中：

$$\dot{T}E = \frac{D_0^{t+1}(x^{t+1},\ y^{t+1})}{D_0^t(x^t,\ y^t)} \tag{4-5}$$

$$\dot{T}P = \left(\frac{D_0^t(x^{t+1},\ y^{t+1})}{D_0^{t+1}(x^{t+1},\ y^{t+1})}\frac{D_0^t(x^t,\ y^t)}{D_0^{t+1}(x^t,\ y^t)}\right)^{1/2} \tag{4-6}$$

式（4-5）中的 $\dot{T}E$ 表示技术效率改进指数，技术效率反映的是生产中现有技术的有效利用程度；式（4-6）中的 $\dot{T}P$ 表示技术进步指数。

式（4-4）为 Malmquist 生产率指数的变化，表示从 t 时刻到 $t+1$ 时刻之间生产率的变化。如果 M_0 大于 1 意味着生产率的提高；M_0 小于 1 意味着生产率的降低；M_0 等于 1 表示生产率无变化。

式（4-5）表示从 t 时刻到 $t+1$ 时刻技术效率的变化。如果 $\dot{T}E$ 大于 1 则表示

技术效率有所改进；如果$\dot{TE}$小于 1 则表示技术效率出现下降；如果$\dot{TE}$等于 1 则意味着技术效率没有发生改变。

式（4-6）为技术进步率，表示生产技术的前沿在产出增加方向上的移动。其由两项组成，第一项为在既定投入水平 x^{t+1} 的情况下，$t+1$ 时刻生产前沿上的产出对 t 时刻生产前沿上的产出之比；第二项为在既定投入水平 x^t 的情况下，$t+1$ 时刻生产前沿上的产出对 t 时刻生产前沿上的产出之比。$\dot{TP}$取它们的几何平均值，如果大于 1，表示存在技术进步；如果小于 1，表示技术退步；如果等于 1，表示技术无进步。

三、产出距离函数的规划求解

为了采用非参数规划技术来计算 Malmquist 指数，假设全国有 $k=1, \cdots, K$ 个省（直辖市、自治区），在 $t=1, \cdots, T$ 中的每一个时刻，使用 $n=1, \cdots, N$ 要素投入，于是有 $x_n^{k,t}$。这些投入被用来生产 $m=1, \cdots, M$ 各种类的产出 $y_m^{k,t}$。在 t 时刻，作为参照标准的生产技术前沿可以借助数据得到：

$$s^t=(x^t, y^t): y_m^t \leqslant \sum_{k=1}^{K} z^{k,t} y_m^{k,t} \qquad m=1, \cdots, M$$

$$\sum_{k=1}^{K} z^{k,t} x_n^{k,t} \leqslant x_n^t \qquad n=1, \cdots, N \tag{4-7}$$

$$z^{k,t} \geqslant 0 \qquad k=1, \cdots, K$$

根据上文可以得知，要测度各省煤炭产业生产率，需要求解下面四个线性规划问题：$D_0^t(x^t, y^t)$，$D_0^{t+1}(x^t, y^t)$，$D_0^t(x^{t+1}, y^{t+1})$和 $D_0^{t+1}(x^{t+1}, y^{t+1})$。

第一，解 $D_0^t(x^t, y^t)$：

$$[D_0^t(x^{k,t}, y^{k,t})]^{-1}=\max \theta^k,$$

$$s.t \quad \theta^k y_m^{k,t} \leqslant \sum_{k=1}^{K} z^{k,t} y_m^{k,t} \qquad m=1, \cdots, M \tag{4-8}$$

$$\sum_{k=1}^{K} z^{k,t} y_n^{k,t} \leqslant x_n^{k,t} \qquad n=1, \cdots, N$$

$$z^{k,t} \geqslant 0 \qquad k=1, \cdots, K$$

第二，解 $D_0^{t+1}(x^{t+1}, y^{t+1})$：

$$[D_0^{t+1}(x^{k,t+1}, y^{k,t+1})]^{-1}=\max \theta^k,$$

$$s.t \quad \theta^k y_m^{k,t+1} \leqslant \sum_{k=1}^{K} z^{k,t+1} y_m^{k,t+1} \qquad m=1, \cdots, M \tag{4-9}$$

$$\sum_{k=1}^{K} z^{k,t+1} x_n^{k,t+1} \leqslant x_n^{k,t+1} \qquad n=1, \cdots, N$$

$$z^{k,t+1} \geqslant 0 \qquad k=1, \cdots, K$$

第三，解 $D_0^t(x^{t+1}, y^{t+1})$：

$$\left[D_0^t(x^{k,t+1}, y^{k,t+1})\right]^{-1} = \max \theta^k$$

$$s.t \quad \theta^k y_m^{k,t+1} \leqslant \sum_{k=1}^{K} z^{k,t} y_m^{k,t} \qquad m=1, \cdots, M \tag{4-10}$$

$$\sum_{k=1}^{K} z^{k,t} x_n^{k,t} \leqslant x_n^{k,t+1} \qquad n=1, \cdots, N$$

$$z^{k,t} \geqslant 0 \qquad k=1, \cdots, K$$

第四，解 $D_0^{t+1}(x^t, y^t)$：

$$\left[D_0^{t+1}(x^{k,t}, y^{k,t})\right]^{-1} = \max \theta^k,$$

$$s.t \quad \theta^k y_m^{k,t} \leqslant \sum_{k=1}^{K} z^{k,t+1} y_m^{k,t+1} \qquad m=1, \cdots, M \tag{4-11}$$

$$\sum_{k=1}^{K} z^{k,t+1} x_n^{k,t+1} \leqslant x_n^{k,t} \qquad n=1, \cdots, N$$

$$z^{k,t+1} \geqslant 0 \qquad k=1, \cdots, K$$

然而，在实际测度现实生产率时，上面的四个线性规划问题都有可能出现煤炭产业技术退步的情况。而这样的测度结果并不符合经济规律，因为就煤炭生产活动来讲，一种被使用过的生产技术或管理方法很难被人们忘记。为了防止技术倒退，本书在估计 $t+1$ 时刻的技术边界时，同时把 t 时刻最佳实践省份的技术放在了上面的约束条件中，即技术无退步约束条件。

四、规模报酬可变情形下 Malmquist 指数求解

考虑到上述 Malmquist 指数的求解是在规模报酬不变假定下进行的，其结果存在一定的局限性。因此，本书同时计算规模报酬可变情况下煤炭产业的 Malmquist 指数、技术进步率和技术效率的改变，并将其与规模报酬不变情形下的结果进行对比。计算规模报酬可变情形下的 Malmquist 指数及其分解，需要将式（4-4）中的指数进行进一步拓展，即：

$$M_{v,c}(x^{t+1}, y^{t+1}, x^t, y^t) = \left(\frac{D_v^{t+1}(x^{t+1}, y^{t+1})}{D_v^t(x^t, y^t)}\right) \times \left[\left(\frac{D_v^t(x^t, y^t)}{D_c^t(x^t, y^t)}\right) \Big/ \left(\frac{D_v^{t+1}(x^{t+1}, y^{t+1})}{D_c^{t+1}(x^{t+1}, y^{t+1})}\right)\right]$$

$$\left[\left(\frac{D_c^t(x^t,\ y^t)}{D_c^t(x^t,\ y^t)}\right)\left(\frac{D_c^t(x^{t+1},\ y^{t+1})}{D_c^{t+1}(x^{t+1},\ y^{t+1})}\right)\right]^{1/2}$$

$$= P\dot{T}E \times S\dot{T}E \times \dot{T}P \tag{4-12}$$

式（4-12）中的 $P\dot{T}E$ 代表煤炭产业纯技术效率变化率，它表示煤炭产业生产过程中要素资源配置的有效水平；$S\dot{T}E$ 代表煤炭产业规模效率变化率，它表示煤炭产业生产过程中规模的有效水平；$\dot{T}P$ 代表煤炭产业技术进步的变化，即技术进步率。

规模报酬可变和规模报酬不变两种情形下的技术水平状况见图 4-1。图 4-1 中，生产前沿面 T_c 表示在规模报酬不变条件下的技术水平曲线，T_v 表示在规模报酬变化情形下的技术水平曲线。

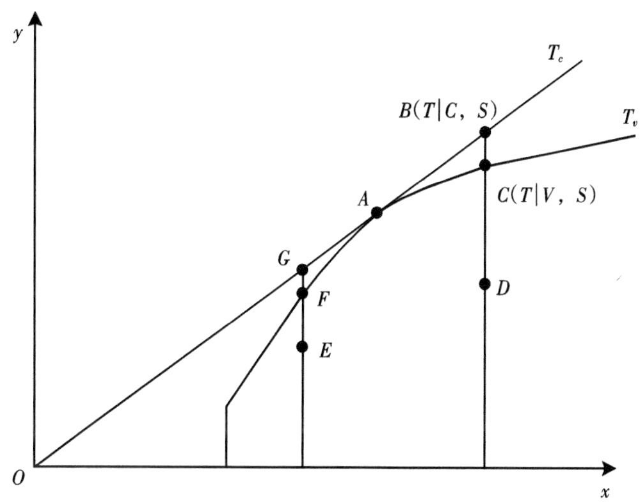

图 4-1　产出规模效率

在图 4-1 中，只有生产点 A 既保证了规模的有效性也保证了技术的有效性，而生产点 D 和 E 都没有实现产出的规模有效性，因为，生产点 D 因产出太大不能实现规模有效性，C 点在 $B(T|C,\ S)$点下方，而生产点 E 因产出太小也达不到规模有效性（F 点在 G 点下方）。因此，产出距离函数可分解为技术进步变化、纯技术效率变化和规模效率变化，其公式如下：

$$M_{v,c}(x^{t+1},\ y^{t+1},\ x^t,\ y^t) = \left[\left(\frac{D^t(x^t,\ y^t)}{D^{t+1}(x^t,\ y^t)}\right)\left(\frac{D^t(x^{t+1},\ y^{t+1})}{D^{t+1}(x^{t+1},\ y^{t+1})}\right)\right]^{1/2}\left(\frac{D_v^{t+1}(x^{t+1},\ y^{t+1})}{D_v^t(x^t,\ y^t)}\right)$$
$$\left(\frac{S^t(x^t,\ y^t)}{S^{t+1}(x^{t+1},\ y^{t+1})}\right) \tag{4-13}$$

当实际生产点为 (x, y) 时，$S(x, y)=\frac{D_v(x, y)}{D_c(x, y)}$，其中 $D_v(x, y)$、$D_c(x, y)$ 分别表示在规模报酬可变和规模报酬不变情形下的产出距离函数。

第二节　样本选择与变量选择

本部分主要目的是计算未考虑环境因素情形下煤炭产业全要素生产率指数、技术进步指数以及技术效率指数，因此，计算过程中主要所涉及的基本变量为煤炭产业生产过程中的投入产出变量，研究样本为1999~2011年13年的26个省（直辖市、自治区）①全部煤炭产业的数据，数据均来源于《中国统计年鉴》、《中国能源统计年鉴》、《中国工业经济统计年鉴》以及中经网产业数据库和资讯行数据库或经整理而成，部分缺失数据采用线性插值法补齐。

一、投入变量

根据生产率的内涵以及煤炭产业自身的生产特点，煤炭产业生产过中的投入变量包括劳动力和资本两种。

1. 劳动力投入数据（L）

实际上，要素投入应是一定时期内要素提供的“服务流量”，它不仅与投入的数量有关，还与要素的利用效率、要素质量等方面有关。在衡量劳动力投入数据时，如果采用劳动时间表示可能会比采用劳动力人数来表示更加科学，发达国家一般用标准劳动强度的劳动时间来衡量，也有一些学者认为可以用人均受教育年限来代表人力资本水平。但由于我国省际资料缺乏这方面的统计，为了保持统计口径的一致，已有研究都用从业人数来代替。因此，本章采用煤炭产业历年各地区规模以上企业全部从业人员年平均人数作为劳动投入量指标，单位为万人。

2. 资本投入数据（K）

对于资本投入的度量，理想的做法是用年资本服务值，即以生产过程中所使用的“机器运转小时数”进行衡量，资本投入的质量应该通过连续同批资本来衡量，但这些数据在现有的统计资料上很难获得。因此，结合学者们的研究（吴军，

① 由于天津市、上海市、广东省、海南省和西藏自治区许多年份煤炭产业数据缺失，本书将这些省份样本剔除。

2009；涂正革，2009），本章采用历年各省份规模以上煤炭企业“固定资产净值年平均余额”来代表各年资本投入的数据，单位为亿元，并采用1999年的不变价格进行平减，具体的平减指数为各年度各省份的“固定资产投资价格指数”。

二、产出变量

未考虑环境因素时，煤炭产业生产的产出变量只有一个，即传统意义上的“好产出”，本书采用各省份各年煤炭产业工业总产值来表示，并且为了与资本投入数据保持一致，采用各省份各年GDP平减指数按1998年不变价格进行换算，单位为亿元。

三、变量的描述性统计

为了对中国煤炭产业经济的变化建立感性认识，本部分对煤炭产业生产率测度所涉及的投入和产出指标进行经验性描述和分析。本章实证研究中代表煤炭产业产出的指标“好产出”以及代表煤炭产业投入的两个指标“劳动力”和“资本”都是平衡面板数据，各有26个个体，期数为13期，总的观察值为338个。表4-1是按地区统计的中国煤炭产业各年投入和产出变量的描述性统计，分别从地区数、期数、均值、标准差、最大值和最小值等角度进行统计。

表4-1 产出、劳动力和资本变量的描述性统计

	地区	期数	均值	标准差	最大值	最小值
总产值（亿元）	26	13	235.51	408.66	2983.81	1.04
劳动力（万人）	26	13	17.09	18.95	97.39	0.26
资本（亿元）	26	13	147.58	234.69	1891.22	2.26

表4-2是1999~2011年中国煤炭产业生产过程中各投入产出变量的变化情况。

表4-2 1999~2011年中国煤炭产业产出、劳动力和资本变量的变化趋势

年份	总产值（亿元）	劳动力（万人）	资本（亿元）
1999	1225.88	424.34	1977.98
2000	1206.56	395.68	1953.21
2001	1461.65	373.12	2126.14
2002	1903.47	377.02	2392.10
2003	2246.44	375.57	2515.86

续表

年份	总产值（亿元）	劳动力（万人）	资本（亿元）
2004	3412.18	405.33	2756.31
2005	4492.73	435.09	3069.71
2006	5499.99	473.66	3723.65
2007	6685.85	463.68	4237.33
2008	9373.59	502.25	4931.58
2009	11281.35	505.52	6015.16
2010	13920.87	526.25	6618.75
2011	16890.43	519.38	7564.06

注：表中总产值和资本的数据均是 1999 年不变价。

从表 4-2 可以看出，1999~2011 年中国煤炭产业总产值和资产保持稳定增长的态势，1999 年总产值为 1225.88 亿元，而 2011 年则达到 16890.43 亿元，除了 2000 年有所下降外，其余年份年均增长率达到 27%；1999 年煤炭产业资产为1977.98 亿元，到 2011 年达到了 7564.06 亿元，同样，除了 2000 年有所下降外，其余年均增长率比煤炭产业工业总产值增长率略低，为 13%；样本期内，煤炭产业劳动力人数略有增长，从 1999 年的 424.34 万人增加到 2011 年的 519.38 万人。

第三节　未考虑环境因素的中国煤炭产业生产率测度结果

本部分采用 DEAP-XP 软件对中国各省未考虑环境因素情形下的煤炭产业曼奎斯特生产率指数进行测度。表 4-3 是样本期内中国各省煤炭产业平均曼奎斯特生产率指数及其构成；表 4-4 是 1999~2011 年各年中国平均曼奎斯特生产率指数及其构成；表 4-5、表 4-6 分别是规模报酬可变和规模报酬不变情形下中国各省煤炭产业的技术效率值；表 4-7 是各年煤炭产业生产可能性边界上（最佳实践）的省份。

表 4-3　1999~2011 年中国煤炭产业曼奎斯特生产率指数及其构成（全国各省平均值）

年份	曼奎斯特生产率指数	技术进步率	技术效率变化	纯技术效率变化	规模技术效率变化
1999~2000	1.052	1.111	0.947	0.946	1.001
2000~2001	1.261	2.169	0.582	0.802	0.725
2001~2002	1.258	1.862	0.676	0.878	0.769

续表

年份	曼奎斯特生产率指数	技术进步率	技术效率变化	纯技术效率变化	规模技术效率变化
2002~2003	1.190	1.199	0.993	0.941	1.055
2003~2004	1.403	1.650	0.850	0.887	0.958
2004~2005	1.242	1.439	0.863	0.928	0.929
2005~2006	1.097	1.356	0.809	0.922	0.877
2006~2007	1.190	1.308	0.910	0.990	0.919
2007~2008	1.376	1.246	1.104	1.105	0.999
2008~2009	1.148	1.543	0.744	0.894	0.833
2009~2010	1.166	1.868	0.624	0.821	0.760
2010~2011	1.249	1.189	1.050	1.112	0.944
1999~2011	1.215	1.464	0.830	0.931	0.892

从表 4–3 可以看出，在未考虑环境的情况下，中国煤炭产业 1999~2011 年各年的全要素生产率都是增长的，13 年间生产率年平均增长速度为 21.5%，除了 1999 年和 2005 年之外，其余年份都是保持 10%以上的高速增长，甚至有些年份达到了 40.3%；从曼奎斯特生产率指数分解来看，技术进步是煤炭产业生产率增长的主要原因，1999~2011 年，我国各省份煤炭产业年均技术进步率高达 46.4%；而技术效率的变化则存在较大波动，除 2007 年和 2010 年有所增长外，其他年份的技术效率变化均小于 1，这说明技术效率的改善对煤炭产业生产率的贡献相对较小；从技术效率的分解来看，样本前半期由于规模增加促使效率增加的贡献相对纯技术效率来讲要大些，而后半期正好相反。

从表 4–4 可以看出，1999~2011 年，我国各省煤炭产业的全要素生产率都存在不同程度的增长。相对来说，北京、青海、内蒙古、陕西和吉林的年均增长速度较快，分别为 48.4%、38.3%、33.9%、32.3%和 26.4%；而黑龙江、新疆、江西、广西和辽宁的年均增长速度相对较慢，分别为 11.7%、11.9%、12.3%、12.6%和 16.7%；从曼奎斯特生产率指数的分解来看，各个省份煤炭产业的年均技术进步增长率基本接近，最高吉林省为 48%，最低的湖北省也达到 45.4%，说明我国各省煤炭产业单从技术进步的角度看，增长的情况非常接近，也表明样本期内，各省煤炭企业之间的技术交流进展较为顺利，技术进步成为推动煤炭产业生产率增长的决定因素；从技术效率的变化来看，样本期内，除了北京市之外，其他省份都存在不同程度技术效率降低的情况，其中，新疆、黑龙江、江西、广西和云南技术效率下降的速度最快，这说明相对于技术进步来讲，技术效率对煤炭产业生产率增长不仅没有推动作用，反而阻碍了生产率增长。

表 4-4 中国各省煤炭产业 Malmquist 生产率指数及其构成（1999~2011 年平均值）

省份	曼奎斯特生产率指数	技术进步率	技术效率变化	纯技术效率变化	规模技术效率变化
安徽	1.205	1.457	0.827	0.966	0.856
北京	1.484	1.474	1.007	1.001	1.006
福建	1.212	1.477	0.821	0.940	0.873
甘肃	1.198	1.467	0.817	0.960	0.851
广西	1.126	1.462	0.770	0.821	0.938
贵州	1.218	1.463	0.832	1.001	0.832
河北	1.239	1.463	0.847	0.938	0.904
河南	1.189	1.468	0.810	0.855	0.948
黑龙江	1.117	1.458	0.766	0.985	0.778
湖北	1.175	1.454	0.808	0.876	0.922
湖南	1.211	1.462	0.828	1.019	0.813
吉林	1.264	1.480	0.854	0.988	0.865
江苏	1.193	1.464	0.815	0.992	0.822
江西	1.123	1.463	0.767	0.943	0.814
辽宁	1.167	1.457	0.801	0.990	0.809
内蒙古	1.339	1.457	0.919	0.887	1.036
宁夏	1.236	1.465	0.844	0.980	0.861
青海	1.383	1.463	0.945	1.029	0.918
山东	1.201	1.457	0.824	0.851	0.969
山西	1.193	1.457	0.818	0.818	1.000
陕西	1.323	1.470	0.900	0.904	0.996
四川	1.204	1.456	0.827	0.822	1.006
新疆	1.119	1.466	0.763	0.922	0.828
云南	1.168	1.462	0.799	0.984	0.812
浙江	1.178	1.462	0.806	0.806	1.000
重庆	1.203	1.474	0.816	1.001	0.815

表 4-5 中国各省各年煤炭产业技术效率值（规模报酬可变情形下）

省份	1999 年	排名	2002 年	排名	2005 年	排名	2007 年	排名	2009 年	排名	2011 年	排名
安徽	0.647	18	0.561	8	0.440	12	0.275	14	0.291	12	0.101	15
北京	0.929	8	1.000	4	1.000	4	1.000	3	1.000	3	1.000	1
福建	1.000	1	0.529	10	0.424	13	0.362	11	0.282	13	0.197	13
甘肃	0.579	22	0.234	24	0.131	25	0.111	23	0.095	22	0.083	19
广西	0.599	21	0.423	12	0.659	9	0.635	10	0.468	10	0.277	10
贵州	0.572	24	0.217	25	0.154	24	0.109	24	0.074	25	0.063	22

续表

省份	1999年	排名	2002年	排名	2005年	排名	2007年	排名	2009年	排名	2011年	排名
河北	0.764	12	0.459	11	0.406	14	0.352	12	0.361	11	0.226	12
河南	0.949	7	0.640	6	1.000	5	0.891	7	0.713	7	0.497	7
黑龙江	0.575	23	0.255	21	0.085	26	0.044	26	0.049	26	0.028	26
湖北	0.716	13	0.574	7	0.714	8	0.675	9	0.226	14	0.271	11
湖南	0.885	11	0.275	20	0.470	11	0.180	16	0.098	21	0.074	20
吉林	0.502	26	0.168	26	0.179	22	0.147	21	0.134	18	0.088	16
江苏	0.888	10	0.389	14	0.267	16	0.167	19	0.141	16	0.084	18
江西	0.996	6	0.317	16	0.169	23	0.170	17	0.136	17	0.084	17
辽宁	0.623	19	0.406	13	0.248	19	0.108	25	0.087	23	0.049	25
内蒙古	0.653	17	0.557	9	0.936	6	1.000	4	1.000	4	1.000	2
宁夏	0.710	14	0.304	17	0.233	20	0.190	15	0.164	15	0.118	14
青海	1.000	2	1.000	1	1.000	1	0.801	8	0.520	9	0.359	9
山东	1.000	3	1.000	2	1.000	2	1.000	1	1.000	1	0.682	6
山西	1.000	4	1.000	3	1.000	3	1.000	2	1.000	2	1.000	3
陕西	0.505	25	0.278	19	0.360	15	0.349	13	0.685	8	0.481	8
四川	0.918	9	0.237	23	0.618	10	0.916	6	1.000	6	0.983	5
新疆	0.622	20	0.291	18	0.183	21	0.138	22	0.110	19	0.064	21
云南	0.703	15	0.341	15	0.248	18	0.166	20	0.084	24	0.058	24
浙江	1.000	5	0.869	5	0.857	7	1.000	5	1.000	5	1.000	4
重庆	0.689	16	0.241	22	0.265	17	0.168	18	0.101	20	0.060	23
平均值	0.770		0.483		0.502		0.460		0.416		0.343	

表 4-6 中国各省各年煤炭产业技术效率值（规模报酬不变情形下）

省份	1999年	排名	2002年	排名	2005年	排名	2007年	排名	2009年	排名	2011年	排名
安徽	0.644	16	0.287	7	0.176	16	0.131	15	0.108	14	0.066	15
北京	0.921	4	1.000	1	1.000	1	1.000	1	1.000	1	1.000	1
福建	1.000	1	0.350	4	0.256	4	0.195	5	0.149	6	0.093	7
甘肃	0.571	22	0.185	20	0.085	24	0.064	23	0.064	23	0.050	20
广西	0.598	19	0.151	25	0.129	22	0.063	24	0.034	26	0.026	24
贵州	0.564	23	0.182	22	0.144	19	0.100	19	0.070	20	0.062	17
河北	0.735	9	0.236	15	0.181	15	0.148	12	0.141	7	0.100	5
河南	0.827	6	0.274	10	0.227	7	0.174	6	0.121	10	0.066	16
黑龙江	0.575	21	0.166	24	0.077	25	0.040	26	0.044	25	0.024	26
湖北	0.679	14	0.182	21	0.130	21	0.086	22	0.066	22	0.053	18
湖南	0.691	13	0.264	11	0.254	5	0.168	7	0.094	16	0.072	13
吉林	0.492	24	0.132	26	0.125	23	0.121	16	0.117	12	0.074	11

续表

省份	1999 年	排名	2002 年	排名	2005 年	排名	2007 年	排名	2009 年	排名	2011 年	排名
江苏	0.780	8	0.276	9	0.218	9	0.157	8	0.126	9	0.067	14
江西	0.805	7	0.258	12	0.137	20	0.096	20	0.074	19	0.034	23
辽宁	0.620	17	0.255	13	0.153	17	0.105	18	0.082	17	0.043	22
内蒙古	0.649	15	0.346	5	0.374	2	0.408	2	0.353	2	0.234	2
宁夏	0.696	11	0.239	14	0.187	13	0.145	14	0.132	8	0.091	8
青海	0.341	26	0.218	18	0.190	11	0.154	10	0.215	4	0.173	3
山东	1.000	2	0.416	2	0.318	3	0.232	3	0.159	5	0.098	6
山西	0.861	5	0.323	6	0.189	12	0.152	11	0.114	13	0.078	9
陕西	0.481	25	0.276	8	0.240	6	0.219	4	0.234	3	0.136	4
四川	0.712	10	0.232	17	0.212	10	0.154	9	0.120	11	0.073	12
新疆	0.619	18	0.195	19	0.069	26	0.053	25	0.060	24	0.024	25
云南	0.694	12	0.234	16	0.153	18	0.095	21	0.068	21	0.047	21
浙江	1.000	3	0.379	3	0.224	8	0.146	13	0.097	15	0.075	10
重庆	0.596	20	0.167	23	0.183	14	0.110	17	0.078	18	0.052	19
平均值	0.698		0.278		0.217		0.174		0.151		0.112	

表 4-5、表 4-6 分别给出的是可变规模报酬模型和固定规模报酬模型下计算出来的主要年份各省煤炭产业技术效率水平。从总体上来看，两个模型计算出来的中国各省煤炭产业的技术效率水平存在一定差距，相对来说，固定规模报酬模型下的技术效率水平低于可变报酬模型下的技术效率水平，说明忽略规模效率往往会低估技术效率水平，在煤炭产业尤为突出。但两个模型都显示，1999~2011 年中国煤炭产业平均技术效率水平均较低，且呈逐年下降的趋势。

表 4-7　各年不同规模报酬情形下的煤炭产业最佳实践省份

年份	最佳实践省份（VRS）	最佳实践省份（CRS）
1999	福建、青海、山东、山西、浙江	福建、山东、浙江
2000	北京、福建、湖南、青海、山东、山西、浙江	北京、福建、浙江
2001	北京、青海、山东、山西	北京
2002	北京、青海、山东、山西	北京
2003	北京、青海、山东、山西	北京
2004	北京、青海、山东、山西	北京
2005	北京、河南、青海、山东、山西	北京
2006	北京、广西、内蒙古、山东、山西、浙江	北京
2007	北京、内蒙古、山东、山西、浙江	北京
2008	北京、内蒙古、山东、山西、浙江、四川	北京

续表

年份	最佳实践省份（VRS）	最佳实践省份（CRS）
2009	北京、内蒙古、山东、山西、浙江、四川	北京
2010	北京、内蒙古、山东、山西、浙江、四川	北京
2011	北京、内蒙古、山西、浙江	北京

从表 4-7 可以看出，在可变规模报酬模型中，不同年份的煤炭产业生产最佳实践省份分布相对比较稳定，北京、山东、山西始终处于生产前沿上；青海在 1999~2005 年一直处于生产前沿上，而从 2005 年之后就退出了前沿；内蒙古和浙江则在 2006 年之后移到生产前沿上；四川在 2008~2010 年处于生产前沿上。在固定规模报酬模型中，各年的最佳实践省份相对可变规模报酬模型中的最佳实践省份要少，尤其是 2001 年之后只有北京处于生产前沿上，其他省份都退出了前沿面，福建和浙江在 1999 年和 2000 年是在前沿面上，山东仅 1999 年处于前沿面上。

尽管表 4-7 分析了中国煤炭产业每年的最佳实践省份，勾勒出了生产前沿线，而从技术进步率也可以看出生产前沿线究竟是以怎样的速度向外移动的，但是在这个移动的过程中究竟哪一个省份煤炭产业起了重要的推动作用，即哪一个省是“创新者”（Innovator），需要在技术进步率的基础上引进一些条件。条件如下：

$$TP^k > 1 \text{ 且 } D_0^t(x^{t+1}, y^{t+1}) > 1 \text{ 且 } D_0^{t+1}(x^{t+1}, y^{t+1}) = 1 \tag{4-14}$$

如果同时满足上面三个条件，那么一定是这个省在 t 到 $t+1$ 期间使得生产可能性边界外移。

由于在固定规模报酬下，仅北京市处于前沿上，因此，北京市是煤炭产业的“创新者”；在可变规模报酬下，根据式（4-14）条件，可以得出各年的“创新者”，详见表 4-8。由表 4-8 可见，大多数年份处于生产前沿线上的省份都是创新者，这表明中国那些效率较高的省份，同样也在推动技术进步方面做出了表率。

表 4-8　各年煤炭产业的创新省份

年份	创新省份
1999	未知
2000	北京、福建、湖南、青海、山西、浙江
2001	北京、青海、山东、山西
2002	北京、山东、山西
2003	北京、青海、山东、山西

续表

年份	创新省份
2004	北京、青海、山东、山西
2005	北京、河南、青海、山东、山西
2006	北京、内蒙古、山东、山西、浙江
2007	北京、内蒙古、山东
2008	北京、内蒙古、山东、山西
2009	北京、山西、浙江、四川
2010	北京、山东、山西、四川
2011	北京、内蒙古、山西、浙江

第四节　本章小结

为了与考虑环境因素的中国省级煤炭产业全要素生产率、技术进步与技术效率进行对比，本章测度了传统方法下中国省级煤炭产业全要素生产率指数、技术进步率与技术效率改进，研究内容和结论包括：

第一，运用 DEA-like 方法构造每一个时期的中国省级层面上煤炭产业生产最佳实践前沿面，并构建 Malmquist 指数来计算未考虑环境因素情形下各省煤炭产业全要素生产率变化、技术进步率和技术效率改进水平。

第二，1999~2011 年中国煤炭产业总产值和资产保持稳定增长的态势，除了 2000 年有所下降外，其余年份年均增长率达到 27%；1998 年煤炭产业资产为 1977.98 亿元，到了 2011 年达到了 7564.06 亿元，同样，除了 2000 年有所下降外，其余年均增长率比煤炭产业工业总产值增长率略低，为 13%；样本期内，煤炭产业劳动力人数略有增长。

第三，在未考虑环境的情况下，中国煤炭产业 1999~2011 年各年的全要素生产率都是增长的，11 年间生产率年平均增长速度为 21.5%，除了 1999 年和 2005 年之外，其余年份都是保持在 10%以上的高速增长，甚至有些年份达到了 40.3%；从曼奎斯特生产率指数分解来看，技术进步是煤炭产业生产率增长的主要原因，而技术效率的改善对煤炭产业生产率的贡献相对较小；从技术效率的分解来看，由于规模增加促使效率增加的贡献相对纯技术效率来讲要大些。

第四，1999~2011 年，中国各省煤炭产业的全要素生产率都存在不同程度的增长。相对来说，北京、青海、内蒙古、陕西和吉林的年均增长速度较快；而黑龙江、新疆、江西、广西和辽宁的年均增长速度相对较慢；从曼奎斯特生产率指数的分解来看，各个省份煤炭产业的年均技术进步增长率基本接近，最高的吉林省为 48%，最低的湖北省也达到 45.4%；从技术效率的变化来看，样本期内，除了北京市之外，其他省份都存在不同程度技术效率降低的情况。

第五，可变规模报酬模型和固定规模报酬模型下计算出来的中国各省煤炭产业的技术效率水平存在一定差距，相对来说，固定规模报酬模型下的技术效率水平要低于可变报酬模型下的技术效率水平，但两个模型都显示，1999~2011 年中国煤炭产业平均技术效率水平均较低，且呈逐年下降的趋势。

第六，在可变规模报酬模型中，不同年份的煤炭产业生产最佳实践省份分布相对比较稳定，北京、山东、山西始终处于生产前沿上，大多数年份处于生产前沿线上的省份都是创新者，这表明中国那些效率较高的省份，同样也在推动技术进步方面做出了表率。在固定规模报酬模型中，各年的最佳实践省份相对可变规模报酬模型中的最佳实践省份要少，尤其是 2001 年之后只有北京处于生产前沿上，其他省份都退出了前沿面，且北京市是煤炭产业的“创新者”。

第五章 考虑环境因素的中国煤炭产业生产率测度

本章首先构建考虑环境因素情形的中国煤炭产业生产率测度模型；其次对实证研究模型中所涉及的数据来源及指标的选取进行说明，并对各变量进行描述性统计和简要分析；最后是考虑环境因素情形的中国煤炭产业生产率、技术进步以及技术效率测度结果的分析，并将其与未考虑环境因素情形的测算结果进行比较，探究差异性。

第一节 考虑环境因素的生产率测度思路和模型构建

一、考虑环境因素的生产率测度的研究思路

第四章是在 DEA-like 方法的基础上构建 Malmquist 指数以测度未考虑环境因素的中国省级煤炭产业全要素生产率，并将其分解为煤炭产业技术进步（技术前沿面的移动）与煤炭产业技术效率变化（与前沿面之间距离的变化），以揭示省级煤炭产业全要素生产率变化的动因。但是，该生产率测度的思路并没有将环境污染给中国煤炭产业经济增长带来的不利影响考虑进来，从而影响到对煤炭产业生产率问题的客观评价。为了弥补上述不足，本部分将构建考虑环境因素的中国煤炭产业生产率测度方法及模型，并对两种情形下的中国煤炭产业生产率测算结果进行对比。

考虑环境因素的经济绩效评价方法目前来讲有两种：一是世界银行的绿色 GDP 核算，但这种方法存在一个明显的缺陷是在进行绿色 GDP 核算时并没有考虑到相关污染损失；二是方向性距离函数模型，这是一个考虑环境因素影响的既包括“好产出”又包括“坏产出”的模型，方向性距离函数模型不仅可以将“环境污染”这样的“坏产出”纳入到模型中去，还可以利用原有生产率分析技术，

因此与目前被广泛采用的绿色 GDP 核算方法相比，存在着相当大的发展空间。此外，方向性距离函数模型还有一个显著的优点是在测算考虑环境因素的生产率及其分解时不需要污染排放的价格方面的数据。

二、考虑环境因素的生产率测度的模型构建

Chambers 等（1996）对方向性距离函数进行了较早的讨论。他的论文表明，由于投入距离函数实际上是与成本函数对应的，而产出距离函数实际上是与产值函数对应的，因此，从利润的概念理解，方向性距离函数实际上便与利润函数对应。Fare 等（1994）的研究证明投入距离函数和产出距离函数实际上就是方向性距离函数的特例。本书在进行环境约束下的中国省级煤炭产业生产率测算时，采用了方向性距离函数的思想，在数据包络分析方法的基础上构建了 Malmquist-Luenberger 指数（以下简称“ML 指数”），并将 ML 指数分解为技术进步率和技术效率改进这两个方面。这种方法的步骤是：首先，通过数据包络分析的技术构造出中国省级煤炭产业的生产可能性边界；其次，采用“方向性距离函数”计算得到每个省份与所构建的生产可能性边界的距离；最后，根据前后两期所计算得到的“距离”计算出这期间的 ML 指数。在这个过程中，涉及环境技术、方向性环境距离函数以及 Malmquist-Luenberger 指数三个概念。

（一）环境技术

大量研究显示，煤炭生产中所产生的环境污染会使得经济增长质量下降，严重时会影响到煤炭产业经济的可持续发展。但在现实情况下，没有环境污染的经济增长几乎是不可能的。可以这样理解，环境污染是经济增长的副产品，本书称之为“坏产品”，而相比之下，正常的产出就应该是“好产品”，比如煤炭生产活动的“坏产品”通常包括废水、废气、固体废弃物等，“好产品”通常是指煤炭产业产值等。

然而，在传统的基于产出的数据包络分析模型中，无论是什么产出，模型都将其默认为越大越好，但实际上，如果是“坏产品”产出的话，这样处理就不尽合理了。目前解决这个问题的办法通常有两种，一种是忽略污染排放这类“坏产品”产出；另一种是把“坏产品”产出当作投入要素来考虑，这样，在基于投入的数据包络分析模型中，“坏产品”作为投入要素就会被要求越小越好，但是现实的生产过程并不是这样，以环境污染为标志的“坏产品”是产出要素而不是投入要素，所以这种处理方法不太合理。基于上述研究方法的缺陷，本部分将采用环境技术和方向性环境距离函数解决这一问题。

环境技术（The Environmental Technology）是指“坏产品”、“好产品”与投入三者之间的技术结构关系（Fare 等 2007）。环境技术与传统的技术相比，其特点是：给定投入，减少污染排放需要投入净化设备，于是相应会减少“好产品”生产的投入，导致“好产品”减产。也就是说，“坏产品”产出的减少是有成本的，在给定资源投入的情况下，如果要减少“坏产品”产出，必然需要原本用于生产“好产品”产出的部分资源，从而导致“好产品”产出相应减少。“坏产品”与“好产品”之间的这种特性被称为联合弱可处置性（Jointly Weak Disposability），也就是说，“好产品”、“坏产品”在一定的技术条件下具有按比例增减特性，且“坏产品”是不可避免的副产品。环境技术可以表现为式（5-1）的生产可能集合的形式：

$$P(x)=\{(y,\ b):x\text{ 能生产}(y,\ b)\},\ x\in R_+^N \tag{5-1}$$

$P(x)$ 为投入 $x\in R_+^N$所能生产的“好产品”，$y\in R_+^N$为环境污染等“坏产品”$b\in R_+^N$的所有可能性集合。在此，环境技术需要满足以下条件：

一是“坏产品”是联合弱可处置的。它的含义是假设$(y,\ b)\in P(x)$且 $0\leqslant\theta\leqslant1$，那么（$\theta y$，$\theta b$）$\in P$（$x$）。这个假设说明减少“坏产品”的产出并不是随意的，只有降低“好产品”的产出才有可能降低“坏产品”的产出，同样，如果想增加“好产品”的产出必须增加“坏产品”的产出，这个假设就保证了具有凸性的生产可能性边界。

二是“好产品”的产出和“坏产品”的产出是“零和”的（Null-joint）：这个假设是建立在上一个假设的基础上的，即如果（y，b）$\in P(x)$且 $b=0$，则 $y=0$。此假设说明只有“好产品”产出是 0 的情况下，“坏产品”产出才有可能为 0，即只要“好产品”的产出大于零，“坏产品”的产出就必然存在。从上面分析可以看出，“零和”的假设保证了生产可能性边界是经过原点的。

三是投入要素 x 和“好产品”y 是强可处置的（Strong/Free Disposable）：如果 $x_1\geqslant x_2$，那么 $p(x_1)\supseteq p(x_2)$；如果（y_1，b）$\in P(x)$且 $y_1\geqslant y_2$，那么（y_2，b）$\in P(x)$，这个条件表明，在投入和污染规模相同的情况下，好产出可多可少。好产出的差距反映了环境约束下不同生产单位的生产率的高低。

假设在每一个时期 $t=1，2，\cdots，T$，第 $k=1，2，\cdots，K$ 个省（市、自治区）的煤炭产业投入和产出向量为（$x_n^{k,t}$，$y_m^{k,t}$，$b_i^{k,t}$）。运用 DEA 可以将满足上述假设的环境技术模型化为：

$$p^t(x^t)=\left\{\begin{array}{ll}(y^t,b^t): & \\ \sum_{k=1}^{K}z_k^t y_{km}^t \geqslant y_m^t & m=1,\ \cdots,\ M; \\ \sum_{k=1}^{K}z_k^t b_{ki}^t = b_i^t & i=1,\ \cdots,\ I; \\ \sum_{k=1}^{K}z_k^t x_{kn}^t \leqslant x_n^t & n=1,\ \cdots,\ N; \\ z_k^t \geqslant 0 & k=1,\ \cdots,\ K\end{array}\right\} \tag{5-2}$$

z_k^t表示每一个横截面观察值的权重，非负的权重变量表示生产技术是规模报酬不变的。在式（5-2）中，“好产品”和投入变量的不等式约束意味着“好产品”和投入变量是自由可处置的（强可处置的）。而“坏产品”的等式约束则表示“好产品”和“坏产品”是联合弱可处置的。此外，为了表示产出的零结合性，需要对 DEA 模型强调：

$$\sum_{k=1}^{K}b_{ki}^t>0 \quad i=1,\ \cdots,\ I$$

$$\sum_{i=1}^{I}b_{ki}^t>0 \quad k=1,\ \cdots,\ K \tag{5-3}$$

式（5-3）说明，每个横截面都必须有“坏产品”出现，而且每一种“坏产品”都会被生产，也就是说，每一种“坏产品”至少有一个省在生产，且每一个省至少生产一种“坏产品”。

（二）方向性距离函数

从上文的分析可以得知，环境技术实际上给出了环境产出的可能前沿，即在给定投入条件下，最大“好产品”、最小“坏产品”的集合，因此，环境技术的确定是计算环境效率的基础。

按照衡量环境技术效率的传统方法，环境技术效率就是指在给定污染物的前提下，“好产品”的实际产量与最大可能产量之间的比率。但这种方法存在致命的缺陷，即将污染物假设在固定的水平上，这明显与事实不符，因为随着人们环境保护意识的增强，公众的愿望往往不仅仅是要求煤炭产业“好产品”的快速增长，还要求污染排放尽可能减少，而且这种观念在环境污染严重时期更加深入人心。为此，本部分提出了测度环境技术效率的新思路，这个新思路存在同时考虑减少煤炭产业的环境污染“坏产品”和增加煤炭产业经济“好产品”两个目标。为了将这样的生产过程模型化，本章引入方向性距离函数的概念。因为方向性环境距离函数的主要思想就是“既要求产出增长，又要求污染减少”，它的值主要是用来测度在给定方向、投入和环境技术结构的情况下，“好产品”扩大和“坏产品”缩减的可能性大小，这是与传统的产出距离函数含义不同之处。

本书根据 Luenberger（1995）短缺函数（Shortage Function）的思想构造了基于产出的方向性环境产出距离函数，其具体形式为：

$$\overrightarrow{D_o^t}(x^t,\ y^t,\ b^t;\ g_y,\ -g_b)=\sup\{\beta:(y^t+\beta_{g_y},\ b^t-\beta_{g_b})\in P^t(x^t)\} \tag{5-4}$$

在式（5-4）中，$g=(g_y,-g_b)$ 是方向向量，它表示公众对“好产品”和“坏产品”进行取舍的不同效用偏好。如果 $g_y>g_b$，则说明公众更注重生活质量，重视环境保护，对污染排放进行严格控制，这一般来讲是发达地区的情况；反之，如果 $g_y<g_b$，则说明公众更注重经济增长，对环境保护的重视程度不够，因此对污染排放的控制程度也相对较轻，这一般来讲是经济落后地区的情况，因为经济落后地区人们生存的重要性要远远大于污染对人的危害。本章假定 $g=(y,-b)$，这表示在给定投入 x 的情况下，“好产品” y 与“坏产品” b 呈比例地扩大或呈比例地收缩，β 就是“好产品” y 扩大、“坏产品” b 收缩的最大可能数量。

上述方向性距离函数可以用数据包络分析方法求解，这可以转化为线性规划问题：

$$\begin{aligned}&\overrightarrow{D_o^t}(x_{k'}^t,\ y_{k'}^t,\ b_{k'}^t;\ y_{k'}^t,\ -b_{k'}^t)=\max\beta\\ &\quad\sum_{k=1}^{K}z_k^t y_{km}^t\geqslant(1+\beta)y_{k'm}^t\qquad m=1,\ \cdots,\ M;\\ &\quad\sum_{k=1}^{K}z_k^t b_{ki}^t=(1-\beta)b_{k'i}^t\qquad i=1,\ \cdots,\ I;\\ s.t.&\quad\sum_{k=1}^{K}z_k^t x_{kn}^t\leqslant x_{k'n}^t\qquad n=1,\ \cdots,\ N;\\ &\quad z_k^t\geqslant 0\qquad k=1,\ \cdots,\ K\end{aligned} \tag{5-5}$$

本章模仿标准产出距离函数对技术效率的度量方法，也将环境技术效率度量为一个 0~1 的指数，即：

$$\mathrm{ETE}(x^t,\ y^t,\ b^t;\ g_y,\ -g_b)=\frac{1}{1+\overrightarrow{D_o^t}(x^t,\ y^t,\ b^t;\ g_y,\ -g_b)} \tag{5-6}$$

从式（5-6）中，$\mathrm{ETE}(x^t,\ y^t,\ b^t;\ g_y,\ -g_b)$表示环境技术效率。当方向性距离函数的值为 0 时，环境技术效率为 1，此时表示生产的实际处于前沿面上，效率最佳；总之，环境技术效率越大，说明离环境生产前沿越近，这表明在给定的资源投入下，其实际“好产品”产出与最大可能的“好产品”产出、实际“坏产品”产出与最小可能的“坏产品”产出的偏差就越小。因此，环境技术效率完全可以用来刻画地区煤炭产业增长与理想增长（“又好又快”）的距离。

实际上，方向性环境产出距离函数是 Shephard（1970）提出的产出距离函数的一般形式。Shephard（1970）提出的产出距离函数是衡量“好产品”产出和“坏产品”产出同时可能扩张的倍数，它假定“好产品”产出与“坏产品”产出具有强可处置性，污染物没有环境管制约束，但是产出距离函数并没有考虑到使“坏产品”减少的情况，而方向性环境产出距离函数恰好弥补了这一点，在 Shephard（1970）提出的产出距离函数基础上加上了方向矢量，模型可以按照所规定的方向矢量的路径上增加（减少）"好产品"（"坏产品"），也就是说方向性距离函数可以在一个统一的框架下同时分析包含"好产品"和"坏产品"产出的生产效率，它既反映"好产品"产出与最大可能的"好产品"产出的偏差，又反映了"坏产品"产出与最小可能的"坏产品"产出的偏差。假若生产者的实际投入产出为（x_k^t, y_k^t, b_k^t）=（1，5，4），考虑环境因素的前沿产出（x_k^t, y_k^t, b_k^t）=（1，6，2），那么，方向性环境产出距离为 0.5，环境技术效率为 0.66。

图 5-1 说明了 Shephard（1970）产出距离函数和方向性环境距离函数的差异。对于一个产出观测点 A，由 Shephard（1970）产出距离函数得到的是一条经过观察点 A 的射线，在这条射线上，"好产品"（Y）与"坏产品"（b）同比例增长到前沿产出，即产出极限 C 点，也就是说 C 点是最有效率的。而方向性环境距离函数得到的则是沿着方向向量 $g=(g_y,\ -g_b)$扩张"好产品"（Y）与缩减"坏产品"（b）到达产出前沿即产出极限 B 点，也就是说在 B 点"好产品"不能进一步增加，"坏产品"不能进一步减少。参照技术是包含所有产出向量（y^t，b^t）的集合 P^t（x^t）。根据方向性产出距离函数，从产出向量 A 到 B，在产出向量集合 $P^t(x^t)$前沿 B 点的产出向量为($y^t+\beta_{gy}^*$，$b^t-\beta_{gb}^*$)，这里 $\beta^*=\overrightarrow{D_o^t}(x^t,\ y^t,\ b^t;\ g_y,\ -g_b)$。$\beta_{gy}^*$ 被加到好产品向量 y^t 中，β_{gy}^* 被从坏产品向量 b^t 中减去。凡属于集合 P^t（x^t)的可行产出向量，方向性距离函数$\overrightarrow{D_o^t}(x^t,\ y^t,\ b^t;\ g_y,\ -g_b)\geq 0$，当且仅当向量（$y^t, b^t$）在产出前沿上，方向性环境产出距离函数值等于 0，环境技术效率为 1（最有效率）。

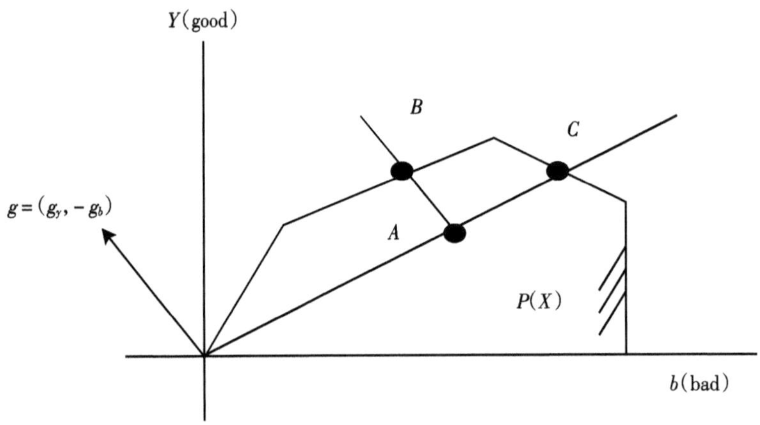

图 5-1　Shephard（1970）产出距离函数和方向性距离函数

（三）Malmquist-Luenberger 生产率指数

假设对于任意时期，之前所有时期都是技术上可行的，生产可能性集合随着时期在方向性距离函数的基础上，本部门定义从 t 到 $t+1$ 时刻的 Malmquist - Luenberger（ML）指数（Chung 等，1997），即：

$$ML_t^{t+1}=\left[\frac{1+\overrightarrow{D_o^t}(x^t,\ y^t,\ b^t;\ y^t,\ -b^t)}{1+\overrightarrow{D_o^t}(x^{t+1},\ y^{t+1},\ b^{t+1};\ y^{t+1},\ -b^{t+1})}\times\frac{1+\overrightarrow{D_o^{t+1}}(x^t,\ y^t,\ b^t;\ y^t,\ -b^t)}{1+\overrightarrow{D_o^{t+1}}(x^{t+1},\ y^{t+1},\ b^{t+1};\ y^{t+1},\ -b^{t+1})}\right]^{1/2} \tag{5-7}$$

ML 指数还可以分解为技术进步指数（MLTECH）和效率改进指数（MLEFFCH）两个部分，即：

$$ML_t^{t+1}=MLTECH_t^{t+1}\times MLEFFCH_t^{t+1} \tag{5-8}$$

其中，

$$MLTECH_t^{t+1}=\left[\frac{1+\overrightarrow{D_o^{t+1}}(x^t,\ y^t,\ b^t;\ y^t,\ -b^t)}{1+\overrightarrow{D_o^t}(x^t,\ y^t,\ b^t;\ y^t,\ -b^t)}\times\frac{1+\overrightarrow{D_o^{t+1}}(x^{t+1},\ y^{t+1},\ b^{t+1};\ y^{t+1},\ -b^{t+1})}{1+\overrightarrow{D_o^t}(x^{t+1},\ y^{t+1},\ b^{t+1};\ y^{t+1},\ -b^{t+1})}\right]^{1/2} \tag{5-9}$$

$$MLEFFCH_t^{t+1}=\frac{1+\overrightarrow{D_o^t}(x^t,\ y^t,\ b^t;\ y^t,\ -b^t)}{1+\overrightarrow{D_o^{t+1}}(x^{t+1},\ y^{t+1},\ b^{t+1};\ y^{t+1},\ -b^{t+1})} \tag{5-10}$$

同样，技术进步指数 MLTECH 衡量了技术前沿的进步速度，效率改进指数 MLEFFCH 衡量了技术落后者追赶技术先进者的速度，ML、MLEFFCH 和 MLTECH 大于（小于）0 分别表示环境约束下的煤炭产业全要素生产率增长（下降）、技术效率改善（恶化）和前沿技术进步（退步）。ML 指数、MLEFFCH 指数以及 MLTECH 指数的计算涉及四种类型的方向性距离函数，其中，$\overrightarrow{D_o^t}(x^t,\ y^t,\ b^t;\ y^t,\ -b^t)$和$\overrightarrow{D_o^{t+1}}(x^{t+1},\ y^{t+1},\ b^{t+1};\ y^{t+1},\ -b^{t+1})$分别表示第 t 期和第 $t+1$ 期当期的距离函数，$\overrightarrow{D_o^t}(x^{t+1},\ y^{t+1},\ b^{t+1};\ y^{t+1},\ -b^{t+1})$表示基于第 t 期技术的 $t+1$ 期距离函数，$\overrightarrow{D_o^{t+1}}(x^t,\ y^t,\ b^t;\ y^{t+1},\ -b^{t+1})$表示基于第 $t+1$ 期技术的第 t 期距离函数。

求解上述四个函数，就必须求解四个线性规划，其中两个线性规划求解当期方向性距离函数，如$\overrightarrow{D_o^t}(x^t,\ y^t,\ b^t;\ y^t,\ -b^t)$和$\overrightarrow{D_o^{t+1}}(x^{t+1},\ y^{t+1},\ b^{t+1};\ y^{t+1},\ -b^{t+1})$，

另外两个线性规划求解混合方向性距离函数，如$\overrightarrow{D_o^t}(x^{t+1}, y^{t+1}, b^{t+1}; y^{t+1}, -b^{t+1})$和$\overrightarrow{D_o^{t+1}}(x^t, y^t, b^t; y^{t+1}, -b^{t+1})$。在计算混合方向性距离函数时，如果 $t+1$ 期的投入产出值在 t 期的技术下是不可行的，则线性规划无解。本部分运用序列 DEA 的方法①来减少或者消除计算 ML 指数不可行解的数量，序列 DEA 的方法不仅要考虑当期观察值，而且还要考虑以前所有时期的观察值来构造最佳实践边界，也就是说每一年的前沿技术是由当期的投入产出值及其前所有时期可得到的投入产出值决定的。由于序列 DEA 构造的前沿技术综合利用了过去所有时刻的信息，这种方法得到的前沿技术对数据变动的敏感性要弱于当期，由此得到的估计结果更加稳健。

第二节　样本选择与变量选择

本部分主要目的是计算考虑环境因素情形下煤炭产业全要素生产率指数、技术进步指数以及技术效率指数，因此，计算过程中主要涉及的基本变量为煤炭产业生产过程中的投入产出变量，研究样本为 1999~2011 年 13 年的 26 个省（直辖市、自治区）②全部煤炭行业的数据，数据均来源于《中国统计年鉴》、《中国能源统计年鉴》、《中国工业经济统计年鉴》以及中经网产业数据库和资讯行数据库或经整理而成，部分缺失数据采用线性插值法补齐。

一、投入产出变量选择

根据生产率的内涵以及煤炭产业自身的生产特点，煤炭产业生产过中的投入变量包括劳动力和资本两种。具体变量的度量方法与第四章一致。

未考虑环境因素时，煤炭产业生产的产出变量只有一个，即传统意义上的

① 王兵、颜鹏飞（2007）对序列 DEA 进行了介绍。Fare 等（2001a）及文中综述的大多数文献的处理方法是窗式 DEA（Window DEA），即每一年的参考技术由当期及其前两年的投入产出值决定。例如，2000 年的参考技术由 2000 年、1999 年和 1998 年的数据来构造。Fare 等（2006）认为窗式 DEA 是当期 DEA 和序列 DEA 的折中。但是，窗式 DEA 的缺陷在于：一方面，它无法避免技术退步的情况；另一方面，它在降低不可行解的效果方面也不如序列 DEA。所以，本书也选择了序列的 DEA。此外，Gang Cheng 等（2010）在国际 DEA 大会上发表的论文也采用此方法对传统的 DEA 模型进行了修正。

② 由于天津市、上海市、广东省、海南省和西藏自治区许多年份的煤炭产业数据缺失，本书将这些省份样本剔除。

“好产出”，但当测度考虑环境因素时，产出指标包括“好产出”和“坏产出”两类。

一类是“好产出”。本章采用各省份各年煤炭产业工业总产值来表示，度量方法与第四章一致。另一类是“坏产出”。“坏产出”实际上就是指由于生产所带来的环境损失，也就是环境污染，主要表现为环境污染物对生产率、技术进步和技术效率的影响。本书以煤炭产业的二氧化硫的排放量来表示坏产出，因为二氧化硫是我国煤炭产业环境规制中的典型污染物和主要控制对象，但这一数据并不能从统计年鉴中直接获得，《中国工业经济统计年鉴》只公布了各年各煤炭产业整体的二氧化硫排放量，本书以各年各省煤炭产业的产量作为权重计算获得各省各年煤炭产业二氧化硫的排放量数据，单位为吨。

二、变量的描述性统计

第四章已经对劳动力、资本以及“好产出”变量进行了描述性统计和说明，本部分主要对煤炭产业产出指标中的“坏产出”展开说明，同样“坏产出”也是平衡面板数据，有 26 个个体，期数为 13 期，总的观察值为 338 个。表 5-1 是按地区统计的中国煤炭产业各年二氧化硫排放量的描述性统计，分别从地区、期数、均值、标准差、最大值和最小值等角度进行统计。

表 5-1 二氧化硫变量的描述性统计

年 份	地区	期数	均值	标准差	最大值	最小值
二氧化硫排放（吨）	26	13	6298.66	8274.20	52793.21	5.09

表 5-2 给出的是 1999~2011 年全国及东部地区、中部地区和西部地区[①]三大地区煤炭产业二氧化硫排放量的变化趋势。

① 东部地区包括北京市、河北省、辽宁省、江苏省、浙江省、福建省和山东省；中部地区包括山西省、吉林省、黑龙江省、安徽省、江西省、河南省、湖北省和湖南省；西部地区包括内蒙古自治区、广西壮族自治区、四川省、重庆市、贵州省、云南省、陕西省、甘肃省、青海省、宁夏回族自治区和新疆维吾尔自治区，下同。

表 5-2 1999~2011 年全国及各地区煤炭产业二氧化硫排放量的变化趋势

单位：吨

年份	全国 （总量）	东部地区 （平均）	中部地区 （平均）	西部地区 （平均）
1999	175056.98	5816.75	10861.98	4313.08
2000	166536.38	5891.85	9991.87	4123.50
2001	176956.89	5584.22	10707.58	4746.06
2002	185673.39	6808.43	10773.36	4711.59
2003	155002.30	5277.18	8848.96	4297.31
2004	151666.27	3865.75	9002.47	4780.57
2005	209631.64	4714.50	12406.79	7034.17
2006	145000.00	3094.91	8337.08	5149.00
2007	175300.00	3442.36	10001.40	6472.02
2008	148669.97	2311.07	7292.36	6741.23
2009	149900.00	2541.27	7556.17	6514.70
2010	160300.00	2607.16	8082.16	7035.69
2011	129254.00	1937.81	6466.13	5814.58

从表 5-2 可以看出，1999~2011 年我国煤炭产业二氧化硫的排放量总量有所降低，从 1999 年的 175056.98 吨降低到 2011 年的 129254.00 吨，下降了 26%；其中，东部地区各省平均二氧化硫排放量也呈现出逐年下降的趋势，从 1999 年的 5816.75 吨下降到 2011 年的 1937.81 吨，下降的速度在三个地区中最快；样本期内，中部地区各省平均二氧化硫排放量虽然有所降低，从 1999 年的 10861.98 吨下降到 2011 年的 6466.13 吨，但是绝对数在三个地区中仍然属于最高；样本期内，西部地区各省二氧化硫平均排放量的变化趋势与东部地区和中部地区正好相反，不但没有下降，反而呈直线上升的趋势，从 1999 年的 4313.08 吨上升到 5814.58 吨，最高的年份 2010 年达到 7035.69 吨。

第三节 考虑环境因素的中国煤炭产业生产率测度结果

为了研究考虑环境因素的中国各省煤炭产业全要素生产率的动态变化，并探寻变化的源泉，本节利用本章第一节所构建的生产率测度模型测度了考虑环境污染物情形下各省煤炭产业 ML 指数及其分解的值，采用的软件是 MaxDEA6.3，样本数据和模型的基本情况见表 5-3。

表 5-3 样本数据与模型

属性	值
期数	13
DMU 个数	26
投入变量个数	2
产出变量个数	2
距离	Radial
方向	Output-Oriented（modified）
规模报酬	Constant
其他选项	Undesirable-Weak Disposability-Malmquist

表 5-4 是考虑二氧化硫排放情形下 1999~2011 年中国各年煤炭产业平均曼奎斯特生产率指数、技术进步率和技术效率改进的情况；表 5-5 是考虑二氧化硫排放情形下 1999~2011 年各省中国平均曼奎斯特生产率指数及其构成。

表 5-4 1999~2011 年中国煤炭产业 Malmquist 生产率指数及其构成（考虑环境因素）

年份	曼奎斯特生产率指数	技术进步率	技术效率变化	纯技术效率变化	规模技术效率变化
1999~2000	1.054	1.096	0.962	0.944	1.019
2000~2001	1.201	1.584	0.758	0.594	1.276
2001~2002	1.210	1.632	0.741	0.686	1.081
2002~2003	1.209	1.127	1.072	0.996	1.077
2003~2004	1.441	1.535	0.939	0.859	1.093
2004~2005	1.269	1.389	0.914	0.868	1.053
2005~2006	1.116	1.311	0.851	0.817	1.042
2006~2007	1.186	1.282	0.925	0.916	1.010
2007~2008	1.386	1.325	1.046	1.101	0.950
2008~2009	1.144	1.385	0.826	0.693	1.192
2009~2010	1.238	1.585	0.781	0.624	1.252
2010~2011	1.245	1.292	0.964	1.050	0.918
1999~2011	1.221	1.368	0.892	0.830	1.075

从表 5-4 可以看出，在考虑环境的情况下，中国煤炭产业 1999~2011 年各年的全要素生产率都是增长的，13 年间生产率年平均增长速度为 22.1%，除了 1999 年之外，其余年份各省煤炭产业生产率都保持在 10%以上的高速增长，甚至 2003 年达到了 44.1%；从曼奎斯特生产率指数分解来看，在考虑环境因素的情形下，技术进步同样是煤炭产业生产率增长的主要原因，1999~2011 年，中国

各省份煤炭产业年均技术进步率高达 36.8%，甚至有些年份的技术进步率高达 63.2%；而技术效率的变化则存在较大波动，仅 2002 年和 2007 年有所增长，其他年份的技术效率变化均小于 1，这说明考虑环境因素的情形下技术效率的改善对煤炭产业生产率的贡献相对较小，大多数年份都是阻碍生产率的增长；从技术效率的分解来看，仅少数年份规模效率小于纯技术效率的贡献，大多数年份规模增加促使各省煤炭产业技术效率改善的贡献相对纯技术效率来讲要大，1999~2011 年规模效率的平均贡献率为 1.075，而纯技术效率则为 0.830。

表 5–5　中国各省煤炭产业 Malmquist 生产率指数及其构成（考虑环境因素）

省份	曼奎斯特生产率指数	技术进步率	技术效率变化	纯技术效率变化	规模技术效率变化
安徽	1.372	1.602	0.856	0.878	0.975
北京	1.164	1.157	1.006	0.910	1.106
福建	1.064	1.231	0.865	0.855	1.012
甘肃	1.116	1.312	0.851	0.873	0.975
广西	1.036	1.113	0.931	0.746	1.248
贵州	1.312	1.578	0.832	0.910	0.914
河北	1.485	1.643	0.904	0.853	1.060
河南	1.135	1.176	0.965	0.763	1.266
黑龙江	1.142	1.468	0.778	0.895	0.868
湖北	1.019	1.116	0.912	0.796	1.146
湖南	1.726	2.125	0.812	0.921	0.882
吉林	1.162	1.343	0.865	0.898	0.963
江苏	1.291	1.572	0.822	0.902	0.911
江西	1.059	1.312	0.807	0.857	0.942
辽宁	1.265	1.564	0.809	0.900	0.899
内蒙古	1.590	1.534	1.036	0.806	1.285
宁夏	1.151	1.337	0.861	0.891	0.967
青海	1.067	1.162	0.918	0.935	0.982
山东	1.069	1.069	1.000	0.749	1.335
山西	1.221	1.221	1.000	0.744	1.345
陕西	1.742	1.749	0.996	0.822	1.212
四川	1.872	1.859	1.007	0.746	1.349
新疆	1.036	1.252	0.828	0.838	0.987
云南	1.042	1.284	0.812	0.895	0.908
浙江	1.049	1.049	1.000	0.733	1.365
重庆	1.079	1.324	0.815	0.910	0.896

从表 5-5 可以看出，考虑环境因素情形下，1999~2011 年中国各省煤炭产业的全要素生产率都存在不同程度的增长。相比而言，四川、陕西、湖南、内蒙古和河北的年均增长速度较快，分别为 87.2%、74.2%、72.6%、59.0%和 48.5%；湖北、新疆、广西、云南和浙江的年均增长速度相对较慢，分别为 1.9%、3.6%、3.6%、4.2%和 4.9%。从曼奎斯特生产率指数的分解来看，考虑环境因素的情形下，湖南、四川、陕西、河北和安徽的年均增长速度较快，分别为 112.5%、85.9%、74.9%、64.3%和 60.2%；浙江、山东、广西、湖北和北京的年均增长速度相对较慢，分别为 4.9%、6.9%、11.3%、11.6%和 15.7%，说明考虑环境因素的情形下，中国各省煤炭产业单从技术进步的角度看，增长的情况差异很大，也表明样本期内，各省煤炭企业之间的煤炭生产技术以及减排技术交流相对较少，但技术进步仍然是推动煤炭产业生产率增长的决定因素。从技术效率的变化来看，样本期内，除了北京、四川、内蒙古、山西、山东和浙江之外，其他省份都存在不同程度技术效率降低的情况，其中，黑龙江、江西、辽宁、云南和湖南技术效率下降的速度最快，这说明考虑环境因素的情形下相对于技术进步来讲，技术效率对煤炭产业生产率增长同样不仅没有推动作用，反而阻碍了生产率增长。

第四节　考虑与未考虑环境因素的测度结果对比

本部分分别从煤炭产业的生产率增长率、技术进步率以及技术效率这三个角度对考虑环境因素和未考虑环境因素两种情况下测度结果的差异展开分析。

一、生产率增长的差异

表 5-6 是从全国的角度分析了考虑环境因素和未考虑环境因素下的中国省级煤炭产业生产率增长的差异。从表 5-6 可以看出，样本期内未考虑环境因素的中国煤炭产业生产率增长率小于考虑环境后的结果，说明这段时间随着中国环境保护以及煤炭产业环境管制力度的加强，煤炭产业环境保护方面成就显著，那么如果未将环境因素考虑到生产率增长率的计算过程中，则会导致对煤炭产业生产率增长率的低估，弱化这段时间煤炭产业发展对国民经济增长的贡献；从发展趋势来看，2004 年的国家宏观调控和 2008 年的金融危机均对煤炭产业生产率增长造成了负面的影响，两种情况下煤炭产业生产率增长率均出现不同程度的大幅度下滑。

表 5-6 两种情形下中国煤炭产业生产率增长差异

年份	考虑环境因素	未考虑环境因素	两者差异
1999~2000	1.054	1.052	0.002
2000~2001	1.201	1.261	-0.060
2001~2002	1.210	1.258	-0.048
2002~2003	1.209	1.190	0.019
2003~2004	1.441	1.403	0.038
2004~2005	1.269	1.242	0.027
2005~2006	1.116	1.097	0.019
2006~2007	1.186	1.190	-0.004
2007~2008	1.386	1.376	0.010
2008~2009	1.144	1.148	-0.004
2009~2010	1.238	1.166	0.072
2010~2011	1.245	1.249	-0.004
1999~2011	1.221	1.215	0.006

表 5-7 是从各省份的角度分析了 1999~2011 年考虑环境因素和未考虑环境因素下煤炭产业生产率增长的差异。从表 5-7 可以看出，除了少数省份 1999~2011 年考虑环境因素下的煤炭产业生产率平均增长率低于未考虑环境因素情况下的煤炭产业生产率增长率之外（如未考虑环境因素相对于考虑环境因素情形下，北京两者之间的差距高达 32%，青海为 31.6%，这说明如果不考虑环境因素的话，会严重高估这些省份煤炭产业的生产率），其余省份均高于或者与未考虑环境因素情况下的煤炭产业生产率增长率差异不大。从具体省份来讲，前一种情况大多数发生在西部地区，如考虑环境因素相对于未考虑环境因素的情形下，四川两者之间的差异高达 66.8%，湖南和陕西为 51.5%和 41.9%，这说明如果不考虑环境因素，会严重低估这些省份煤炭产业的生产率；较多省份则属于后一种情况，即考虑和未考虑环境情形下煤炭产业生产率差异并不是很大，如黑龙江、山西、河南等，两种情形下的煤炭产业生产率增长差异均小于 10%。

表 5-7 两种情形下各省煤炭产业生产率增长差异

省份	考虑环境因素	未考虑环境因素	差异大小
安徽	1.372	1.205	0.167
北京	1.164	1.484	-0.32
福建	1.064	1.212	-0.148
甘肃	1.116	1.198	-0.082
广西	1.036	1.126	-0.09

续表

省份	考虑环境因素	未考虑环境因素	差异大小
贵州	1.312	1.218	0.094
河北	1.485	1.239	0.246
河南	1.135	1.189	-0.054
黑龙江	1.142	1.117	0.025
湖北	1.019	1.175	-0.156
湖南	1.726	1.211	0.515
吉林	1.162	1.264	-0.102
江苏	1.291	1.193	0.098
江西	1.059	1.123	-0.064
辽宁	1.265	1.167	0.098
内蒙古	1.59	1.339	0.251
宁夏	1.151	1.236	-0.085
青海	1.067	1.383	-0.316
山东	1.069	1.201	-0.132
山西	1.221	1.193	0.028
陕西	1.742	1.323	0.419
四川	1.872	1.204	0.668
新疆	1.036	1.119	-0.083
云南	1.042	1.168	-0.126
浙江	1.049	1.178	-0.129
重庆	1.079	1.203	-0.124

二、技术进步率的差异

表 5-8 从全国的角度分析了考虑环境因素和未考虑环境因素下的中国省级煤炭产业技术进步率的差异。从表 5-8 可以看出，样本期内大多数年份考虑环境因素的中国煤炭产业技术进步率要小于未考虑环境情形下的技术进步率，1999~2011 年平均要低 9.6%，这说明如果未将环境因素考虑到煤炭产业技术进步率的计算过程中，将会导致对煤炭产业技术进步率的高估，这也从另外一个角度反映了虽然中国煤炭产业整体技术进步率增长幅度很大，但是在能源利用和节能减排技术水平的提高方面还是不尽如人意的。如果考虑环境因素之后，各省煤炭产业的技术进步率将会大大降低，如 2000 年考虑环境因素后，技术进步率要比未考虑环境情形下的技术进步率低 58.5%。

表 5-8 两种情形下中国煤炭产业技术进步率增长差异

年份	考虑环境因素	未考虑环境因素	两者差异
1999~2000	1.096	1.111	−0.015
2000~2001	1.584	2.169	−0.585
2001~2002	1.632	1.862	−0.230
2002~2003	1.127	1.199	−0.072
2003~2004	1.535	1.650	−0.115
2004~2005	1.389	1.439	−0.050
2005~2006	1.311	1.356	−0.045
2006~2007	1.282	1.308	−0.026
2007~2008	1.325	1.246	0.079
2008~2009	1.385	1.543	−0.158
2009~2010	1.585	1.868	−0.283
2010~2011	1.292	1.189	0.103
1999~2011	1.368	1.464	−0.096

表 5-9 从省际的角度分析了 1999~2011 年考虑环境因素和未考虑环境因素两种情形下煤炭产业技术进步率增长的差异。从表 5-9 可以看出，各省 1999~2011 年考虑环境因素的煤炭产业技术进步率平均增长率与未考虑环境因素情况下的煤炭产业技术进步增长率存在很大差异，如湖南考虑环境因素后的技术进步率要比未考虑环境因素情形高 66.3%，同样这一比例四川也达到 40.3%；而另外一方面，有些省份的结果却截然相反，如浙江考虑环境因素相对于未考虑环境因素的情形下，煤炭产业技术进步率要低 41.3%，山东为 38.8%。上述结果说明，各省份煤炭产业在环境保护技术投入方面仍然存在差异，这可能与各地区煤炭开采和利用条件有一定的关系，当然，更多地应该从煤炭企业本身是否积极进行环境保护行为角度去思考。

表 5-9 两种情形下各省煤炭产业技术进步率增长差异

省份	考虑环境因素	未考虑环境因素	差异大小
安徽	1.602	1.457	0.145
北京	1.157	1.474	−0.317
福建	1.231	1.477	−0.246
甘肃	1.312	1.467	−0.155
广西	1.113	1.462	−0.349
贵州	1.578	1.463	0.115
河北	1.643	1.463	0.180
河南	1.176	1.468	−0.292

续表

省份	考虑环境因素	未考虑环境因素	差异大小
黑龙江	1.468	1.458	0.010
湖北	1.116	1.454	–0.338
湖南	2.125	1.462	0.663
吉林	1.343	1.480	–0.137
江苏	1.572	1.464	0.108
江西	1.312	1.463	–0.151
辽宁	1.564	1.457	0.107
内蒙古	1.534	1.457	0.077
宁夏	1.337	1.465	–0.128
青海	1.162	1.463	–0.301
山东	1.069	1.457	–0.388
山西	1.221	1.457	–0.236
陕西	1.749	1.470	0.279
四川	1.859	1.456	0.403
新疆	1.252	1.466	–0.214
云南	1.284	1.462	–0.178
浙江	1.049	1.462	–0.413
重庆	1.324	1.474	–0.150

三、技术效率的差异

表 5–10 是 1999 年、2002 年、2005 年、2007 年、2009 年以及 2011 年等主要年份各省煤炭产业考虑环境因素和未考虑环境因素两种情形下技术效率排名的变化情况，表 5–10 中包含两种情形下技术效率的数值之差以及排名变化情况。从表 5–10 可以看出，大多数省份考虑环境因素前后的技术效率值均有变化，一般来讲，考虑环境因素后的技术效率值要大于未考虑环境因素的技术效率值。从排名的角度来看，大多数省份变化不是很大。比较突出的有以下几个省份：广西、湖北、山西、青海、浙江等，其考虑环境因素后的排名要远远超过未考虑环境因素之前的技术效率排名，如 1999 年青海。考虑环境因素的排名为第一，而未考虑环境因素技术效率的排名为 26，但是从发展趋势来看，近些年青海的技术效率出现了相反的结果，即考虑环境因素之后的技术效率反而低于未考虑之前的效率，这可能与近些年青海在煤炭产业绩效不是很高的背景下，环境污染问题却越来越严重，环境绩效不佳有直接的关系；福建、陕西、江苏、湖南、贵州、宁夏等省份正好相反，大多数年份其考虑环境因素后的排名要远远低于未考虑环

境因素之前的技术效率排名，这可能与这些地区煤炭产业发展模式有一定的关系，仅追求经济绩效而忽视给环境带来的负面影响，这种发展模式从长远来看不具有持续性。

表 5-10　两种情形下各省主要年份煤炭产业技术效率及排名的变化

省份	1999年	排名	2002年	排名	2005年	排名	2007年	排名	2009年	排名	2011年	排名
安徽	0.003	2	0.274	0	0.264	−5	0.156	−2	0.186	−2	0.035	−3
北京	0.008	4	0.000	3	0.000	3	0.000	3	0.000	3	0.000	3
福建	0.000	0	0.154	5	0.093	11	0.086	9	0.084	7	0.083	6
甘肃	0.008	0	0.042	3	0.045	1	0.047	0	0.031	−2	0.033	1
广西	0.001	2	0.199	−11	0.289	−10	0.294	−14	0.291	−15	0.228	−13
贵州	0.008	1	0.030	3	0.010	5	0.009	5	0.004	5	0.001	8
河北	0.029	3	0.223	−5	0.225	−2	0.204	−1	0.225	3	0.126	5
河南	0.122	1	0.366	−4	0.773	−2	0.717	1	0.584	−3	0.555	−9
黑龙江	0.000	2	0.089	−3	0.008	1	0.004	0	0.005	1	0.004	0
湖北	0.037	−1	0.271	−10	0.323	−11	0.304	−13	0.120	−8	0.185	−4
湖南	0.204	−3	0.008	9	0.216	4	0.006	9	0.003	4	0.002	7
吉林	0.010	2	0.030	0	0.032	0	0.026	2	0.017	5	0.014	6
江苏	0.108	3	0.113	4	0.049	7	0.010	9	0.015	7	0.017	2
江西	0.191	−1	0.041	4	0.028	2	0.038	2	0.040	−1	0.042	−5
辽宁	0.003	2	0.151	−1	0.095	0	0.003	7	0.005	6	0.006	1
内蒙古	0.004	2	0.211	3	0.562	5	0.592	3	0.647	3	0.766	3
宁夏	0.014	3	0.056	3	0.046	5	0.045	1	0.032	7	0.027	7
青海	0.659	−24	0.676	−13	0.807	−5	0.613	−2	0.305	5	0.186	6
山东	0.000	1	0.584	−1	0.682	−2	0.768	−2	0.841	−4	0.902	−5
山西	0.139	−1	0.677	−4	0.811	−10	0.848	−9	0.886	−11	0.922	−7
陕西	0.024	0	0.002	11	0.120	8	0.130	8	0.451	5	0.345	4
四川	0.206	−1	0.005	5	0.406	−2	0.762	−3	0.880	−5	0.927	−6
新疆	0.003	2	0.083	−1	0.114	−5	0.085	−4	0.050	−5	0.040	−6
云南	0.009	3	0.093	−1	0.070	2	0.047	−2	0.016	3	0.011	3
浙江	0.000	2	0.621	0	0.776	−5	0.854	−10	0.903	−12	0.925	−7
重庆	0.093	−4	0.050	1	0.045	5	0.030	3	0.014	4	0.008	3
平均值	0.072		0.194		0.265		0.257		0.255		0.246	

注：表中的数值是考虑环境因素的值减去未考虑环境因素的值。

第五节　本章小结

本章测度了考虑环境因素的中国省级煤炭产业全要素生产率、技术进步与技术效率，并将计算结果与未考虑环境因素的情形下进行对比。研究内容和主要结论包括：

第一，将方向性距离函数应用于考虑环境因素的煤炭产业生产率测算，基于DEA方法基础上构建ML指数，并将煤炭产业生产率拆分为煤炭产业技术进步和煤炭产业技术效率提高两个部分。首先通过DEA技术构造出煤炭产业生产的生产可能性边界，再利用“方向性距离函数”计算出各省煤炭产业与生产可能性边界的距离，最后基于两期的方向性距离函数计算出此期间的ML指数。

第二，1999~2011年中国煤炭产业二氧化硫的排放量总量有所降低。其中，东部地区各省平均二氧化硫排放量呈现逐年下降的趋势，下降的速度在三个地区中最快；样本期内，中部地区各省平均二氧化硫排放量虽然有所降低，但是绝对数在三个地区中仍然属于最高；样本期内，西部地区各省二氧化硫平均排放量的变化趋势与东部地区和中部地区正好相反，不但没有下降，反而呈直线上升的趋势。

第三，在考虑环境的情况下，中国煤炭产业1999~2011年各年的全要素生产率都是增长的，13年间生产率年平均增长速度为22.1%。从曼奎斯特生产率指数分解来看，在考虑环境因素的情形下，技术进步同样是煤炭产业生产率增长的主要原因，1999~2011年，中国各省份煤炭产业年均技术进步率高达36.8%；而技术效率的变化则是存在较大波动，仅2002年和2007年有所增长外，其他年份的技术效率变化均小于1。从技术效率的分解来看，仅少数年份规模效率小于纯技术效率的贡献外，大多数年份规模增加促使各省煤炭产业技术效率改善的贡献相对纯技术效率来讲要大。

第四，考虑环境因素的情形下，1999~2011年中国各省煤炭产业的全要素生产率都存在不同程度的增长。从曼奎斯特生产率指数的分解来看，考虑环境因素的情形下，相对来说，湖南、四川、陕西、河北和安徽的年均增长速度较快；而浙江、山东、广西、湖北和北京的年均增长速度相对较慢。从技术效率的变化来看，样本期内，除了北京、四川、内蒙古、山西、山东和浙江之外，其他省份都存在不同程度技术效率降低的情况。

第五，样本期内未考虑环境因素下的中国煤炭产业生产率增长率小于考虑环境后的结果。除了少数省份 1999~2011 年考虑环境因素下的煤炭产业生产率平均增长率低于未考虑环境因素情况下的煤炭产业生产率增长率之外，其余省份均高于或者与未考虑环境因素情况下的煤炭产业生产率增长率差异不大。样本期内大多数年份考虑环境因素下的中国煤炭产业技术进步率要小于未考虑环境情形下的技术进步率；各省 1999~2011 年考虑环境因素下的煤炭产业技术进步率平均增长率与未考虑环境因素情况下的煤炭产业技术进步增长率存在很大差异。大多数省份考虑环境因素前后的技术效率值均有变化，一般来讲，考虑环境因素后的技术效率值要大于未考虑环境因素的技术效率值。从排名的角度来看，大多数省份变化不是很大。比较突出的有以下几个省份：广西、湖北、山西、青海、浙江等，其考虑环境因素后的排名要远远超过未考虑环境因素之前的技术效率排名，而福建、陕西、江苏、湖南、贵州、宁夏等省份正好相反，大多数年份其考虑环境因素后的排名要远远低于未考虑环境因素之前的技术效率排名。

第六章　中国煤炭产业与其他能源产业生产率比较研究

本章根据第四章和第五章所构建的未考虑环境因素和考虑环境因素两种情形下的生产率测度模型，分别计算中国能源产业以及四大细分行业，即煤炭开采及洗选业、石油及天然气开采业、石油及炼焦加工业和电力、热力及燃气的生产和供应业四个行业的生产率及其分解情况，并进行比较研究。

第一节　引言

作为国民经济的基础产业，能源产业高效、绿色发展对于保障我国能源安全、推动生态文明建设至关重要。在“资源节约、环境友好”成为全社会共同追求的大背景下，一方面应提高生产率对能源产业经济发展的贡献，另一方面要降低能源生产对环境的不利影响，减少污染和排放。然而，已有关于我国能源产业生产率变动的研究大多数仅考虑能源产业要素投入与产出之间的关系，鲜有文献涉及能源产业发展过程中对环境造成的危害。相关研究主要集中于三个层面：①研究整个能源产业生产率问题。杨钟馗等（2009）基于 DEA 方法对我国 29 个省份的能源产业生产率进行了实证分析，结果表明，我国能源产业生产效率的地区差异显著、平均水平较低。②研究某一能源行业生产率问题。赵梦楠、周德群（2007）利用索罗余值法对我国三大地区代表省份的煤炭行业全要素生产率进行了测算，发现中东部省区水平显著高于西部省区；丁哲新（2009）采用非参数 Malmquist 指数方法实证分析了中国煤炭行业增长过程中全要素生产率的变动状况，并将其进一步分解为技术效率和技术进步；张各兴、夏大慰（2011）采用全国 30 个省级火力发电行业的数据，以随机前沿生产函数方法对其技术效率进行了测算，李宏舟、邹涛（2012）、Du 等（2013）同样分析了发电行业生产率变化。③从微观层面研究某个或者某些能源企业生产率问题。白兰君等（2009）将自然资源作为重要投入要素纳入生产函数中，利用索罗余值模型计算了中石油

2002~2006 年全要素生产率的贡献；赵萌（2011）通过 Malmquist-Luenberger 指数测算了中国 30 家大型煤炭企业的全要素生产率增长，并对影响因素进行了实证分析；张各兴、夏大慰（2012）利用国家电网公司下属 24 家省级电力公司面板数据，测算了我国输配电网的技术效率和全要素生产率。

如前文所指出的，已有文献大多没有考虑环境污染非期望产出，仅赵萌（2011）将矿井瓦斯排放、死亡事故率等因素作为“坏产出”纳入煤炭企业生产率的测度模型中，但其所使用的是当期 DEA 的方法，这种方法仅以当期的观测值来构造最佳生产前沿，而产出的短期波动会对生产前沿造成影响，在动态经济分析中可能会出现技术退步的现象，进而影响计算结果的准确性。Donghyun 和 Almas（2010）提出的基于序列 DEA（Sequential DEA）的思想能够较好地解决这一问题。基于此，本书尝试在以下几方面对现有文献进行拓展：①将环境污染因素作为非期望产出纳入能源产业生产率测度模型，基于序列 DEA 构建 Sequential Malmquist Luenberger（SML）指数测算 1999~2010 年我国各地区能源产业环境生产率指数，并将其分解为环境效率变化指数和环境技术进步指数；②对考虑环境污染因素与未考虑环境污染因素两种情景下所计算出的能源产业生产率指数及其分解进行比较分析，评价环境污染对能源产业生产率的影响；③比较研究煤炭开采及洗选业、石油及天然气开采业、石油及炼焦加工业和电力、热力及燃气的生产和供应业的环境生产率增长及其分解的时空演变情况；④分别计算样本期内能源产业及其四大细分行业累计环境生产率指数，并利用二维 Epanechikov 核密度法分析各省能源产业及其四大细分行业环境生产率的动态演变进程，考察各省份的相对差异。

第二节　数据来源与指标选择

本章以中国 31 个省份 1999~2010 年能源产业的数据为观测样本。所有的数据均来源于《中国统计年鉴》、《中国能源统计年鉴》、《中国工业经济统计年鉴》以及中经网产业数据库和资讯行数据库或经整理而成。本章所研究的能源产业主要包括煤炭开采及洗选业、石油及天然气开采业、石油及炼焦加工业和电力、热力及燃气的生产和供应业四个行业。测度能源产业环境生产率所涉及的投入产出变量定义如下：

（一）投入指标

投入指标主要包含两类：①资本（K）。采用各省份各年能源产业固定资本净值的数据代表资本投入，并采用各省份各年固定资产投资价格指数按 1998 年的不变价进行换算，单位为亿元。②劳动力（L）。采用各省份各年能源产业全部从业人员平均人数来表示，单位为万人。

（二）产出指标

产出指标主要包含两类：①“好产出”（Y）。采用各省份各年能源产业总产值来表示，并且为了与资本投入数据保持一致，采用各省份各年 GDP 平减指数按 1998 年不变价格进行换算，单位为亿元。②“坏产出”（C）。以能源产业 SO_2 的排放量来表示。尽管 SO_2 是我国能源产业生产的典型污染物和主要控制对象，但这一数据并不能从统计年鉴中直接获得，《中国工业经济统计年鉴》只公布了各年各行业 SO_2 的排放量。本书以各省相应行业能源产品的产量作为权重，计算获得各省各能源行业 SO_2 排放量的数据。

样本观测值的描述性统计结果如表 6-1 所示：

表 6-1　能源产业样本期内各变量的描述性统计

指标	省份数	期数	均值	标准差	最大值	最小值
资本（亿元）	31	12	1004.51	762.99	4164.68	11.75
劳动力（万人）	31	12	27.30	25.45	123.63	0.35
总产值（亿元）	31	12	620.30	556.75	2811.16	2.11
SO_2 排放（吨）	31	12	320930.42	234159.49	1120141.77	3365.64

第三节　中国能源产业环境生产率比较研究

本部分基于序列 DEA 模型，分别计算 1999~2010 年未考虑环境污染因素（情景一）和考虑环境污染因素（情景二）两种情景下中国能源产业生产率及其分解的值。

（一）基于整体的中国能源产业生产率水平分析

由于统计年鉴仅公布了能源产业各细分行业的相关数据，并未公布能源产业整体的投入产出数据，因此其投入产出数据是采用煤炭开采及洗选业、石油及天然气开采业、石油及炼焦加工业和电力、热力及燃气的生产和供应业四个细分行业数据相加获得的。具体测算结果详见表 6-2 和表 6-3。

表 6-2　1999~2010 年能源产业环境生产率及其分解的情况

年份	生产率指数		技术效率改善		技术效率值		技术进步	
	情景一(SM)	情景二(CSML)	情景一(SEC)	情景二(CSEC)	情景一(SE)	情景二(CSE)	情景一(STC)	情景二(CSTC)
1999	—	—	—	—	0.486	0.500	—	—
2000	1.110	1.120	1.017	0.999	0.494	0.500	1.091	1.121
2001	0.914	0.919	0.911	0.916	0.450	0.458	1.003	1.004
2002	0.953	0.957	0.953	0.957	0.429	0.439	1.000	1.000
2003	1.029	1.028	1.018	1.020	0.437	0.448	1.010	1.007
2004	1.332	1.347	1.189	1.196	0.518	0.536	1.123	1.126
2005	1.131	1.126	0.964	0.975	0.500	0.523	1.173	1.154
2006	0.962	0.976	0.958	0.965	0.479	0.505	1.003	1.011
2007	0.961	0.977	0.833	0.828	0.399	0.418	1.154	1.179
2008	1.040	1.081	0.827	0.861	0.330	0.360	1.259	1.255
2009	0.830	0.806	0.830	0.808	0.274	0.291	1.000	1.000
2010	1.077	1.109	1.077	1.089	0.295	0.317	1.001	1.018
平均	1.023	1.032	0.955	0.959	0.416	0.434	1.070	1.076

注：情景一：未考虑环境污染因素；情景二：考虑环境污染因素。

如表 6-2 所示，基于 CSML 模型计算的能源产业 1999~2010 年的环境生产率指数平均值为 1.0327，即能源产业环境生产率的年均增长率为 3.27%；而基于传统序列 DEA 方法下的生产率指数平均值为 1.0236，即不考虑环境因素情况下的年均增长率为 2.36%。从变动趋势来看，大部分时间内，考虑环境因素的能源产业生产率要高于未考虑的情景，这说明我国能源产业在自身获得较快发展的同时，在资源节约以及环境保护方面也取得了显著成就。

从生产率的推动因素来看，两种情景下技术进步的推动作用要明显大于技术效率提高的贡献，而且绝大部分年份的技术效率并未改善。1999~2010 年考虑环境因素和未考虑环境因素两种情况下的能源产业技术进步年均增长率分别为 7.65% 和 7.09%，而技术效率的年均增长率均为负值，分别下降了 4.07% 和 4.41%，技术效率值也相对较低，平均值分别为 0.4341 和 0.4164。上述数据一方面说明我国能源生产技术日趋成熟，能源产业技术进步取得了较大成就，提高了其对生产率增长的贡献；但另一方面，也能从中看到我国能源产业技术效率值一直处于较低的水平，仍然存在相当大的提升空间。

从表 6-3 可以看出，无论是否考虑环境因素，东部地区能源产业生产率增长速度均最快，西部地区其次，中部地区最慢。区域之间能源产业生产率发展不平衡的现象仍然比较严重，特别是考虑环境因素后这方面的差距被进一步拉大。下面进一步分析各省能源产业情况：①1999~2010 年，两种情景下均有 26 个省份

表 6-3　1999~2010 年各省能源产业环境生产率及其分解的情况

省份	生产率指数		技术效率改善		技术效率值		技术进步	
	情景一(SM)	情景二(CSML)	情景一(SEC)	情景二(CSEC)	情景一(SE)	情景二(CSE)	情景一(STC)	情景二(CSTC)
安徽	1.0160	1.0160	0.9558	0.9558	0.3818	0.3818	1.0630	1.0630
北京	1.0619	1.1073	0.9884	1.0218	0.6285	0.9202	1.0744	1.0837
福建	1.0102	1.0102	0.9380	0.9380	0.4119	0.4119	1.0769	1.0769
甘肃	1.0002	1.0067	0.9283	0.9283	0.5635	0.5670	1.0774	1.0844
广东	1.0164	1.0243	0.9464	0.9367	0.7844	0.7929	1.0740	1.0934
广西	1.0120	1.0120	0.9459	0.9459	0.2698	0.2698	1.0699	1.0699
贵州	0.9966	0.9966	0.9352	0.9352	0.3173	0.3173	1.0656	1.0656
海南	1.1313	1.1563	1.0576	1.0625	0.5366	0.5389	1.0697	1.0883
河北	1.0362	1.0426	0.9672	0.9672	0.4667	0.4683	1.0713	1.0780
河南	1.0119	1.0176	0.9537	0.9537	0.4687	0.4708	1.0611	1.0671
黑龙江	0.9554	0.9592	0.8894	0.9283	0.5992	0.7706	1.0742	1.0333
湖北	0.9980	0.9980	0.9303	0.9303	0.3410	0.3410	1.0727	1.0727
湖南	1.0149	1.0153	0.9502	0.9502	0.3883	0.3883	1.0682	1.0685
吉林	0.9745	0.9775	0.9135	0.9135	0.3236	0.3240	1.0668	1.0700
江苏	1.0037	1.0049	0.9359	0.9359	0.5417	0.5417	1.0724	1.0737
江西	1.0223	1.0224	0.9591	0.9591	0.4404	0.4404	1.0660	1.0661
辽宁	1.0147	1.0221	0.9457	0.9390	0.6540	0.6769	1.0729	1.0885
内蒙古	1.0299	1.0299	0.9635	0.9635	0.2518	0.2518	1.0690	1.0690
宁夏	1.0149	1.0149	0.9524	0.9524	0.3735	0.3735	1.0656	1.0656
青海	1.0365	1.0365	0.9631	0.9631	0.2479	0.2479	1.0762	1.0762
山东	1.0112	1.0182	0.9429	0.9429	0.5789	0.5831	1.0725	1.0799
山西	1.0448	1.0731	0.9918	1.0097	0.4049	0.4128	1.0534	1.0628
陕西	1.0675	1.1168	0.9973	1.0111	0.4414	0.4775	1.0704	1.1046
上海	1.0781	1.1072	1.0000	1.0000	0.9490	0.9534	1.0781	1.1072
四川	1.0678	1.0678	0.9999	0.9999	0.2530	0.2530	1.0679	1.0679
天津	1.0257	1.0892	0.9500	0.9542	0.5546	0.6696	1.0796	1.1415
西藏	0.9834	0.9834	0.9180	0.9180	0.0895	0.0895	1.0712	1.0712
新疆	1.0374	1.0388	0.9521	0.9657	0.5674	0.7562	1.0895	1.0757
云南	1.0007	1.0007	0.9352	0.9352	0.2984	0.2984	1.0701	1.0701
浙江	1.0506	1.0526	0.9781	0.9758	0.7620	0.7637	1.0741	1.0787
重庆	1.0246	1.0246	0.9632	0.9632	0.2462	0.2462	1.0638	1.0638

续表

省份	生产率指数		技术效率改善		技术效率值		技术进步	
	情景一（SM）	情景二（CSML）	情景一（SEC）	情景二（CSEC）	情景一（SE）	情景二（CSE）	情景一（STC）	情景二（CSTC）
东部地区①	1.0400	1.0577	0.9682	0.9704	0.6244	0.6655	1.0742	1.0900
中部地区	1.0047	1.0099	0.9430	0.9501	0.4185	0.4412	1.0657	1.0629
西部地区	1.0226	1.0274	0.9545	0.9568	0.3266	0.3457	1.0714	1.0737
平均	1.0236	1.0327	0.9559	0.9593	0.4164	0.4341	1.0709	1.0765

注：情景一：未考虑环境污染因素；情景二：考虑环境污染因素。

生产率存在增长的情况。在考虑环境因素的情景下，海南、陕西、北京、上海、天津增长速度最快，年均增长率分别是 15.63%、11.68%、10.73%、10.72%和 8.92%。②两种情景下，由于模型设定的原因，各省均不存在技术退步的情况，但是无论基于何种模型，所计算出的各省年均技术进步率绝大部分为 6%~8%，这说明我国能源产业技术在全国范围内的扩散现象普遍存在，这可能是因为我国能源企业大多数规模较大，异地设分支机构或者分公司的情况比较常见，而集团公司一旦有新的技术突破便会很快通过分支机构扩散到全国，使全国范围内的能源技术趋同。③从技术效率的绝对值来看，两种情景下均没有省份始终处于前沿面上，离前沿面最近的均为上海市，技术效率值分别为 0.9534 和 0.9490。此外，考虑环境因素的情景下，表现出色的省份还有北京（0.9202）、广东（0.7929）、黑龙江（0.7706）、浙江（0.7637）、新疆（0.7562）等，而且要普遍高于未考虑环境因素的情况。

（二）基于细分行业的中国能源产业生产率水平分析

本部分分别考察煤炭开采及洗选业（煤炭）（第五章已经计算）、石油及天然气开采业（石油开采）、石油及炼焦加工业（石油加工）和电力、热力及燃气的生产和供应业（电力）四个细分行业的生产率及其分解的增长情况。

表 6–4　1999~2010 年除了煤炭行业其他三个能源行业环境生产率及其分解的情况

行业	全要素生产率指数		技术效率改善		技术效率值		技术进步	
	情景一（SM）	情景二（CSML）	情景一（SEC）	情景二（CSEC）	情景一（SE）	情景二（CSE）	情景一（STC）	情景二（CSTC）
石油开采	1.0023	1.0725	0.9290	0.8999	0.0840	0.1508	1.0789	1.1918
石油加工	1.0513	1.0996	0.9514	0.9951	0.4752	0.5658	1.1050	1.1050
电力	1.0098	1.0127	0.9581	0.9577	0.4650	0.4726	1.0539	1.0574

注：情景一：未考虑环境污染因素；情景二：考虑环境污染因素。

① 东部地区包括广东、江苏、上海、浙江、山东、北京、福建、天津、辽宁、河北和海南 11 个省市；中部地区包括湖北、湖南、江西、河南、黑龙江、安徽、吉林和山西 8 个省份；西部地区包括广西、四川、陕西、重庆、内蒙古、云南、西藏、甘肃、贵州、新疆、宁夏和青海 12 个省（自治区、市）。

从表 6-4 可以看出，无论基于何种测度模型，煤炭产业的生产率增长速度都是最快的。不考虑环境因素的情况下，石油及天然气开采行业的生产率年均增长速度最慢，为 0.23%，几乎没有增长；电力、热力及燃气的生产和供应业的年均增长率为 0.98%；石油及炼焦加工业的年均增长率为 5.13%。考虑环境因素的情况下，四个行业的生产率年均增长速度都相对有了大幅度提高，其中石油加工行业为 9.96%，石油开采行业为 7.25%，最低的是电力行业为 1.27%。从生产率的推动因素来看，各个行业技术进步的作用仍然是非常显著的，而技术效率均存在下降的趋势，尤其煤炭产业的技术效率下降最为明显，这可能与煤炭产业在样本期内进行大规模的兼并重组有关，大型煤炭企业集团由于掌握了更为优质的技术和资源，相对于小企业来讲，优势会更加明显，导致企业之间无论在管理还是生产上的差距越来越大，进而使得行业平均效率下降。从技术效率值来看，石油开采行业的技术效率值最低，两种情况下分别仅为 0.0840 和 0.1508，平均技术效率值最高的是石油加工行业，分别为 0.4752 和 0.5658，这说明我国能源产业仍有相当大的生产率增长空间，这一结果与上文研究一致。

第四节　中国省际能源产业环境生产率收敛性研究

为了进一步分析中国省际能源产业环境全要素生产率之间的差距，在计算 1999~2010 年各省平均煤炭产业环境全要素生产率指数、技术进步指数以及技术效率改善的基础上，本部分采用核密度估计法来考察中国省际煤炭产业环境全要素生产率及其分解收敛的动态性和长期趋势。核密度估计（Kernel Density Estimation）在描述区域生产率增长方面相对于传统的概括性统计方法，具有显著的优越性。一般而言，对于一组随机变量 $\{x_1, \cdots, x_i, \cdots, x_n\}$，固定带宽的核密度估计函数的形式如下：

$$fn(x) = \frac{1}{nh}\sum_{i=1}^{n} K\left[\frac{x - x_i}{h}\right] \tag{6-1}$$

其中，h 表示带宽或者光滑系数，h 值越大，光滑度越大。k 表示核函数或者权重，它根据 x_i 距离 x 的远近来设定观测值 x_i 权重的大小，一般来讲，距离越近权重越大。通常对于大样本而言，k 的选择并不灵敏，但是 h 的选择却对估计的效果影响很大（Silverman，1986）。本书借鉴 Sain 和 Scott（1996）的做法，选用二维 Epanechikov 核函数和 Silverman 最佳带宽。核密度分布图能够反映变量的位置、延展性和形态，它的改变分为三个部分：一是平移，即在假设密度函数其他因素不变的情况下，仅仅沿着变量均值水平的变动；二是延伸，假定其他因素不发生改变的情况下，仅仅是变量分布方差发生改变；三是变形，即假定其他因素即均值与方差不变，仅仅变量分布形态发生了变形。

一、计算各省能源产业及细分行业的环境生产率水平

样本期内各省份的能源产业及其细分行业的环境生产率水平可用累积环境生产率指数代替，其具体计算方法如下：

$$R_{XT}=CSE_k^{1999}\times\prod_{t=2000}^{T}CSML_k^t \tag{6-2}$$

其中，CSE_k^{1999}为第 k 个省份 1999 年的能源产业或者各细分行业的环境技术效率值，本书用其近似代替 1999 年第 k 个省份能源产业或者各细分行业的环境生产率水平；$CSML_k^t$ 表示第 t 年第 k 个省份能源产业或者各细分行业的环境生产率指数。表 6-5 是根据公式（6-2）所计算出的各省份 1999~2010 年能源产业和各细分行业环境生产率水平的描述性统计。

表 6-5　1999~2010 年能源产业及各细分行业环境生产率水平描述性统计

行业	省份数	期数	均值	标准差	最大值	最小值
能源产业	31	12	1.0063	0.3686	3.5203	0.0977
细分行业：						
煤炭行业	25	12	1.2753	0.7224	5.3186	0.3407
石油开采业	16	12	2.4271	9.2263	97.5671	0.0403
石油加工业	24	12	1.4609	0.7662	4.5057	0.1899
电力行业	31	12	0.7137	0.4682	4.5548	0.1219

二、省际能源产业及细分行业环境生产率水平的收敛性检验

本部分主要考察 1999 年、2002 年、2006 年和 2010 年四个时期省际能源产业及其细分行业的环境生产率的核密度分布，详见图 6-1 至图 6-5。

首先，从能源产业环境生产率动态演进图（见图 6-1）可以看出，虽然 2010 年的分布线有回调的迹象，但样本期内核密度分布图的水平位置仍然发生了明显的右移，这说明样本期内中国能源产业环境生产率存在一定程度的增长，这与前文的研究一致；其次，从核密度分布图形的垂直位置来看，样本期曲线高度呈现先上升后降低的趋势，说明省际能源产业环境生产率先发散后收敛；最后，从图

形的形状来看，样本期内核密度曲线单峰的形状基本未变，这说明不存在俱乐部收敛的情况。

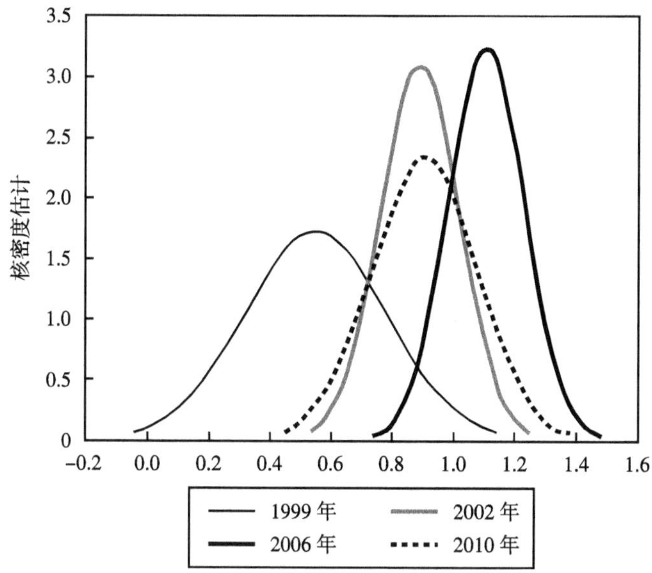

图 6–1　能源产业环境生产率的动态演进

具体细分到能源产业各行业，根据其环境生产率的演进图（见图 6–2 至图 6–5），首先，样本期内，煤炭产业和石油加工业的环境生产率存在明显的上升，尤其是煤炭产业，其环境生产率水平呈现逐年稳步上升的趋势，这得益于近年来中国煤炭行业的一系列改革，包括煤炭企业兼并重组、大型煤炭基地建设以及煤炭价格的市场化改革等。其次，能源产业各细分行业的核密度分布图的垂直位置都存在一定程度的下降，尤其是石油采掘业最为显著，其 1999 年的核密度分布图垂直高度较高，而 2010 年几乎为水平线。这说明各行业环境生产率均有收敛的迹象，这可能与政策宏观层面的引导、能源企业异地并购、能源企业员工的流动以及省际交通和信息网络等基础设施的完善等所引发的能源产业省际间技术扩散有关。最后，从图形的形状来看，样本期内，各细分行业核密度曲线单峰的形状也基本未变，这与能源产业整体的核密度曲线的形状一致，同样不存在俱乐部收敛的情况。

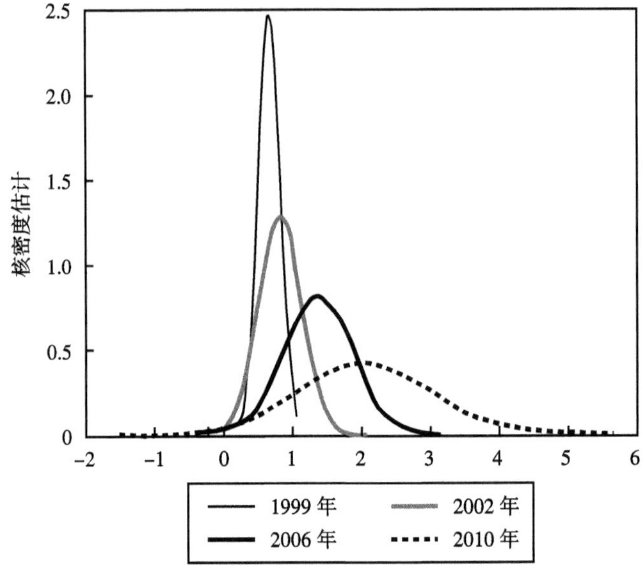

图 6-2　煤炭产业环境生产率的动态演进

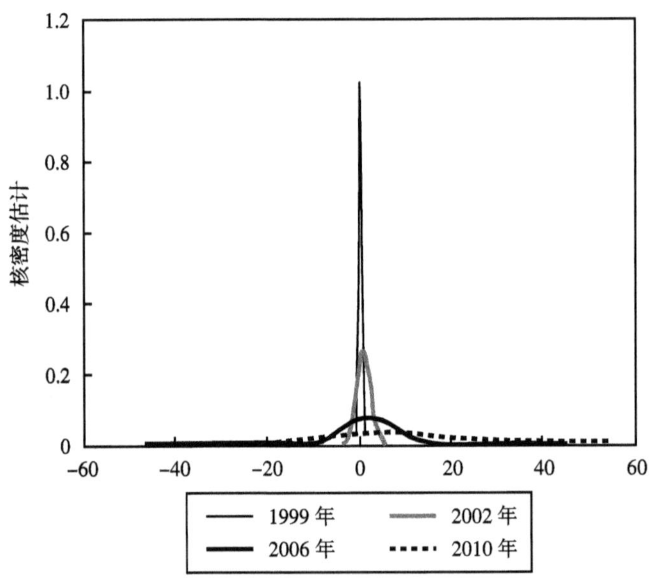

图 6-3　石油采掘业环境生产率的动态演进

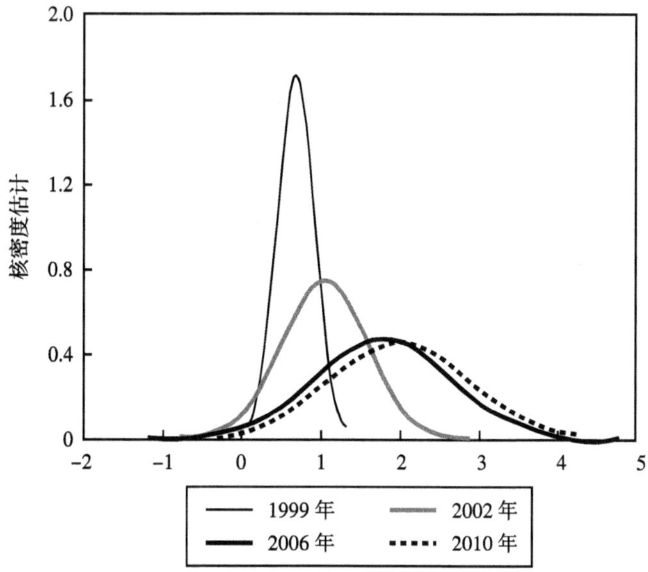

图 6-4　石油加工业环境生产率的动态演进

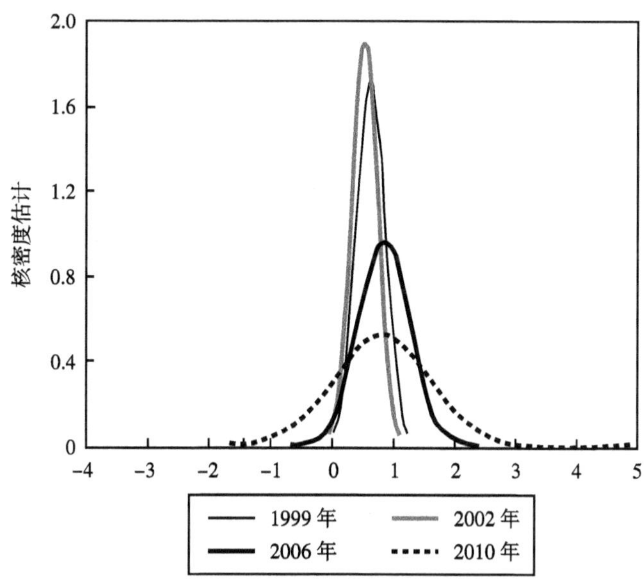

图 6-5　电力行业环境生产率的动态演进

第五节 结论与启示

环境污染是能源产业生产中不可避免的伴生物。传统能源产业生产率测度方法忽视或未突出体现环境污染这一“非期望”产出，不利于在“资源节约型和环境友好型”社会建设背景下科学认识能源产业生产率。本章将二氧化硫排放作为能源产业生产过程的“坏产出”，根据前两章所构建的SML指数模型测算中国1999~2010年省际能源产业及其四大细分行业的环境生产率、环境技术进步和环境技术效率，并将其与在未考虑环境污染情景下所计算的结果进行比较。在此基础上，利用核密度函数估计法分别检验了中国省际能源产业环境生产率及其四大细分行业环境生产率的收敛性。得出的主要结论如下：

第一，样本期内，在未考虑环境因素和考虑环境因素两种情形下，中国能源产业生产率年均增长率分别为2.36%和3.27%，其中，东部地区年均增长率为4.00%和5.77%，西部地区为2.26%和2.74%，而中部地区仅为0.47%和0.99%，地区间能源产业生产率增长表现出较大的差异。可见，传统方法下存在对能源产业生产率低估的情况，中国能源产业在环境保护方面所做的努力已经初显成效。此外，区域间能源产业生产率发展不平衡的现象仍然比较严重，特别是考虑环境因素后这方面的差距被进一步拉大。

第二，对于能源产业生产率的推动因素，两种情景下技术进步的推动作用要明显大于技术效率提高的贡献，而且样本期内绝大部分年份和地区的技术效率并未改善。1999~2010年考虑环境因素和未考虑环境因素两种情况下的能源产业技术进步年均增长率分别为7.65%和7.09%，而技术效率的年均增长率均为负值，分别下降了4.07%和4.41%。因此，应通过加大省际能源企业之间的交流实现能源产业整体技术效率的提升，进而促进技术效率改善对能源产业生产率增长贡献。

第三，从能源产业四大细分行业来看，无论基于何种计算模型，煤炭行业的生产率增长速度都是最快的。在考虑环境因素的情况下，所有四个行业的生产率年均增长速度都相对有了大幅度的提高。从环境生产率的推动因素来看，各个行业技术进步的作用仍然是非常显著的，而技术效率却起到阻碍作用。

第四，收敛性检验表明，中国各省间能源产业环境生产率在样本期内呈现先发散后收敛的迹象，但并不存在俱乐部收敛的情况。具体到各细分行业，煤炭行业和石油加工业的环境生产率上升显著，各细分行业环境生产率均表现出一定程度的收敛。

总体来看，考虑环境污染“坏产出”后，中国能源产业生产率的典型特征可概括为“总体增长、区域不平衡、行业有差距”。对于区域不平衡问题，应将促进中部地区能源产业生产率增长作为政策的着力点，一方面向东部地区学习先进技术和环境保护经验，带动知识、人员、信息等要素的流动；另一方面积极对接西部能源开发项目，延伸产业链条，发展高附加值、低消耗和低污染的能源深加工产业，真正使中部地区成为连接东、西部地区的桥梁，改变当前能源产业生产率“凹地”的困境。相对而言，能源产业各细分行业的生产率差距问题需要通过市场化改革加以解决。中国煤炭产业的市场化程度是比较高的，资源、成本和价格等诸多方面的竞争使得煤炭行业更加重视投入产出效率，生产率一直处于整个能源产业的前列，而石油开采、加工及电力行业的垄断程度较高，行政化的管理模式弱化了企业降本增效的积极性和主动性，导致生产率长期在较低水平徘徊。因此，减少行政命令、优化股权结构、引入竞争机制等是保证我国能源产业充满活力、健康发展的重要途径。

第七章 环境约束下中国煤炭产业生产率影响因素理论分析

本章着力于构建环境约束下中国煤炭产业生产率影响因素理论体系。基于中国特殊的转型经济背景，以内生增长理论、新制度经济学和发展经济学等理论为依据，深入分析环境约束下的技术创新、进出口与中国煤炭产业生产率相关性，并探讨市场化进程和基础设施对中国煤炭产业生产率的作用机制，以期从理论上探究中国煤炭产业生产率背后诸多因素的影响路径和方向。

第一节 环境约束下的技术创新与中国煤炭产业生产率

一、技术创新的内涵

1999 年出台的《中共中央国务院关于加强技术创新发展高科技实现产业化的决定》指出：技术创新是指企业应用创新的知识和新技术、新工艺，采用新的生产方式和经营管理模式，提高产品质量，开发生产新的产品，提供新的服务，占据市场并实现市场价值。这是对技术创新的权威定义。本书特指煤炭产业技术创新，技术创新是煤炭产业生产率增长的内部驱动力之一。

二、技术创新与生产率相关性的理论基础

20 世纪 80 年代中后期，以 Romer 和 Lucas 等为代表的经济学家，摒弃了新古典经济学的研究假设，把技术进步明确纳入增长模型，强调经济增长的内生性，创建了内生增长理论的分析框架。

（一）Romer（1986）的知识外溢模型

在知识外溢模型中，Romer（1986）认为生产投入的资本不仅仅是指有形资

本，还包括无形资本，他使用“知识”这一概念来替代“资本”，生产函数为：

$Q=f(K, K_{\alpha}, L)$

其中，K 是企业自己的以资本存量代表的知识投入，L 为企业自己的劳动力投入，K_{α} 为其他企业的知识投入。对一个企业而言，它不能影响其他企业的投入量，但其他企业知识投入的多少会影响到该企业的生产函数，因此知识投入具有外溢性。

Romer（1986）将知识看作生产过程中的一种无形投入，把资本和劳动力看作有形投入。知识投入的特殊性在于它具有递增的边际生产率。当生产表现为有形投入和无形投入的函数时，体现为收益递增。由于知识的外溢性，一个企业的知识投入将对其他企业产生正外部性，从而使整个社会都表现出收益递增。

（二）Romer（1990）的研发模型

Romer（1990）指出知识同时具有使用上的非排他性和产权上的排他性。Romer 创造性地将知识分为以人力资本为载体的部分 H 和不以人力资本为载体的部分 A。经济中包括三个部门：研发部门、中间产品部门和最终产品部门。假定总劳动力供给和总人力资本是固定的，即 L 和 H 保持不变。实物资本可以分解为若干不同的具体资本 i，x_i 是每种资本品的投入量，A 代表资本品的种类数。

最终产品部门的生产函数可以表示为扩展的 C-D 生产函数形式：

$$Y(H_Y, x, L)=H_Y^{\alpha}L^{\beta}\sum_{i=1}^{A}x_i^{1-\alpha-\beta}=H_Y^{\alpha}L^{\beta}\int_{1}^{A}x_i^{1-\alpha-\beta}d_i$$

根据生产部门的利润最大化原则，Romer 得出经济的均衡增长率方程：

$$g=\frac{\dot{C}}{C}=\frac{\dot{Y}}{Y}=\frac{\dot{K}}{K}=\frac{\dot{A}}{A}=\delta H_A=\delta H-\frac{\alpha}{(1-\alpha-\beta)(\alpha+\beta)}\gamma$$

同时，Romer 也给出了知识积累方程：

$$\dot{A}=\delta H_A A$$

式中，H_A 是研发部门的总人力资本。方程表明，研发部门的人力资本越多，生产率越高；既有知识存量越多，生产率也越高。

（三）Lucas（1988）的人力资本模型

Lucas（1988）认为，人力资本对产出的影响源于两方面：一是内在效应，个体通过正规和非正规的教育增加人力资本，从而提高自身生产率；二是外部效应，某个体人力资本的增加会对周边个体产生溢出作用，带动他人重视教育，并通过生产中的边干边学增加人力资本，使得整体的生产率增加。人力资本的内外部效应共同对产出增加发挥作用，相对于物质资本，人力资本的作用更加重要。假定每一个生产者用一定比例 u 的时间来从事生产，而用 $1-u$ 比例的时间从事人力资本建设。资本投入包括实物资本和人力资本，设定生产函数为：

$$Y = AK^{\alpha}(\mu Nh)^{1-\alpha}$$

式中，A 是技术系数，K 是实物资本，N 是劳动力数，h 是人均人力资本。Lucas 得出的经济均衡增长率为：

$$g = \frac{\dot{h}(t)}{h(t)} = \frac{(1-\beta)[\delta-(p-\lambda)]}{\delta(1-\beta+\gamma)-\gamma}$$

可见，人力资本是产出增加的关键因素，人力资本的内部效应和外部效应对经济的可持续增长进程是至关重要的。

综合来看，内生增长理论的经典模型赋予了技术一个完全内生化的解释，强调技术是主体出于自利而进行投资的产物。内生增长理论跳出传统的将资本和劳动力作为经济增长之源的框架，重视知识外溢、研究与开发、人力资本投资的重要性。技术进步与技术创新息息相关。经济合作与发展组织（OECD）1988 年发布的《科技政策概要》将技术进步划分为发明、创新和扩散三个主要环节，明确指出“技术进步通常被看作是一个包括三种互相重叠又互相作用的要素的综合过程。第一个要素是发明，即有关新的或改造的技术的设想，发明的重要来源是科学研究；第二个要素是创新，创新是指发明第一次被商业应用；第三个要素是扩散，它指的是创新随后被许多使用者应用”。技术创新作为技术进步的主要环节，它的本质特征就是把发明的潜在的和可能的使用价值在现实生产中加以实现。从这个意义上看，技术进步涵盖了技术创新，技术创新是技术进步的重要内容。内生增长理论构建了技术进步与经济增长的内在联系，也为构建技术创新与生产率的关联机制奠定了理论基础。

三、技术创新对生产率的作用机制

（一）技术创新促进知识资本的增长

在知识经济时代，人力资本是竞争的核心要素。企业内部员工知识的自发式增长和引导式增长实现单个企业的知识资本提升，而员工间的流动、学习与模仿、竞争等因素则带动整个产业的共同进步。

企业内部的知识增长途径主要有两个：①自发式增长。技术创新的过程可以大致划分为研发、生产和商品化三个阶段。每个阶段都伴随着企业员工知识的不断提升。研发阶段是在对未来市场需求和科技发展进行合理判断的基础上，开展设计创新，形成企业的人力资本包括研发人员的技术诀窍和管理诀窍等隐性知识；生产阶段是对生产工艺和生产设备的创新，形成的企业人力资本包括操作经验、工艺技能等隐性知识以及职业资格认证等显性知识；商品化阶段是对实现产品价值的创新，形成的企业人力资本包括销售经验、对潜在客户资源的掌握等隐性知识。②引导式增长。关键人物的激励和支持对员工知识的增长也是至关重要的。技术创新带头人和先进分子往往是通过自身的努力，不断地学习和实践从而在某一方面取得一定的突破，为企业创造突出的价值。这类人员应成为员工的榜样，企业需给予相应的奖励，包括物质层面和精神层面的奖励，鼓励其与员工分享知识资本提升的经验和诀窍，引导员工向他们学习和咨询，营造知识共享的机制和氛围，从而实现“快速学习、快速提升”，增加企业的人力资本总量。

一个企业的知识资本增长会对产业内的其他企业产生“触发效应”。首先，员工间的流动会实现知识的转移和扩散。员工把在原来企业积累的隐性知识和显性知识带到新企业，对该员工和新企业而言，是一次知识的碰撞和适应过程，最终会达到两种知识的融合和升华。其次，同行企业会学习和模仿先进企业的成功做法。技术创新涉及的因素很多，包括人力资本、物质资本以及软环境等。短期内，同行企业可以购买先进的设备，招揽优秀的人才，长期来看，营造创新的氛围和环境也是不可或缺的。学习和模仿将会快速提升同行企业的技术创新能力，同时也给先进企业以压力，促使其“更加先进”，实现良性互动。最后，出于竞争需要，同行企业也会加强人力资本投资。技术创新是企业技术素质的培养和积累过程，能形成企业的核心竞争力，使企业处于竞争优势地位。资源投入在一定程度上决定了企业技术创新能力的强弱，影响着技术创新的规模和速度。为防止在竞争中被淘汰，企业必须加大技术创新投入，丰富自身的知识资本。

知识不仅创造价值，而且其本身也蕴含着巨大的价值，知识资本对一个产业可持续发展的重要意义是毋庸置疑的。技术创新不仅给实施这一行为的企业创造知识资本，而且惠及整个产业，实现知识资本的整体提升。

（二）知识资本能够提高产出

技术创新的最终目的是为市场提供新的产品或服务。关于技术创新的动力，目前学术界众说纷纭，主要有三种观点：①一元论，包括技术推动论和市场需求拉动论，前者认为技术创新源于技术推动，后者认为技术创新始于市场需求；②二元论，认为技术创新是在“技术推动”与“需求拉动”因素的复杂结合中产生的，忽视任何一方都是不可取的；③多元论，认为技术创新还需考虑政府、企业家创新偏好等因素的影响。无论如何，目前对于技术创新的动力研究已经从一元转向多元，重视系统性和整体性。

在多元动力因素作用下，技术创新能力实现了提升，而技术创新又促进了知识资本的增加。知识资本一方面提高了员工的操作娴熟程度和自我管理水平，另一方面推动了生产工艺的进步，消除不合理工艺流程，发挥先进生产设备的最大功能。知识资本、劳动力和物质资本的有效结合，优化各投入要素的合力作用，能够显著提高产出。

（三）知识资本能够降低生产成本

生产成本是企业为生产产品或提供劳务而发生的各项生产费用，可分为直接材料成本、直接人工成本和制造费用。在激烈的市场竞争中，产品成本衡量生产过程中的各项消耗，需要通过产品或劳务销售收入加以抵扣，只有在完全得到补偿的情况下，企业才能获取盈利。生产成本的大小在很大程度上能够反映企业生产经营的效率，原因在于，企业原材料利用水平、劳动生产率的高低、生产设备的使用情况以及生产工艺的先进程度等，都会通过生产成本反映出来。

企业间的竞争大体可以分为价格竞争和质量竞争，而价格竞争的基础就是生产成本。拥有低生产成本的企业自然拥有竞争的优势。知识以企业的组织、机制、人员、文化等为依托，随环境的变化不断演变和更新，是企业各种资源发挥效用的基础。技术创新对企业的知识资本有显著的正向作用。技术创新与生产成本的关联性表现在：技术创新通过提高员工知识资本，改进生产工艺，提高了原材料的利用率，减少了原材料在生产过程中的浪费；提高了员工的工作效率，节约了生产时间，降低了人工成本；减少了水、电等间接费用，对生产成本的下降发挥了积极的促进作用。

四、环境规制、技术创新与中国煤炭产业生产率

（一）环境规制—煤炭产业生产率

目前，中国已经初步建立起了比较完善的环境规制法律体系，包括《环境保护法》和环境保护单项法律如《大气污染防治法》、《水污染防治法》、《固体废物污染防治法》、《重体废物污染环境防治法》、《噪声污染防治法》、《放射性污染防治法》等。建立了国家标准、行业标准和地方标准三级环境规制标准以及排污企业内部检查、监察部门检查、监测部门监测和公众监督等环境规制监督体系。在环境规制工具的选择上，不断优化政府行政命令的规制对象和范围；完善排污收费制度，实行排污收费、超标排污收费与超标排污处罚并存；做好环境税征收的前期调研和准备工作；在多个城市和地区试点排污权交易；针对重污染行业加大环保核查力度和环保投资等。环境规制会对煤炭产业生产率产生直接影响，具体体现在：

第一，环境规制导致生产成本上升，投入增加。由环境规制所引发的生产成本上升主要源自两方面：一是要素替代成本，使用价格较高的清洁投入要素替代环境有害的投入要素，提高了获取要素使用权所付出的代价；二是生产管理成本，需要调整生产工艺和管理流程以满足清洁生产要求，使得生产管理更复杂，

管理难度加大，相应地也将带来新的员工培训成本和适应成本。

第二，环境规制导致产出下降。环境规制对产出的不利影响同样源自两方面：一是资金挤出效应，在总资金一定的情况下，对污染治理设施等方面的环保投资可能会挤占其他生产性、营利性投资，降低了资本的比较收益，阻碍了资金产出效率；二是人力资本分散效应，企业家需要投入更多的精力用于环境保护，应对政府部门的监督和检查，有可能会制约经济绩效的增长。

（二）环境规制—资源配置—技术创新—煤炭产业生产率

环境规制通过对标准的制定和执行，创造了对技术创新的需求，规定了企业只能向某一个或几个特定的技术创新方向前进，从而影响了企业创新的资源配置，特别是技术创新资源的分配。环境规制标准在企业原有的技术水平上附加了新的目标约束，使企业必须通过管理创新、生产重构和技术创新达到规制标准，从而影响技术创新的速度、方向和规模（李旭颖，2008）。

在环境规制约束下，企业选择环境友好型发展模式，不仅是发展战略上的创新，也是内源性经营管理的要求。为了达到环境规制对污染物排放量等方面的要求，企业需要改变资源配置，通过技术创新对生产工艺、废料管理、技术使用等环节进行优化与完善，因此，环境规制推动技术创新成为一种必然。技术创新会使企业的投入更具效率，生产率的增长不仅会弥补企业遵循环境规制的成本，而且能为企业带来净收益。

（三）环境规制—产业结构—技术创新—煤炭产业生产率

环境规制还通过产业结构间接作用于技术创新。根据 SCP 分析范式，环境规制通过设置绿色进入壁垒，调整市场主体构成，导致产业结构发生改变，而产业结构会作用于企业的技术创新行为，进而对生产率产生影响。

需要说明的是，环境规制通过产业结构发生的影响效应在短期和长期的作用是不同的。从短期内看，环境押金、技术标准等环境规制政策是在对试图进入市场的市场主体的实力进行筛选。与环境规制缺失的市场相比，严格的环境规制政策使市场的进入壁垒提高，市场中参与竞争的主体将减少，而高市场集中度会降低企业对技术创新的需求，缺乏技术创新的动力，不利于生产率的提高。因此，环境规制的短期影响为负。但从长期看，通过环境规制政策可筛选掉那些只关注经济利益、不具有社会责任感的企业，有目的地引导市场主体重视环境利益。同时，依然存续在市场中的企业实力较强，可用于技术创新的资金保障充足，具有较高的生产率，有利于实现环境与经济的良性互动。

综上可以看出，环境约束下的技术创新与煤炭产业生产率之间的关系如图 7-1 所示。

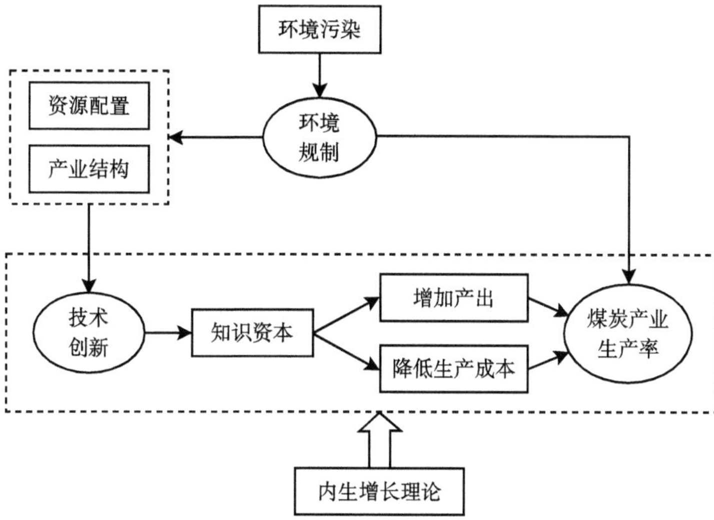

图 7-1　环境约束下的技术创新与煤炭产业生产率关系

第二节　环境约束下的进出口与中国煤炭产业生产率

一、进出口对生产率的作用机制

进出口对生产率的影响主要是通过学习与模仿效应、干中学效应和竞争效应三个渠道实现的。

（一）学习与模仿效应

学习与模仿效应也称为传染效应（Das，1987），它是指由于实施对外开放的各国之间存在技术差距，技术落后国家的企业可能通过学习和模仿先进国家的企业行为而提高自身技术和生产力水平。这种观点将技术比作传染病，它可以传播得很远，并且接触的主体越多，传播的速度越快。对外开放提供了国家间接触和交流的机会，使一个国家的生产者能够了解其他国家的产品信息和技术信息。吴晓波（1995）提出，学习与模仿效应发生的最根本原因是外商直接投资的流入增加了当地企业获取知识和信息的机会，当地企业通过“技术监听站”、“逆向工程”等手段以尽快获取新知识，并进行模仿，也就是通常所说的二次创新过程。

（二）干中学效应

在出口过程中，由于消费者更偏好低价格、高质量、绿色的产品，出口企业将从国外消费者的“苛刻”和“挑剔”中获取信息。国外消费者会对中国出口产品的质量、性能等因素进行反馈，国内生产企业能根据国外市场的需求对产品加以改进，调整产品结构，推出新产品，逐渐提高产品的国际竞争力。

在进口过程中，国内企业进口外国的先进设备和关键零部件进行组装生产，在生产过程中不断摸索，逐步吸收国外同行的知识和技术。从零星的试制到完全模仿，再到改良完善，进而掌握生产这类产品的技术和能力。在提高国产化率的基础上，赶上甚至超越国外产品。

（三）竞争效应

在开放经济环境下，企业一方面要努力争取国外出口订单，另一方面还要面临进口产品的竞争。国际市场的激烈竞争能优化国内企业的资源配置，促使要素资源从低效率企业向高效率企业流动，迫使企业更加关注成本控制，优化管理和生产流程，驱动技术创新，激励企业有效率地生产运作。

二、环境规制、进出口与中国煤炭产业生产率

Selden 和 Song（1994）提出了著名的“环境库兹涅茨曲线”（EKC），这条表征经济增长与污染排放呈倒“U”形关系的曲线显示，在经济发展水平较低时，人均 GDP 与污染排放呈正相关，当经济发展到一定程度后，两者变为负相关关系。发达国家处于 EKC 曲线的右半边，环境保护的力度较强，对进出口产品的环境标准要求较高。

中国加强环境规制，对煤炭产业进出口的影响是积极的。原因在于：①中国的主要贸易伙伴包括美国、日本、欧盟和澳大利亚等，这些国家开展环境保护工作的时间较长，公民已经养成了良好的环境保护习惯，更加偏好于绿色产品。中国通过强化环境规制，有助于向世界传达中国对环境负责的积极信号，改变发达国家人民对中国产品的负面认识，提升出口产品的形象，对出口起到促进作用。②发达国家在进口中国煤炭产品时往往非常苛刻，例如对发热标准、硫分含量等有非常严格的规定，而且这些标准经常不断地调整。中国通过主动适应国外绿色壁垒竞争压力，提高自身环境规制水平，可以淘汰掉那些漠视环境、只依赖低成本优势的企业，转而扶持环境和经济效益俱佳的优秀企业，从而提高整个产业的生产效率。③从进口的角度而言，本国环境规制标准的提高也促使企业在进口环节更加挑剔，将环境友好作为重要的决策选项。绿色产品的进口有助于扩大环保技术在国内的扩散，提高国内的整体技术水平。④为应对环境规制约束，更多的

国内企业将会参与国际竞争，在学习与模仿等效应的刺激下，推动煤炭产业在生产、深加工和回收等方面的绿色创新。

环境约束下的进出口与中国煤炭产业生产率关系如图 7-2 所示。

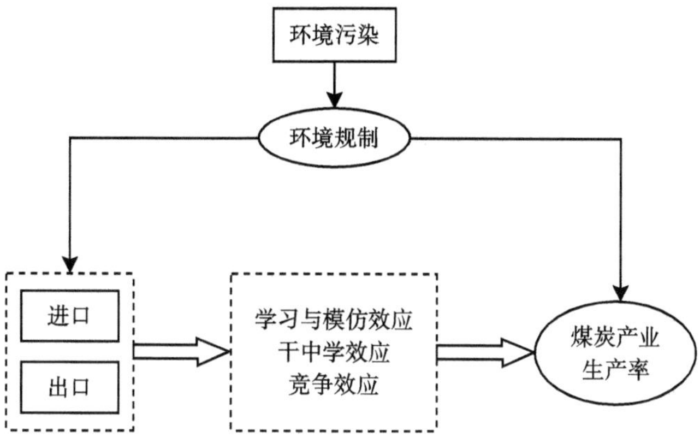

图 7-2　环境约束下的进出口与中国煤炭产业生产率关系

第三节　市场化进程与中国煤炭产业生产率

一、市场化进程的内涵

关于市场化的内涵，原国家计委课题组（1996）从转型的角度，将其界定为“改革或者转轨国家资源由计划配置向市场配置的经济体制转变过程”，陈宗胜等（1999）则从发展的角度，认为市场化是“市场机制在一个经济体资源配置中发挥作用持续增加的经济体制演变过程”。中国的市场化进程，既体现了转型经济国家的特殊性，也反映了国民经济中市场机制功能的不断发展，同时具备转型和发展的双重特征。市场化进程是煤炭产业生产率增长的外部驱动力之一。

卢中原、胡鞍钢（1993）是最早尝试定量衡量中国市场化进程的学者，他们考虑了投资市场化、价格市场化、工业生产市场化和商业市场化四个方面，得出结论认为，中国 1992 年市场化程度达到 63%。此后，学者们对中国市场化进程进行了多角度的分析。相对而言，樊纲等连续发布的《中国市场化指数》延续性最好，被认可度更高。他们构建了政府与市场的关系、非国有经济的发展、产品市场的发育程度、要素市场的发育程度、市场中介组织的发育和法律制度环境五个方面30个指标构成的指标体系，测度了全国31个省、自治区和直辖市的市场化进程。樊纲等设计的测度方法完全采用客观指标，基本概括了市场化的各主要方面，对各地区的市场化进程进行了持续的测度，提供了一个稳定的观测体系。本书借鉴樊纲等的研究思路，将制度因素作为市场化进程的重要衡量指标，基于新制度经济学构建市场化进程驱动煤炭产业生产率的理论分析框架。

二、市场化进程与生产率相关性的理论基础

20世纪60年代后，经济学与政治学、法学等相互渗透、相互融合达到了全新的高度，以科斯、威廉姆森、德姆塞茨、诺斯等为代表的学者创建了新制度经济学。新制度经济学认为资本积累、技术进步等因素与其说是经济增长的原因，倒不如说是经济增长本身，而经济增长的根本原因在于制度。正如诺斯、托马斯（1973）指出的，“当技术没有重大变化时，只要充分发挥制度因素的作用，就可以促进经济增长”。新制度经济学把制度因素作为决定和影响经济增长的一个重要内生变量，为人们分析社会经济问题提供了全新的视角。

（一）交易成本理论

科斯（1937）在经典论文《企业的性质》中考察了企业与市场的关系，深入思考了企业存在的原因，指出“为什么建立企业有利可图的主要原因似乎是，利用价格机制需要费用。通过价格机制组织生产的最明显的成本就是发现有关价格的费用。随着出售这类信息的专家出现，这种费用有可能减少，但不会消除，市场上发生的每一笔交易的谈判和缔约所需费用也需考虑在内。再者，在某种市场上如农产品交易市场，人们可以设计出一种技术使契约费用最小化，但不可能消除这种费用。诚然，当存在企业时契约不会消失，但确实会大大减少”。基于此，科斯得出结论认为“市场的运行是有费用的，通过形成一个组织，并允许某种权威企业家来支配资源，就能节约某些市场运行成本”。但需要说明的是，科斯在这篇论文中并未明确给出“交易成本”的概念，而是代之以“市场成本”，定义其为“利用价格机制的成本”。此外，科斯认为市场成本包括获取准确的市场信息所需要付出的成本以及谈判和签订契约的成本。

威廉姆森（1967）提出了“契约人”的人性假设，认为交易成本产生的原因是有限理性与机会主义的存在，他指出“交易成本经济学将人性的特征归纳为我们所知的有限理性与机会主义。第一个特征承认人类在认知能力上的限度，第二个特征则是那种简单的自我利益追寻之微妙替代”。威廉姆森以签订契约为时间分界点，将交易成本分为两部分：一是签订契约前的交易成本，即为签订契约，规定双方的权利、责任所付出的成本，包括草拟契约的成本、就契约内容进行谈

判的成本以及确保契约得以履行的成本；二是签订契约后的交易成本，即为解决契约本身所存在的问题，从改变条款到退出契约所付出的成本，包括：交易行为逐渐偏离了预期设想，造成交易双方互不适应的成本；交易双方想纠正事后不合作的现象，需要讨价还价的成本；为了解决契约纠纷而建立治理结构并保护其运转所付出的启动和运转成本；为了确保契约中各种承诺得以兑现所付出的保证成本。

（二）产权理论

科斯在《社会成本问题》一文中指出，人们不仅要在既定制度框架下促进生产要素的最佳配置，还要在可实现这种配置的各种可供选择的制度安排之间进行选择。他认为“如果定价制度的运行毫无成本，最终的结果产值最大化是不受法律状况影响的”，由此引出科斯第一定理，即在零交易成本下，无论初始权利如何配置，自由交易都能使资源达到最优配置。但“这是很不现实的假定”，“一旦考虑到进行市场交易的成本……合法权利的初始界定会对经济制度的运行效率产生影响”，他的这个论断被称为科斯第二定理。在科斯看来，只要界定了合法权利比如产权，经济主体就可以通过谈判来达到资源的有效配置。

德姆塞茨（1967）从产权的功能出发，提出“产权是一种社会工具，其重要性在于事实上，产权有助于某人形成他与其他人交易时的合理期望。这些期望通过某社会的法律、习惯和道德表示。某产权的所有者获得了同伴的首肯，以特定的方式行事。产权所有人期望社会共同体能够阻止其他人妨碍其行动，只要有关其权利的规定没有禁止这些行动”。德姆塞茨强调产权在解决外部效应方面的作用，产权作为一种社会工具，有助于实现外部效应内部化，使资源在市场机制的调节下能达到最优配置。

三、市场化进程对中国煤炭产业生产率的作用机制

本书借鉴樊纲等（2011）的做法，将政府和市场的关系、非国有经济的发展、产品市场的发育程度、要素市场的发育程度、市场中介组织的发育和法律制度环境五个方面作为市场化进程的衡量。基于新制度经济学，构建市场化进程对中国煤炭产业生产率的作用机制。

（一）政府和市场的关系与煤炭产业生产率

政府和市场的关系一直是经济学界和管理学界关注的热点话题。作为经济发展中不可或缺的两个关键要素，政府和市场扮演着目标相同而手段不同的角色。在市场经济发达的欧美国家，市场在资源配置的过程中发挥的作用要远大于政府，已经形成了以市场为主导的政府和市场关系模式。

对于正处于转型期的中国而言，政府和市场的关系更加值得深入分析。针对市场机制不健全等问题，中国逐步优化制度体系，已经探索和实践了多项改进措施，主要表现在：提高市场分配资源的比重，政府对宏观调控的手段由传统的行政命令方式转为经济手段、法律手段和行政手段相结合；减少农民的税费负担，利用市场机制调动农民种粮的积极性，切实提高农民收入，逐步推进“城市反哺农村”；减少政府对企业的干预，实行政企分开、自负盈亏，政府多做“裁判员”，少做“运动员”；减轻企业的税外负担，让企业真正成为企业，该由政府承担的社会责任要“卸包袱”；缩小政府规模，建设服务型政府，通过精兵简政，合并相同或相似的政府机构，裁撤非必需的组织设置，避免相互扯皮，提高工作效率。

制度的不断变迁推动了政府和市场关系的完善，为中国煤炭产业生产率增长注入了新的活力。通过政府“有形的手”和市场“无形的手”，在充分发挥市场在资源配置中起基础作用的前提下，政府采用经济、法律、行政等手段维护市场规则的公平、公正和公开，政府和市场共同为煤炭产业发展服务，创造良好的外部环境，促进生产率的提高。

（二）非国有经济的发展与煤炭产业生产率

中国的非国有经济一般包括个体经济、私营经济和三资企业等与国家所有制经济不同的经济成分，经历了曲折的发展道路。1981 年《关于建国以来党的若干历史问题的决议》第一次提出“国营经济和集体经济是我国基本的经济形式，一定范围的劳动者个体经济是公有制经济的补充”。1987 年，中共十三大确定了“私营经济、中外合资合作企业和外商独资企业等非公有制经济，是公有制必要的和有益的补充”。1992 年，中共十四大进一步提出“以公有制包括全民所有制和集体所有制经济为主体，个体经济、私营经济、外资经济为补充，多种经济成分长期共同发展，不同经济成分还可以自愿实行多种形式的联合经营”。1997 年，中共十五大明确把“公有制为主体、多种所有制经济共同发展”作为“我国社会主义初级阶段的一项基本经济制度”确定下来。2012 年中共十八大报告提出“毫不动摇地鼓励、支持、引导非公有制经济发展，保证各种所有制经济依法平等使用生产要素、公平参与市场竞争、同等受到法律保护”。

在产权改革的有力推动下，从新中国成立初期的消灭私有制到当前多种经济所有制共存，中国非公有制经济取得了蓬勃的发展，为经济增长做出了重要贡献。非国有企业坚持市场导向，加之体制灵活的特点，对煤炭产业生产率有积极的促进作用，具体表现在两方面：一是非国有企业自身生产率较高。国有企业组织结构相对比较僵化，经营决策需要考虑更多的社会因素，而且在一些重大问题上受到政府的干预，有可能错失市场良机。非国有企业则不存在上述障碍，能够根据市场需求的变化，及时调整经营策略，而且随着国家政策的放开，不断增多的非国有资本开始进入煤炭产业。真正的"自主经营、自负盈亏"使非国有企业重视投入产出效率。二是非国有企业的溢出效应。随着非国有企业实力的不断增强，国有企业将面临日益增加的竞争压力。为了不被市场淘汰，国有企业被迫改善经营管理，在人、财、物的使用方面科学决策，追求以更小的投入获得更大的产出。

（三）产品市场的发育程度与煤炭产业生产率

产品市场的发育程度包括价格由市场决定的程度以及减少商品市场上的地方保护程度两方面。

在价格的确定理论中，一直存在着"市场失灵"和"政府失灵"两种观点。所谓"市场失灵"是指市场法则有可能造成价格的扭曲，其原因在于市场机制在价格形成过程中的自发性。各个分散的经济主体只从自身的局部利益出发，按照市场信号调整供需，需要经过长期的、多次的反复，才有可能达到暂时平衡，而且即使是在暂时平衡状态，自利的经济主体也会将资源从低获利部门转移到高获利部门，从而造成供需的再次波动。"政府失灵"是指由于政府干预价格不当，并未实现纠正价格扭曲的预期目标，或者虽达到了预期目标但成本高昂，造成市场混乱加重。总的来说，经济学界的普遍认识是，在正常情况下价格应由市场决定。原因在于，政府对价格的决策不可能完全正确；政府干预的范围和力度难以准确掌握，有可能超出合理界限。价格由市场决定，一方面可以使企业优化投入结构，选择满足生产要求的成本最低的各种投入要素；另一方面可以使企业优化产出结构，选择满足市场需求的收益最高的各种产品，从而提高投入产出效率。

商品市场上的地方保护，是指地方政府为了保护地方经济利益或政治利益，利用行政权力干涉市场，设置市场障碍，限制外地企业进入，破坏市场的公平竞争机制。地方保护主义是我国煤炭产业健康发展的重要障碍。降低商品市场上的地方保护程度，有助于降低交易成本，淘汰那些效益低下、不能提供高品质产品或服务的企业，同时外地企业的进入对本地企业也是一种激励，能够发挥"鲶鱼效应"，推动本地企业提高效率。

（四）要素市场的发育程度与煤炭产业生产率

要素市场包括资金、劳动力和技术三个方面。

金融的本质是在储蓄者和投资者之间构筑桥梁，提供调节资金余缺的通道，克服资金供求中的信息不对称，降低交易成本。金融在煤炭产业增长中发挥着重要的纽带作用。通过金融系统，企业能有效克服从单个不同储户聚集资金的巨大成本和信息不对称问题。而且金融系统会根据收益性、安全性、流动性原则合理安排资金的投放，改变资金供给水平和配置格局，能够提高储蓄与投资的总水平和要素投入的绝对水平。同时，引导性的金融政策能够诱使社会其他资金向具有发展前景的产业转移，从而调整整个社会的资金配置，提高要素生产率。

劳动力流动是伴随经济发展而出现的一种人力资源在空间上的转移行为，主要有从农村向农村流动、从农村向城市流动、从城市向城市流动、从城市向农村流动四种形式，目前比较多的是从农村向城市流动以及从城市向城市流动。劳动力的自由流动，为高效率企业提供了“新鲜血液”，奠定了企业扩张的人力基础，使“强者做大”，而低效率企业要么招不到适合的劳动力而倒闭，要么提高待遇以吸引人才，增加劳动生产率。

技术在煤炭产业生产率增长中扮演着至关重要的角色。OECD 在 1997 年发布的《国家创新报告》指出：“创新产生不同主体和机构间复杂的相互作用的结果。技术变革并不是以一个完美的线性方式出现，而是系统内部各要素之间的作用和反馈的结果。这一系统的核心是企业，是企业组织生产和创新。”该报告还指出“企业的创新表现日益取决于通过并利用别处开发的创新及产品把技术推向社会。对于自身可能不是研究开发创新者的传统制造部门或服务行业，技术扩散尤为重要。”因此，技术创新不能仅停留在成果阶段，而是要市场化加以应用才能创造价值。技术成果的市场化能够促进技术的扩散，带动整个煤炭产业的技术进步，实现效率的普遍增长。

（五）市场中介组织的发育和法律制度环境与煤炭产业生产率

市场中介组织一般是指那些介于政府与企业、生产者与消费者之间，为市场主体提供信息咨询、培训、经纪、法律等各种服务的机构或组织。发达国家的经验表明，市场中介组织是宏观调控与市场调节相结合中不可缺少的环节，起到经济发展的“润滑剂”作用。随着市场经济的不断深入，中国的中介组织不断向正规化、规模化和专业化发展，所能提供的服务领域逐渐拓展。对煤炭产业而言，中介组织可提供企业发展中的改组、改制进行资产评估、财务审计、界定产权的咨询服务，以及帮助企业熟悉法律、法规或政府规章规范，了解市场，为外商提供企业的咨询信息，吸引外商投资等服务。中介组织是市场体系中的重要组成部分，是专业化分工的必然要求，其通过积极地参与市场，融入企业的各项经营管理决策，能够有效地降低交易成本，使资源的配置更加有效。

法律是正式的制度，以成文的形式约束人们的行为。法律制度是市场经济正常运行的必要条件，提供了一个公正、公开的“游戏规则”，保护各市场主体的合法权益。法律有助于解决企业在经营过程中遇到的纠纷，做到有据可依，减少在非生产活动上的资源浪费，节约交易成本。

市场化进程对煤炭产业生产率的作用机制如图 7-3 所示。

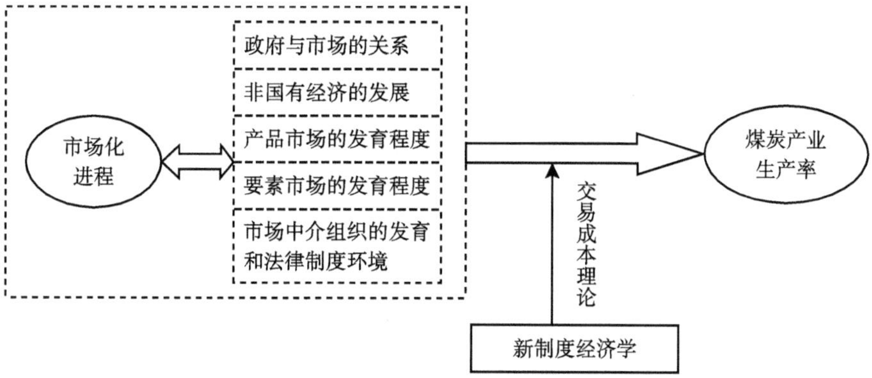

图 7-3　市场化进程对中国煤炭产业生产率的作用机制

第四节　基础设施与中国煤炭产业生产率

一、基础设施的内涵

基础设施概念起初用于军事领域，被引入经济增长的分析始于 20 世纪 40 年代。发展经济学家最早使用的是“社会先行资本”（Social Overhead Capital）这一提法。罗森斯坦·罗丹（1943）首次将“社会先行资本”界定为“在一般产业投资之前，一个社会应具备的基础设施方面的积累”。他认为，包括电力、运输、通信在内的基础产业构成社会经济的基础设施框架，其服务具有间接的生产性，由于这些行业的投资需要大规模的资金集聚和长时间的酝酿，因此其投资应优先于那些收益快的、直接生产性的投资。世界银行《1994 年世界发展报告》区分了经济基础设施和社会基础设施，其中经济基础设施是“永久性的成套的工程构筑、设备、设施和它们所提供的为所有企业生产和居民生活共同需要的服务”，具体包括：①公共设施，即电力、电信、自来水、卫生设施与排污、固体废弃物的收集与处理、管道煤气等；②公共工程，即道路、为灌溉和泄洪而建的大坝和水利设施等；③其他交通部门，即城市与城市间的铁路、市内交通、港口和航道、机场等。除经济基础设施之外的其他基础设施为“社会基础设施”，涵盖了文教、科研、医疗保健等方面。

目前，世界银行关于基础设施的定义较为权威，在学术界得到广泛的认同。本书采纳世界银行的观点。考虑到本部分的研究对象是基础设施对煤炭产业生产率的影响，属于经济范畴，因此本书所指的基础设施是狭义概念，特指经济基础设施，基础设施是煤炭产业生产率增长的外部驱动力之一。

二、基础设施与生产率相关性的理论基础

（一）发展经济学的观点

20 世纪 40 年代末期以来，由于传统经济学理论难以解释发展中国家的经济增长问题，以罗森斯坦·罗丹、赫希曼等为代表的经济学家创建了发展经济学，其中一个重要的研究方向就是基础设施问题。

罗森斯坦·罗丹（1943）提出“平衡增长大推进”战略，认为“工业或整个国民经济的各个产业部门同时进行大规模投资，使工业或国民经济各部门按同一比率或不同比率全面得到发展”。他充分肯定了“社会先行资本”在工业化过程中所起的决定性作用。基础设施投资规模巨大，各子项目之间相互联系，相互依存，必须同时建成才能发挥“合力”作用。社会先行资本为经济增长的贡献是间接的，为其他工业产业部门创造了投资机会。

与罗森斯坦·罗丹相反，赫希曼（1958）提出了著名的“不平衡增长理论”。他认为，对于发展中国家而言，由于资源有限，实现各产业间的平衡增长是很难的。应推行不平衡增长，即集中力量先发展一部分产业，然后再直接或间接地带动对其他产业的投资。对于具体实践，他建议，在保障直接生产活动所需要的最少基础设施供给的前提下，发展中国家需要集中资本投资于直接生产活动，以尽快地获得投资收益，待直接生产部门发展到一定程度之后，再利用一部分积累的收益投资于基础设施，带动其增长。赫希曼强调基础设施投资的市场调节机制，应以优先发展直接生产部门造成的“瓶颈”压力来刺激基础设施的发展，实现“诱致性投资”。

发展经济学的争议在于基础设施投资和直接生产投资孰先孰后的问题，但无论如何，基础设施在经济增长中的基础地位是毋庸置疑的。

（二）内生增长理论的观点

发展经济学关于基础设施的观点主要是来自对历史和现状的观察，内生增长理论则将基础设施纳入经济增长模型。Barro（1990）认为包括基础设施在内的公共服务可以阻止收益递减，产生内生增长。他考虑基础设施投资，构建的 C–D 生产函数为：

$$Y = AL^{1-\alpha}K^{\alpha}G^{1-\alpha}$$

其中，A 代表希克斯中性技术进步，L 代表劳动力投入，K 代表非基础设施投资，G 代表基础设施投资，$0 < \alpha < 1$。

为平衡预算，基础设施来自于对产出征收一个正税率的比例税，即：

$$G = \tau Y$$

基于拉姆齐法则，给出最大效用函数如下：

$$\max U(0) = \int_0^{\infty} e^{-(\rho-n)^t} \cdot \frac{c^{1-\theta}-1}{1-\theta} dt$$

通过构建汉密尔顿函数，并求解，可得出增长率：

$$\gamma = \frac{1}{\theta}[(1-\tau)\alpha A^{\frac{1}{\alpha}}(\tau L)^{\frac{1-\alpha}{\alpha}} - \delta - \rho - r]$$

上式表明，基础设施投资能够在均衡条件下实现内生增长。

三、基础设施对中国煤炭产业生产率的作用机制

首先，基础设施发展能够提高煤炭产业的产出。基础设施投资能够创造就业岗位，提高居民收入，而且可以刺激消费。例如，对于城市居民而言，良好的通信和广播电视条件，可以带动手机和电视机的消费；良好的交通运输条件，可以带动旅游和物流的发展。对于农村居民而言，良好的通信和广播电视条件，可以开阔眼界，及时了解外部市场信息，调整农产品种植结构；良好的交通运输条件，可以让农产品迅速运往全国各地，快速实现商品化，转化为现金；良好的水电条件，可以大力发展水利，减少自然灾害带来的损失，采用先进的机器设备，提高农业生产效率。而且基础设施行业吸纳了大量的农民工，使农民获得了其他收入来源，提高其消费能力。居民收入和消费能力的增强，能够带动对相关产品的需求，进而刺激对能源的需求，促使煤炭产业增加产出。

其次，基础设施发展能够降低煤炭产业的生产成本。水、电等基础设施的投资，能够促进水、电生产的技术进步，压缩水、电产品的生产成本，降低水、电商品的价格，对于将水、电作为重要的辅助生产资料的煤炭产业而言，是一项重大的成本节约。交通等基础设施的投资，一方面能够减少商品在路途上的运输时间，从而及时抓住市场的合适价位，获取盈利，同时可以降低路途损耗；另一方面减少原材料的运输时间，防止发生停工停产损失以及可能导致的违约损失。通信等基础设施的投资，有助于迅速实现信息的上传下达，内外沟通，实现生产的信息化、智能化。生产成本的降低还有助于提高本国产品在国际市场上的竞争力，促进对外出口，而出口的增加又能反过来推动国内煤炭产业的发展，从而实现良性互动。基础设施对中国煤炭产业生产率的作用机制如图 7-4 所示。

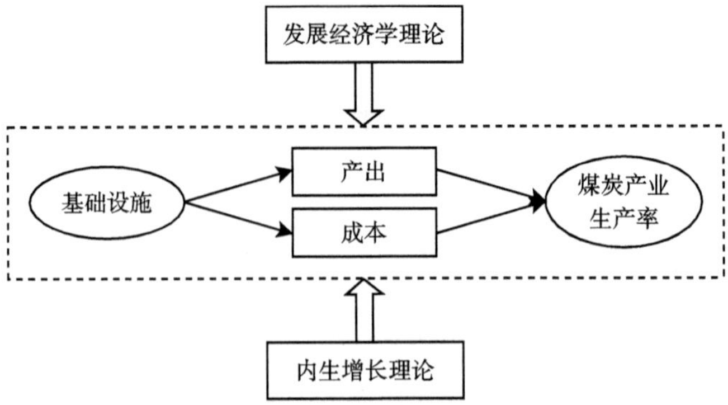

图 7-4　基础设施对中国煤炭产业生产率的作用机制

第八章　中国煤炭产业生产率影响因素实证分析

本章在中国煤炭产业生产率影响因素理论研究的基础上，分别构建未考虑环境约束和考虑环境约束的煤炭产业生产率影响因素实证研究模型，并利用 1999~2011 年中国省级煤炭产业面板数据对模型进行实证检验。本章包括以下几个部分：首先，介绍实证研究模型的构建以及所涉及的相关数据的来源及指标的选取；其次，对相关指标进行描述性统计和分析；再次，采用面板数据分析方法对实证研究模型进行形式检验及得出实证研究结果；最后，对实证研究结果进行深入讨论。

第一节　中国煤炭产业生产率影响因素检验模型构建

第七章对中国煤炭产业生产率影响因素作了详细分析，分别对技术创新、进出口、市场化进程、基础设施以及环境规制对中国煤炭产业生产率的作用机制进行了理论研究，并在环境规制的背景下，深入剖析了环境规制通过影响技术创新和进出口对中国煤炭产业生产率的间接影响。本节将结合第七章的理论研究结论，构建未考虑环境约束和考虑环境约束的中国煤炭产业生产率影响因素实证研究的计量模型。

未考虑环境约束的中国省级煤炭产业生产率影响因素的实证研究模型为：

$$SCL_{it} = \delta + \alpha JSCX_{it} + \beta JCK_{it} + \gamma SHH_{it} + \varphi JCSS_{it} + \varepsilon_{it} \tag{8-1}$$

考虑环境约束的中国省级煤炭产业生产率影响因素的实证研究模型为：

$$SCL_{it} = \delta + \alpha JSCX_{it} + \beta JCK_{it} + \theta JSCX_{it} \times HJGZ_{it} + \phi JCK_{it} \times HJGZ_{it} + \eta HJGZ_{it} + \gamma SHH_{it} + \varphi JCSS_{it} + \varepsilon_{it} \tag{8-2}$$

式（8-1）和式（8-2）中，变量下标 i 代表不同省份，下标 t 代表不同的年份；δ、α、β、θ、ϕ、η、γ、φ 均为待估参数，ε 表示其他没有观测到的影响各地区煤炭产业 *ML* 生产率的因素。*SCL* 表示生产率增长率，*JSCX* 表示专利增长率，*JCK* 表示对外开放度的变化，*HJGZ* 表示环境规制强度的变化，*SHH*表示市场化指数变化率，*JCSS*表示基础设施水平的变化。具体系数的含义下文将详细阐述。

目前，对于多元回归计量模型的估计，已有的研究大多采用简单的时间序列或某一特定时点的截面数据，并运用普通最小二乘法（OLS）进行回归计算，估计各变量的系数。这样的运算存在一定的局限性：中国幅员辽阔，地区间差异十分显著，采用简单的时间序列数据分析不能反映中国地区间煤炭产业的差别性；采用某一特定时点上的横截面数据（通常为某一年中国各省、市及自治区的有关数据）只能静态反映某一时点的经济情况，不能全面动态反映一个时段经济现象的变化。同时，由于中国有关技术创新、进出口、市场化进程、环境规制以及基础设施水平等数据统计不够完整，直到 20 世纪 90 年代后期才有相关的连续数据。为了克服时序数据和横截面数据的局限以及样本不足的问题，本章对中国省级煤炭产业生产率影响因素实证研究时采用了面板数据（Panel Data）的分析方法。

在面板数据模型中，使用的样本数据包含个体、指标、时间三个方向上的信息，模型形式设定的正确与否，将直接关系到估计结果的可靠性。因此，首先要在常截距和变截距模型之间做出选择。它们的区别在于，常截距模型假定所有的地区都是同质的，完全不考虑地区之间的差异；而变截距模型考虑了不同省份煤炭产业之间存在的不同。本章在面板数据模型设定时所采用的检验方法是协方差分析，该方法主要是通过 F 检验来对模型形式进行设定。

建立假设：

H0：$\alpha_i=\alpha$。模型中不同个体的截距相同（真实模型为常截距模型）。

H1：模型中不同个体的截距项 α_i 不同（真实模型为变截距模型）。

F 统计量定义为：

$$F=\frac{(SSE_r-SSE_u)/[(NT-k-1)-(NT-N-k)]}{SSE_u/(NT-N-k)}$$
$$=\frac{(SSE_r-SSE_u)/(N-1)}{SSE_u/(NT-N-k)}\sim F(n-1,\ nT-n-k) \tag{8-3}$$

其中，SSE_r 表示施加约束条件后估计模型的残差平方和（常截距模型），SSE_u 表示未施加约束条件的估计模型的残差平方和（变截距模型），NT 表示样本容量，N 表示横截面数量，k 表示未加约束的模型中被估参数的个数（未施加约束模型比约束模型多了 $N-1$ 个被估参数）。在给定的显著性水平 α 下，如果 $F<F_\alpha(n-1,\ nT-n-k)$，则接受零假设，即认为设定的常截距模型是可靠的，反之则拒绝零假设，认为应该采用变截距模型进行回归。

未考虑环境约束的中国省级煤炭产业生产率影响因素的实证研究变截距模型形式如下：

$$SCL_{it}=\alpha JSCX_{it}+\beta JCK_{it}+\gamma SHH_{it}+\varphi JCSS_{it}+b+\varepsilon_{it} \tag{8-4}$$

考虑环境约束的中国省级煤炭产业生产率影响因素的实证研究变截距模型形式如下：

$$SCL_{it}=\alpha JSCX_{it}+\beta JCK_{it}+\theta JSCX_{it}\times HJGZ_{it}+\phi JCK_{it}\times HJGZ_{it}+\eta HJGZ_{it}+\gamma SHH_{it}+\varphi JCSS_{it}+b+\varepsilon_{it} \tag{8-5}$$

变截距模型主要有两种方法：一种是使用固定效应模型，另一种是使用随机效应模型。固定效应模型假定各组之间的差别可以由常数项的差别来说明，在回归结果中直接体现为截距项的不同，而随机效应模型则假定这种地区之间的差异服从某一随机分布，可以用一个随机变量来表示。

未考虑环境约束的中国省级煤炭产业生产率影响因素的实证研究固定效应模型形式如下：

$$SCL_{it}=\alpha JSCX_{it}+\beta JCK_{it}+\gamma SHH_{it}+\varphi JCSS_{it}+c_i+\varepsilon_{it} \tag{8-6}$$

考虑环境约束的中国省级煤炭产业生产率影响因素的实证研究固定效应模型形式如下：

$$SCL_{it}=\delta+\alpha JSCX_{it}+\beta JCK_{it}+\theta JSCX_{it}\times HJGZ_{it}+\phi JCK_{it}\times HJGZ_{it}+\eta HJGZ_{it}+\gamma SHH_{it}+\varphi JCSS_{it}+c_i+\varepsilon_{it} \tag{8-7}$$

未考虑环境约束的中国省级煤炭生产率影响因素的实证研究随机效应模型形式如下：

$$SCL_{it}=\alpha JSCX_{it}+\beta JCK_{it}+\gamma SHH_{it}+\varphi JCSS_{it}+b+\mu_i+\varepsilon_{it} \tag{8-8}$$

考虑环境约束的中国省级煤炭生产率影响因素的实证研究随机效应模型形式如下：

$$SCL_{it}=\delta+\alpha JSCX_{it}+\beta JCK_{it}+\theta JSCX_{it}\times HJGZ_{it}+\phi JCK_{it}\times HJGZ_{it}+\eta HJGZ_{it}+\gamma SHH_{it}+\varphi JCSS_{it}+b+\mu_i+\varepsilon_{it} \tag{8-9}$$

在式（8-4）、式（8-5）、式（8-6）、式（8-7）、式（8-8）和式（8-9）中，变量下标 i 代表不同地区，下标 t 代表不同的年份。在式（8-6）、式（8-7）、式(8-8）和式（8-9）中，c_i 和 μ_i 分别表示其他没有观测到的地区因素的影响，其中 u_i 服从随机分布，c_i 是只与地区相关的一个常数。ε_{it} 表示残差项。

在常截距模型、固定效应模型和随机效应模型中，各变量前面的参数是本部分实证研究的重点，如果系数显著为正，就说明这一因素的变化促进了中国煤炭产业环境生产率水平的提高；反之，如果系数显著为负，就说明这一因素的变化抑制了中国煤炭产业环境生产率水平的提高。在式（8-2）、式（8-5）、式（8-7）和式（8-9）中，环境规制变量前面的系数表示环境规制对中国煤炭产业生产率的直接影响，环境规制和技术创新以及环境规制和进出口交叉变量前面系数分别表示环境规制通过技术创新和环境规制通过进出口中介作用对中国煤炭产业生产率的间接影响。需要注意的是，因为这三个模型的假定不同，三个模型中可能影响参数估计值的因素也并不一样。一般来说，因为面板数据同时包含了横截面因素和时间序列因素，所以参数估计值可能会同时受到两种不同因素的影响，一种是不同组别数据之间的差异，称作组间效应（Between Effect，在数据里就是指不同地区之间的差异），另一种是同一组数据内部不同年份之间的变化，称作组内效应（Within Effect，在数据里就是指同一地区不同年份之间的差异）。在固定效应模型中，所有的组间效应都已经通过固定效应消除掉，系数只取决于组内效应。常截距模型因为根本就没有考虑地区差异，所以系数同时由组内效应和组间效应决定。而在随机效应模型中尽管考虑了地区之间的差异，但只有地区之间的差异服从正态分布时，系数才会完全不受组间效应的影响，一旦这个假定不成立，系数也可能会受到组间效应的影响。

需要说明的是，由于本章实证研究数据截面上的样本点相对较大，考虑到各省份煤炭产业生产率水平差异可能会造成面板数据模型中的异方差问题，本书在回归过程中采用怀特异方差修正方法对这一问题进行了处理。

第二节 数据来源与指标选取

本章选取的是全国 26 个省份（市、自治区）1999~2011 年共 13 年省级煤炭产业的面板数据（上文已经说明，由于天津市、上海市、广东省、海南省和西藏自治区煤炭产业部分年份的数据缺失，因此，为了保持数据的连续性，在计量过程中将其删除），样本数为 338 个。本章实证研究的数据主要来源于《中国统计年鉴》（各年）、《中国能源统计年鉴》（各年）以及高校财经数据库、资讯行数据库、《中国环境统计年鉴》（各年）、《中国工业经济统计年鉴》（各年）等。下面对本部分实证研究所涉及的变量作简要说明。

一、技术创新

技术创新过程的性质特点决定了我们无法直接衡量技术创新的质量和数量。因此，对于技术创新的度量通常采用一些替代性指标来反映。

本书采用全部专利的数量来代表技术创新的产出水平。之所以将专利作为衡量地区技术创新水平的一个重要指标，主要是基于下面两方面的原因：首先，随着中国专利保护制度的不断健全和完善，越来越多的科研人员选择以申请专利的形式对其研究程度进行保护，因此，专利授权量有着较强的代表性。其次，在各种研究开发数据中，各省份专利的数据较为全面，具有可得性和可比性等优点。此外，专利指标还具有一些其他层面的特点，例如，可以将专利视为与技术研究开发本身具有紧密联系的数据；只要专利批准标准不变，其数据的客观性就是可以预期的。

二、进出口水平

煤炭产业的进出口水平涉及很多方面，如贸易国际化程度、资本国际化程度、劳动力跨国流动水平、技术引进和输出等。根据操作上简便易行、指标上具有可比性和连续性、资料易于搜集和量化等原则，考虑到各省份煤炭产业进出口数据缺失问题，本章选择地区进出口总额占 GDP 的比重建立进出口水平这一指标。

三、市场化进程

一般来讲，市场化进程由以下五个方面的数据合成，分别是政府与市场的关系（由市场分配经济资源的比重、减轻农民的税费负担、减少政府对企业的干预、减轻企业的税外负担、缩小政府规模五个方面组成）、非国有经济的发展（由非国有经济在工业销售收入中所占比重、非国有经济在全社会固定资产总投资中所占比重、非国有经济就业人员占城镇总就业人数的比例三方面组成）、产品市场的发育（由价格由市场决定的程度、减少商品市场上的地方保护两方面组成）、要素市场的发育程度（由金融业的市场化、引进外资的程度、劳动力的流动性、技术成果市场化四个方面组成）以及市场中介组织的发育和法律制度环境（由市场中介组织的发育、对生产者合法权益的保护、知识产权保护、消费者权益保护四个方面组成），具体指数的合成方式详见樊纲等（2011）的《中国市场化指数》一书。但是具体到各省煤炭产业，本书采用 1 减去各省国有重点煤矿的原煤产量占各地区原煤产量的比重来表示，数值越大，表示市场化进程越快。

四、环境规制

关于环境规制强度的衡量问题，学者们采用了多个不同的方法和指标，比如污染治理支出和成本、环境管理情况以及污染排放情况等。由于数据可得性问题，本书主要采用地区工业部门环境规制程度来近似代替该地区煤炭产业的环境规制程度。综合比较各项指标数据，一般来讲，在服从理性人假设的前提下，某地区工业部门环境规制强度也越大，其在环境保护方面的投入力度就会越大，环境污染物的处理率或达标排放率越大。因此，本书根据 Quiroga 等（2007）所提出的标准，采用环境成本支付率，即环境已支付成本占环境总成本的比重来衡量环境规制强度大小（金碚，2010）。环境成本支付率越大，说明该地区工业部门环境规制强度越大。具体测算公式如下：

$$ECL_t = \frac{\sum_{i=1}^{n} I_{it}}{\sum_{i=1}^{n} \frac{I_{it}}{DEQ_{it}} \times TEQ_{it}} \qquad t = 1, 2, 3, \cdots, T \tag{8-10}$$

式中，ECL_t 表示第 t 年地区工业部门环境成本支付率；I_{it} 表示第 t 年第 i 种污染排放物实际处理投资额，DEQ_{it} 表示第 t 年第 i 种污染排放物的处理量或达标排放量，DEQ_{it} 除 I_{it} 表示第 t 年第 i种污染排放物的单位处理成本；TEQ_{it} 表示第 t 年第 i 种污染排放物的实际排放量。具体计算时，本书选取工业二氧化硫、工业废水作为环境污染物的代表。

五、基础设施

本章实证研究所指的基础设施主要是指狭义的基础设施。结合第七章对基础设施的定义和数据的可得性，选取交通基础设施、能源基础设施、通信基础设施和城市基础设施这四个指标来衡量 1999~2011 年各省份基础设施水平，其中前面的三个指标是以基础设施的功能进行分类的，而将城市基础设施也纳入进来的原因是：第一，该指标的数据连续性与可得性都较好；第二，该指标所包含的各个子项目都包含在本书对基础设施的定义中。表 8-1 是各个指标体系所包含的子项目（指标）。

表 8-1　各省基础设施评价指标体系

指标	子项目
交通基础设施	铁路营运里程（里） 内河航道里程（里） 等级公路里程（里）
能源基础设施	电力消费量（亿千瓦小时） 能源消费量（万吨标准煤）

续表

指标	子项目
通信基础设施	邮政局所（处） 邮路总长度（公里） 长途电话（万次） 移动电话用户（万户） 互联网人数（万人） 长途自动交换机容量（路端） 本地电话局用交换机容量（万门） 长途光缆线路长度（公里） 长途微波线路长度（公里）
城市基础设施	城市用水普及率（%） 城市燃气普及率（%） 每万人拥有公共交通车辆（标台） 人均拥有道路面积（平方米） 人均公共绿地面积（平方米） 每万人拥有公共厕所（座）

某一特定的指标是无法全面地表示基础设施这一变量的。因此，需要构建一个能够将多个单个因素指标综合起来考虑的指标。传统多指标综合评价方法中的指标权重的设置往往带有一定的主观随意性。另外，虽然多指标大样本可以为综合评价提供丰富的信息，但在一定程度上增加了评价工作的复杂性。而将多元统计引入综合评价方法，如主成分分析法。主成分分析法是把多个变量（指标）作线性组合，化为少数几个综合变量，即主成分，而这几个主成分可以反映原来多个变量的大部分信息的一种统计方法。本章将主成分分析方法用来评价各省份的基础设施水平，一共有 26 个省份（被评价对象），20 个评价指标，则构成了原始数据矩阵 $X=[x_{ij}]_{m\times n}$，其中 x_{ij} 为第 i 项被评价对象的第 j 项指标数据。具体步骤如下：

第一，对原始数据进行标准化处理。在基础设施水平的评价中，为了消除量纲的影响以及各指标在数量级上的差别，使其具有可比性，需要对数据进行标准化处理，通常采用下式进行：

$$\overset{*}{x}_{ij}=\frac{x_{ij}-\overline{x_j}}{S_j} \tag{8-11}$$

其中，$\overset{*}{x}_{ij}$ 是 x_{ij} 的标准化后的指标数据，$\overline{x_j}$ 和 S_j 分别是第 j 个评价指标的样本均值和样本标准差。

第二，建立指标的相关系数矩阵。计算出指标的相关系数矩阵 $R=[r_{ij}]_{m\times n}$，其中 r_{ij} 是 $\overset{*}{x}_i$ 与 $\overset{*}{x}_j$ 的相关系数。

第三，计算特征根及主成分。利用特征方程式 $|\lambda I-R|=0$ 可求得相关矩阵 R

的 n 个特征根 $\lambda_p(p=1, 2, \cdots, n)$，及对应的特征向量 $u_1, u_2, \cdots, u_n$，其中，$u_i=(u_{i1}, u_{i2}, \cdots, u_{in})(i=1, 2, \cdots, n)$，并按照特征根的大小顺序排列为 $\lambda_1 \geqslant \lambda_2 \geqslant \cdots \geqslant \lambda_n > 0$。另外，将标准化后的指标向量［$x_1^*, x_2^*, \cdots, x_n^*$］转为主成分 $F_i(i=1, 2, \cdots, n)$，其中 F_1 是第一主成分，以下依次类推：

$$F_i = u_{i1}x_1^* + u_{i2}x_2^* + \cdots + u_{in}x_n^* \tag{8-12}$$

第四，确定主成分数个数。

第 i 项主成分 F_i 的特征值即为该主成分的方差，方差越大，对总变差的贡献也越大，其贡献率为 $\alpha_i = \lambda_i / \sum_{k=1}^{n}\lambda_k$，其中 α_i 反映了第 i 项主成分综合原始变量信息的百分比，α_i 越大，F_i 综合的信息越多。选取使主成分累积贡献率 $\sum_{i=1}^{m}\alpha_i \geqslant 85\%$（通常要求达到或超过 85%）的最小整数 m，此时 m 就是主成分的个数。

第五，综合评价。以选取 m 个主成分的方差贡献率为权重，构造综合评价函数：

$$F = \alpha_1F_1 + \alpha_2F_2 + \cdots + \alpha_mF_m \tag{8-13}$$

然后根据综合指标值 F，对各被评价对象进行评价，最终确定各年各省的基础设施水平。

第三节　变量的描述性统计与分析

一、技术创新

本书实证研究模型将技术创新纳入煤炭产业生产率以及技术效率的影响因素中，但是上文已经提及，技术创新是难以衡量的变量，本书从数据的可得性、连续性以及代表性来考虑，采用全部专利数来衡量技术创新水平。图 8-1 表示 1999~2011 年各年全部样本省份专利授权数。

从图 8-1 可以看出，1999~2011 年样本省份各年专利授权数都呈增长趋势，尤其 2005 年以后增速大幅度加快，1999 年样本省份专利授权数为 62287 件，到 2011 年专利授权数已经达到 672665 件，年均增速为 23.08%。表 8-2 是主要年份样本省份各省的专利授权数据。

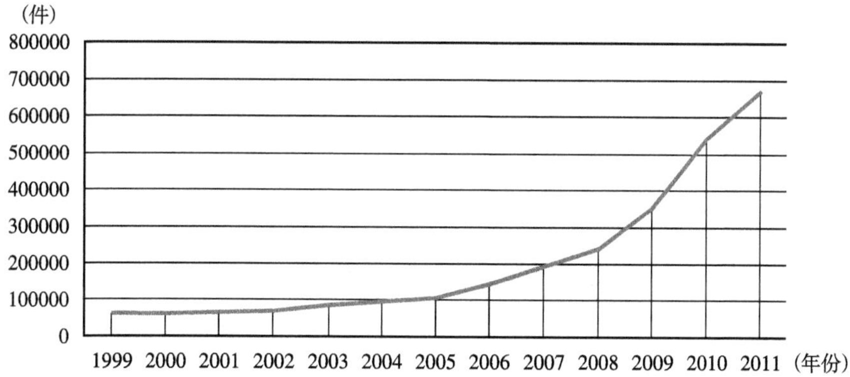

图 8–1 1999~2011 年样本省份全部专利授权数

表 8–2 主要年份各省专利授权数

单位：件

省份	1999	2002	2005	2008	2009	2010	2011
北京	5829	6345	10100	17747	22921	33511	40888
河北	3011	3353	3585	5496	6839	10061	11119
山西	920	934	1220	2279	3227	4752	4974
内蒙古	723	679	845	1328	1494	2096	2262
辽宁	4906	4551	6195	10665	12198	17093	19176
吉林	1550	1507	2023	2984	3275	4343	4920
黑龙江	2378	2083	2906	4574	5079	6780	12236
江苏	6143	7595	13580	44438	87286	138382	199814
浙江	7071	10479	19056	52935	79945	114643	130190
安徽	1422	1419	1939	4346	8594	16012	32681
福建	2934	4001	5147	7937	11282	18063	21857
江西	1011	1044	1361	2295	2915	4349	5550
山东	6536	7293	10743	26688	34513	51490	58844
河南	2871	2590	3748	9133	11425	16539	19259
湖北	2228	2209	3860	8374	11357	17362	19035
湖南	2523	2347	3659	6133	8309	13873	16064
广西	1232	1054	1225	2228	2702	3647	4402
重庆	1078	1761	3591	4820	7501	12080	15525
四川	2921	3403	4606	13369	20132	32212	28446
贵州	620	615	925	1728	2084	3086	3386
云南	1185	1128	1381	2021	2923	3823	4199
陕西	1569	1524	1894	4392	6087	10034	11662
甘肃	494	397	547	1047	1274	1868	2383

续表

省份	1999	2002	2005	2008	2009	2010	2011
青海	123	85	79	228	368	264	538
宁夏	150	216	214	606	910	1081	613
新疆	859	627	921	1493	1866	2562	2642

从表 8-2 可以看出，样本期内各省专利授权数都存在不同幅度的增长。专利授权数排名前五位的省份依次是江苏、浙江、山东、北京和四川，2011 年的专利授权数分别为 199814、130190、58844、40888、28446 件；而专利授权数排名后五位的省份依次是青海、宁夏、甘肃、内蒙古和新疆，其 2011 年专利授权数分别为 538、613、2383、2262、2642 件。由以上数据可以看出，中国东部沿海地区专利授权数的绝对数和相对数都要远远高于中西部地区，这说明东部地区的技术创新水平要明显高于中西部地区，这可能与东部地区经济发展水平、基础设施等较发达，能够吸引更多优秀的研究与开发人才有关。

二、进出口水平

对外贸易亦称“国外贸易”或“进出口贸易”，简称“外贸”，是指一个国家（地区）与另一个国家（地区）之间的商品、劳务和技术的交换活动，这种贸易由进口和出口两个部分组成。而一国的外贸依存率则是考察这个国家对贸易的依赖程度，一般用对外贸易额进出口总值在国民生产总值或国内生产总值中所占比重来表示，比重的变化意味着对外贸易在国民经济中所处地位的变化。中国真正意义上的对外贸易是从 1978 年改革开放开始的。1978 年，中国共产党第十一届三中全会确立了以经济建设为中心，实行改革开放，发展国民经济、加快社会主义现代化建设的路线。改革开放以来，对外贸易作为对外开放基本国策的重要内容，取得了举世瞩目的巨大成就。1978 年，中国对外贸易总额仅为 206.38 亿美元，其中出口 97.45 亿美元，进口 108.936 亿美元，而 2008 年中国进出口总额已经达到 36418.6 亿美元，其中，出口 18983.8 亿美元，进口 17434.8 亿美元。

图 8-2 表示中国 1999~2011 年对外贸易状况（各年数据均是 1999 年变价）。从表中可以看出，除 1999 年由于受亚洲金融危机影响以及 2008 年受到美国次贷危机的影响，中国进出口总额增速有所放缓外，其余各年均呈高速增长趋势。

表 8-3 和表 8-4 分别是样本期内主要年份中国各省的进出口总额数据和各省贸易依存度的数据（各年数据均是 1999 年变价）。

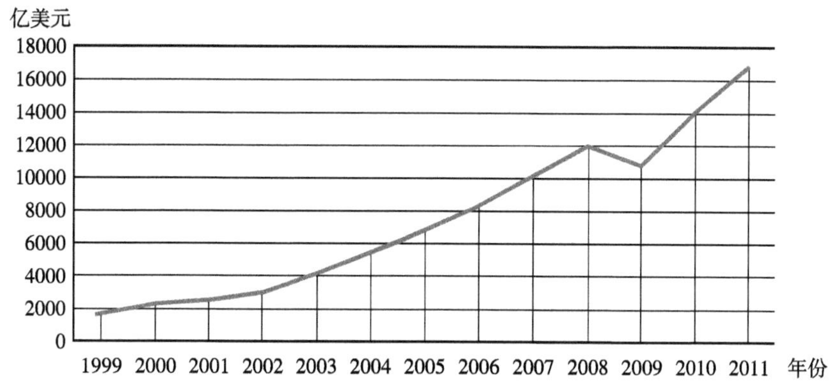

图 8-2 中国 1999~2011 年对外贸易状况

表 8-3 主要年份各省进出口总额

单位：亿美元

省份	1999	2004	2007	2009	2010	2011
北京	343.60	919.16	1874.08	2138.25	2939.78	3710.24
河北	45.80	108.23	181.64	202.66	263.95	312.33
山西	12.87	39.40	70.87	46.61	62.47	68.13
内蒙古	16.08	36.53	61.07	49.36	59.61	75.58
辽宁	137.30	295.82	447.25	454.03	542.16	605.72
吉林	22.17	60.73	84.52	95.58	130.34	161.96
黑龙江	21.91	46.56	87.80	82.68	113.03	152.37
江苏	312.61	1603.73	3071.84	2988.39	3829.74	4177.37
浙江	183.05	837.70	1598.94	1714.73	2180.59	2534.17
安徽	26.49	66.17	132.47	129.60	184.09	219.26
福建	176.20	480.02	750.50	818.64	1083.40	1375.73
江西	13.14	31.72	66.95	91.50	134.26	175.59
山东	182.71	532.31	979.92	1087.42	1379.89	1623.38
河南	17.50	55.46	92.24	91.25	112.00	191.15
湖北	26.81	62.60	122.95	140.74	201.68	245.04
湖南	19.56	48.17	73.25	74.44	100.55	119.79
广西	17.53	35.47	63.86	96.29	106.99	129.83
重庆	12.10	39.32	69.66	71.41	111.61	252.71
四川	24.71	67.37	128.17	204.16	263.03	357.83
贵州	5.48	13.36	17.08	16.20	21.13	31.14
云南	16.60	34.22	69.38	65.69	100.76	114.86
陕西	20.08	31.30	47.53	55.68	73.75	83.27

续表

省份	1999	2004	2007	2009	2010	2011
甘肃	4.06	13.57	33.31	24.54	40.87	43.41
青海	1.08	4.96	4.20	4.10	5.04	5.49
宁夏	3.18	7.67	11.44	8.19	12.24	13.03
新疆	17.65	34.69	59.55	60.85	59.64	69.21

表 8-4　主要年份各省贸易依存度

省份	1999	2004	2007	2009	2010	2011
北京	1.31	1.29	1.49	1.21	1.45	1.55
河北	0.08	0.13	0.14	0.12	0.14	0.14
山西	0.07	0.12	0.15	0.08	0.09	0.08
内蒙古	0.10	0.11	0.09	0.05	0.05	0.05
辽宁	0.27	0.43	0.41	0.28	0.30	0.28
吉林	0.11	0.18	0.15	0.11	0.13	0.13
黑龙江	0.06	0.12	0.19	0.13	0.17	0.20
江苏	0.34	0.94	1.02	0.67	0.76	0.71
浙江	0.28	0.61	0.72	0.56	0.62	0.62
安徽	0.08	0.13	0.16	0.11	0.13	0.13
福建	0.41	0.68	0.61	0.44	0.50	0.53
江西	0.06	0.08	0.12	0.11	0.15	0.17
山东	0.20	0.33	0.36	0.28	0.33	0.34
河南	0.03	0.06	0.06	0.05	0.05	0.08
湖北	0.06	0.10	0.12	0.09	0.11	0.11
湖南	0.05	0.08	0.08	0.05	0.06	0.06
广西	0.07	0.10	0.12	0.13	0.13	0.13
重庆	0.07	0.12	0.12	0.08	0.11	0.19
四川	0.06	0.09	0.10	0.12	0.13	0.15
贵州	0.05	0.07	0.06	0.04	0.05	0.06
云南	0.07	0.10	0.14	0.09	0.13	0.12
陕西	0.11	0.09	0.09	0.07	0.08	0.08
甘肃	0.04	0.09	0.15	0.08	0.12	0.11
青海	0.04	0.10	0.06	0.04	0.04	0.04
宁夏	0.11	0.14	0.13	0.06	0.08	0.07
新疆	0.13	0.21	0.30	0.22	0.21	0.22

从表 8-3 和表 8-4 的 1999~2011 年分省的数据可以看出，无论是从进出口总额的绝对数来讲还是从贸易依存度相对数来看，东部地区的对外贸易水平都明显高于中西部地区，进出口总额排名前五的省份依次为江苏、北京、浙江、山东和福建；贸易依存度排名前五的省份依次为北京、江苏、浙江、福建和辽宁。中国的对外贸易多集中于东南沿海地区，而中西部地区则较少。2011 年，样本省份中东部沿海地区 11 个省市的进出口总额超过全部样本省份的 80%，其他地区只占不到 20%。这种差距的形成主要有以下三个方面的原因：一是不同地区在改革的初期所面临的初始条件是不同的，初始条件的差异构成了不同地区在改革过程中的收获各不相同。二是政府在开放次序方面的安排使得不同地区在改革中所能够获得的收益存在较大的差异。改革开放伊始，中国政府的经济政策便向东部沿海地区倾斜，五个经济特区、十四个沿海开放城市都在东部，这使得东部地区经济得到巨大发展。三是地理位置因素。东中西部地区之间在自然条件及地理位置方面的差异也不利于中西部地区。从地理区位上讲，东南沿海地区拥有众多的港口码头、密集的公路和铁路网，并且与经济发达的中国香港、中国澳门、中国台湾、日本、韩国相比邻，具有其他地区无法比拟的地缘优势。同时，东部地区气候条件好，物产丰富，适宜生产及生活，这些都使东部地区在对外贸易发展中获得一种比较优势，从而能够先行一步。

三、市场化进程

以 1978 年 12 月召开的中共十一届三中全会为标志，中国从计划经济体制向市场经济体制进行转轨的改革已经经历了 30 多年。尽管这个过程还没有结束，但是市场化进展取得了举世公认的成功。在走向市场的改革期间，中国经济保持了年均接近 10%的高速增长，大多数人的生活水平显著提高，中国经济实力显著增强，中国基本上已经摆脱过去的计划经济模式，事实也证明向市场经济转轨的基本改革方向是正确的，改革在总体上是成功的。然而，煤炭产业由于其特殊的自然属性和社会属性，其加工对象是自然矿物的煤炭资源，扩大煤炭企业规模可以更大程度地发挥资源集中的优势，从而产生协同效应，世界各国的发展规律也表明了煤炭产业垄断性生产是煤炭产业发展壮大的必然趋势，我国煤炭产业经历过几次产权改革之后（详见第三章），产业的市场集中度进一步加大，国有性质的煤炭企业比例也有所上升，这与世界煤炭产业发展大趋势相吻合，但是也有部分省份国有煤矿比例相对较低，如福建省、宁夏回族自治区和青海省等，这与这些省份煤炭资源的自然禀赋差存在一定关系。样本期内主要年份我国各省煤炭产业的市场化水平详见表 8-5 所示。

表 8-5 1999~2011 年各省煤炭产业市场化水平

省份	1999	2002	2004	2006	2008	2011
北京	0.45	0.40	0.51	0.28	0.16	0.21
河北	0.34	0.17	0.29	0.32	0.20	0.05
山西	0.57	0.62	0.62	0.59	0.53	0.53
内蒙古	0.77	0.81	0.83	0.84	0.79	0.88
辽宁	0.22	0.22	0.26	0.26	0.17	0.16
吉林	0.48	0.38	0.56	0.52	0.43	0.35
黑龙江	0.40	0.34	0.44	0.49	0.43	0.44
江苏	0.47	0.40	0.43	0.29	0.18	0.21
浙江	0.18	0.10	0.17	0.08	0.00	0.00
安徽	0.35	0.33	0.34	0.32	0.26	0.25
福建	1.00	1.00	1.00	1.00	1.00	1.00
江西	0.66	0.67	0.66	0.75	0.72	0.73
山东	0.30	0.29	0.28	0.30	0.30	0.33
河南	0.47	0.41	0.50	0.54	0.42	0.27
湖北	1.00	1.00	1.00	1.00	1.00	1.00
湖南	0.80	0.87	0.90	0.91	0.91	0.90
广西	0.95	0.87	0.89	0.24	0.18	0.25
重庆	0.80	0.82	0.88	0.87	0.85	0.81
四川	0.61	0.66	0.73	0.72	0.71	0.70
贵州	0.75	0.76	0.84	0.83	0.81	0.81
云南	0.93	0.96	0.97	0.98	0.98	0.98
陕西	0.59	0.79	0.80	0.83	0.78	0.87
甘肃	0.55	0.67	0.69	0.67	0.63	0.64
青海	1.00	1.00	1.00	1.00	1.00	1.00
宁夏	0.33	0.20	0.17	1.00	1.00	1.00
新疆	0.81	0.76	0.75	0.85	0.79	0.86

四、环境规制程度

样本期内，中国工业部门整体环境规制水平呈逐年上升的趋势，平均值从1999 年的 0.360 上升到 2011 年的 1.301，进一步分析可以看出，2009 年环境规制强度指数开始大于 1，这表明我国工业部门不仅对当年所排放的环境污染物进行了适当的处理，还对部分往年累积未处理的排放物进行了整顿，而且力度在逐年加大，这与我国大力建设生态文明宗旨相一致。从三大区域的情况来看，西部地区的环境规制水平相对较低，平均值仅有 0.682，中部地区和东部地区水平相当，分别是 0.819 和 0.745。需要指出的是，1999~2006 年东部地区的环境规制强度偏低，随着经济与环境之间的矛盾日益突出，环境保护问题被提到了前所未有的高度，从 2005 年起，东部地区的环境规制水平明显加强，2011 年达到 1.399；从 2007 年起东部地区开始超过中部地区，并保持领先地位，而西部地区一直处于较低水平。这与环境库兹涅茨曲线所描述的情形基本一致，即在经济发展初期，往往更注重经济增长而忽视了环境保护，环境规制水平可能会比较低，但是当经济发展到一定程度的时候，人们的环境保护意识便会逐渐增强，环境规制水平也会逐步提高。

表 8–6　1999~2011 年全国及东部、中部和西部三大区域环境强度

年份	环境规制强度			
	全国	东部地区	中部地区	西部地区
1999	0.360	0.315	0.517	0.292
2000	0.421	0.359	0.579	0.369
2001	0.483	0.397	0.612	0.475
2002	0.574	0.442	0.698	0.615
2003	0.519	0.457	0.668	0.473
2004	0.520	0.486	0.644	0.463
2005	0.574	0.554	0.655	0.535
2006	0.677	0.729	0.749	0.574
2007	0.855	0.927	0.858	0.783
2008	0.947	1.068	0.992	0.794
2009	1.147	1.247	1.131	1.058
2010	1.259	1.307	1.306	1.176
2011	1.301	1.399	1.232	1.253
平均值	0.741	0.745	0.819	0.682

五、基础设施水平

基础设施水平变动通过参考基础设施的资本形成或政府对基础设施的投资来获取。本书根据基础设施的定义，选取了三类指标来衡量公共基础设施投资：电力、煤气及水的生产和供应业的投资；交通运输仓储和邮电业的投资；地质勘探和水利管理业（2002 年以后改为水利、环境和公共设施管理业）的投资。这三类指标的原始数据皆来自于《中国统计年鉴》（各年），并根据各地区各年固定资产投资价格指数进行平减，得出 1999 年不变价。

改革开放以来，中国各省份的公共基础设施建设都取得了前所未有的成就，为中国经济的高速发展打下了坚实的基础。表 8-7 是中国 1999~2011 年全社会固定资产与公共基础设施投资额及其占 GDP 的比重和占全社会固定资产投资的比重情况。

表 8-7 全社会固定资产与公共基础设施投资额

年份	全社会固定资产		公共基础设施		
	投资额（亿元）	增长率（%）	投资额（亿元）	增长率（%）	占全社会固定资产投资比重（%）
1999	29854.70	5.52	6179.04	6.41	20.70
2000	32559.55	9.06	6645.30	7.55	20.41
2001	36661.96	12.6	6780.73	2.04	18.50
2002	42769.65	16.66	7445.90	9.81	17.41
2003	53457.71	24.99	14062.83	88.87	26.31
2004	64207.04	20.11	16865.99	19.93	26.27
2005	79601.78	23.98	21020.70	24.63	26.41
2006	97175.83	22.08	25510.37	21.36	26.25
2007	116762.54	20.16	28718.66	12.58	24.60
2008	134941.19	15.57	32446.06	12.98	24.04
2009	179674.72	33.15	47425.74	46.17	26.40
2010	214760.78	19.53	54502.00	14.92	25.38
2011	225631.60	5.06	48876.79	-10.32	21.66
平均	100619.93	17.57	24344.62	19.76	23.41

从表 8-7 可以看出，样本期内，除了 2011 年之外，中国的公共基础设施投资（上文已经说明，包括电力、煤气及水的生产和供应业，地质勘查业、水利管理业，交通运输仓储和邮电通信业的基础设施建设投资）都呈现上升趋势，基础设施投资年均增长率约 19.76%（以 1999 年为基期计算），2003 年更是高达 88.87%，这一趋势与全社会固定资产投资的增长趋势一致，投资总量和规模不断扩大。2001~2010 年全社会固定资产投资额增长率均在 10%以上，最高年份 2009 年达到 33.15%。公共基础设施投资额增长率 1999~2001 年增长率水平大幅下降，2002 年有所回升，2003 年两者的年增长率均达到最大值，分别为 24.99%、88.87%，2004 年后投资增长速度略有下降。总体来看，公共基础设施投资的年增长速度快于全社会固定资产投资额的增长速度，其平均额分别为 17.57%、19.76%；2011 年全社会固定资产投资额 225631.60 亿元，相对 2010 年仅增长了

5.06%，增长速度出现了大幅度下滑，同时 2011 年公共基础设施投资额 48876.79 亿元，比 2010 年下降了 10.32%，这是样本期内首次出现增长速度为负的情形。公共基础设施投资额占全社会固定资产投资额的比重在 1999~2011 年波动较大，1999~2000 年相对平稳，2000~2003 年在有所下降后大幅提升，此后几年比例相对平稳，2007~2008 年这一比例有所下降，2009 年由于 4 万亿投资的拉动作用，其比重有所上升，但 2010 年和 2011 年由于经济增长速度放缓，增长率出现了下滑。

第四节 未考虑环境因素的中国煤炭产业生产率影响因素实证检验

一、检验模型形式的确定

式（8-1）中，自变量包括技术创新、进出口水平、市场化进程和基础设施，按照一般的理解，这些变量之间存在密切关联，可能变量之间会存在多重共线性，因此在对模型进行实证检验之前需要对变量之间的多重共线性问题进行处理。

消除多重共线性问题常用的方法包括：①删除一些不重要的解释变量；②增加样本容量；③改变变量定义形式；④采用面板数据；⑤回归系数的有偏估计。

由于本章研究的是中国煤炭产业生产率的影响因素，因此，本书所选择的解释变量（影响因素）均为重要变量，而且为了探究这些变量对中国煤炭产业生产率增长的作用机制，必须将其保留在模型中，否则，将失去很多重要信息。

权衡之后，本书选择增加样本容量、改变变量定义形式、采用面板数据三种方法将检验方程中多重共线性问题降至最小。首先，本书为了提高检验结果的可靠性，采取面板数据的方法进行检验，这种方法不仅可以有效避免由于时间变化而使各变量存在共同变化的可能性，还可以避免由于规模问题而导致各变量存在相关性的可能性，而且采取面板数据也扩大了样本的容量。本书采取的是中国 26 个省份 1999~2011 年 13 年煤炭产业的样本数据，而模型中的变量数仅为 4 个，因此，可以大大降低解释变量之间的多重共线性。其次，本书还采取了改变变量定义的形式消除解释变量的多重共线性。由于共同受到某一个因素的影响，如技术创新、进出口水平、市场化进程和基础设施之间可能存在较大的相关性，本书在实证检验时，对变量均采取了增量处理的方法，进而有效地避免了多重共线性的问题。

在进行处理之后，本书采用了方差膨胀因子的方法对各解释变量的多重共线性进行了检验。对于多元线性回归模型，参数估计值$\hat{\alpha}$（$\hat{\beta}$或$\hat{\gamma}$）的方差可以表示成：

$$\mathrm{var}(\hat{\alpha})=\frac{\sigma^2}{\sum(x_{it}-\bar{x})^2}\cdot\frac{1}{1-R_i^2}=\frac{\sigma^2}{\sum(x_{it}-\bar{x})^2}\cdot VIF_i \tag{8-14}$$

式中，$VIF_i=\frac{1}{1-R_i^2}$为方差膨胀因子，R_i^2表示第 i 个解释变量与模型中其他解释变量辅助回归模型的决定系数。随着多重共线性的增强，VIF_i 以及系数估计误差都会增大。一般当 $VIF_i>5$ 或 $VIF_i>10$ 时（此时 $R_i^2>0.8$ 或 $R_i^2>0.9$），认为模型存在比较严重的多重共线性。

本书分别建立了辅助回归模型，即将其中一个解释变量作为被解释变量，其他解释变量作为解释变量进行回归，依次类推，分别求得四个变量方差膨胀因子，具体结果为：$VIFjscx=3.18$；$VIFjck=0.24$；$VIFshh=1.83$；$VIFjcss=0.79$，四个变量平均 $VIF=1.51$。因此，可以认为技术创新、进出口水平、市场化进程和基础设施四个变量之间不存在严重的多重共线性。

式（8–1）是未考虑环境因素的中国煤炭产业生产率影响因素检验模型，对式（8–1）的检验采取了面板数据方法。由于面板数据具有两维性，因此如果模型设定不正确以及由此造成参数估计方法不当，将对参数估计结果造成较大的偏差，因此有必要在采用面板数据构建模型时首先对模型的设定形式进行检验。首先，对式（8–1）检验模型的样本数据进行协方差检验，结果见表 8–8。

表 8–8　模型的协方差分析检验

指标	SSE_r	SSE_u	NT	k	F值
值	3.46	2.09	338	30	5.77

注：①通过 F 检验说明变截距模型优于常截距模型。②SSE_r 表示常截距模型回归结果的残差平方和；SSE_u 表示变截距模型回归结果的残差平方和，NT 表示样本容量，k 表示常截距模型中被估参数的个数。

从表 8–8 可以看出，在 5%的显著性水平下，F 值大于临界值 $F_{0.05}$（25，282），因此，拒绝零假设，说明建立个体固定效应模型，即变截距模型进行回归更加合理，具体形式为式（8–4）。

变截距模型是面板数据模型中最常见的一种形式。该模型允许个体成员存在个体影响，并用截距项的差别来说明。个体影响分为固定影响和随机影响两种情形，根据个体影响的不同形式，变截距模型又分为固定影响变截距模型和随机影响变截距模型两种，具体形式分别见式（8-6）和式（8-8）。下文分别对这两个模型进行实证检验。

二、实证检验结果

本书采用 Eviews6.0 软件对式（8-6）与式（8-8）进行检验，具体结果见表 8-9。

表 8-9 未考虑环境因素的中国省级煤炭产业生产率影响因素的检验结果

指标	固定效应模型		随机效应模型	
	系数	t 值	系数	t 值
常数项	0.590	0.966	0.604***	1.890
技术创新	0.108**	2.248	0.163*	3.351
进出口水平	0.284***	1.942	0.293**	2.312
市场化进程	-0.489*	-4.569	-0.351*	-4.157
基础设施	0.086*	2.875	0.127*	5.369
北京-C	0.017		0.015	
河北-C	-0.017		-0.015	
山西-C	0.004		0.004	
内蒙古-C	0.056		0.050	
辽宁-C	0.075		0.067	
吉林-C	0.052		0.046	
黑龙江-C	-0.173		-0.154	
江苏-C	0.160		0.143	
浙江-C	-0.092		-0.081	
安徽-C	0.006		0.006	
福建-C	0.100		0.089	
江西-C	-0.096		-0.085	
山东-C	0.054		0.048	
河南-C	0.015		0.013	
湖北-C	0.054		0.048	
湖南-C	0.152		0.135	
广西-C	0.137		0.122	
四川-C	0.087		0.078	

续表

指标	固定效应模型		随机效应模型	
	系数	t 值	系数	t 值
重庆-C	-0.193		-0.172	
贵州-C	0.081		0.072	
云南-C	-0.042		-0.037	
陕西-C	-0.012		-0.011	
甘肃-C	-0.146		-0.130	
青海-C	0.073		0.065	
宁夏-C	0.008		0.007	
新疆-C	-0.015		-0.013	
R^2	0.68		0.74	
F	5.69		12.35	
DW 值	1.81		1.77	
样本数	338			

注：本表估计由 Eviews6.0 完成，系数下数值是 t 统计值，*、**、*** 分别表示通过显著水平为 1%、5%、10%的 t检验。

根据表 8-9、式（8-6）的估计结果为：

$$SCL_{it} = 0.590 + 0.108JSCX_{it} + 0.284JCK_{it} - 0.489SHH_{it} + 0.086JCSS_{it} + c_i^*$$

t 值（0.966）　（2.248）　（1.942）　（-4.569）　（2.875）

$R^2 = 0.68$　F 值 = 5.69　DW 值 = 1.81

式（8-8）的估计结果为：

$$SCL_{it} = 0.604 + 0.163JSCX_{it} + 0.293JCK_{it} - 0.351SHH_{it} + 0.127JCSS_{it} + \mu_i^*$$

t 值（1.890）　（3.351）　（2.312）　（-4.157）　（5.369）

$R^2 = 0.74$　F 值=12.35　DW 值=1.77

从表 8-9 未考虑环境约束的中国省级煤炭产业生产率影响因素的实证研究结果可以看出，各省存在显著的差异，其中排除技术创新、进出口水平、市场化进程和基础设施等因素外，其他因素对中国省级煤炭产业生产率影响最大的是重庆和黑龙江，且都为负数，而影响最小的则是山西和安徽。

无论是在固定效应模型中，还是在随机效应模型中，技术创新水平、对外开放度、市场化进程和基础设施水平变量的统计值都在一定程度上显著，说明在未考虑环境因素的情况下，这四个变量都能显著影响中国煤炭产业生产率。在固定效应模型中，技术创新水平每提高 1%，煤炭产业生产率将会增加 0.108%；进出口水平每增加 1 个单位，煤炭产业生产率将会增加 0.284 个单位；市场化水平的数值每增加 1%，煤炭产业生产率将会减少 0.489%；基础设施水平每增加 1%，煤炭产业生产率将会增加 0.086%。在随机效应模型中，技术创新水平每提高 1%，煤炭产业生产率将会增加 0.163%；进出口水平每增加 1 个单位，煤炭产业生产率将会增加 0.293 个单位；市场化水平的数值每增加 1%，煤炭产业生产率将会降低 0.351%；基础设施水平每增加 1%，煤炭产业生产率将会增加 0.127%。

三、实证检验结果讨论

未考虑环境因素的中国煤炭产业生产率影响因素实证检验的结论有以下四点：

第一，在未考虑环境因素的情况下，技术创新对中国省级煤炭产业生产率有显著的影响。技术创新不仅给实施这一行为的煤炭企业创造知识资本，一方面，员工参与技术创新的过程本身就可以增加员工的知识，另一方面，通过技术创新带头人的示范作用也可以增加员工的知识；技术创新还可以通过惠及整个煤炭行业，实现煤炭行业知识资本的整体提升，即一个企业的知识资本增长会对行业内的其他企业产生“触发效应”，这个效应来自两个渠道：员工间的流动会实现知识的转移和扩散以及同行企业会学习和模仿先进企业的成功做法。此外，技术创新还可以通过提高煤炭行业产出、降低行业生产成本这两种方式作用于行业生产率。技术创新可以通过促进行业知识资本的增加从而提高员工的操作娴熟程度和自我管理水平，推动生产工艺的进步，消除不合理工艺流程，发挥先进生产设备的最大功能。技术创新还可以通过提高员工的知识资本，改进生产工艺，提高原材料的利用率，减少原材料在生产过程中的浪费；提高员工的工作效率，节约生产时间，降低人工成本；减少水、电等间接费用，对生产成本的下降发挥积极的促进作用。

第二，进出口水平反映的是对外开放的程度。一方面，进出口可以为各省国内煤炭企业提供示范性的技术范式和方向性的技术路径，这大大提高了煤炭企业技术创新活动的努力强度，降低了煤炭产业技术创新的方向性风险，增强了企业研发投入的导向性，加大投入强度，使得中国国内煤炭企业技术创新活动能够借助进出口或引进外资迅速地进行技术模仿、技术学习、技术的二次创新，快速增加自己的技术存量和创新效益；另一方面，通过进出口，煤炭企业会产生人力资源培训效应。从国际上接受外资技术扩散成功的国家的经验来看，技术创新人员在外商直接投资企业和内资企业之间的双向流动，对中国煤炭产业的技术创新具有非常积极的意义。此外，在对外贸易发展初期，中国煤炭企业相关产品的技术水平和质量均同跨国公司的采购标准有一定的距离，跨国公司出于缩短生产周期、降低采购成本、缓解原材料库存资金压力、提高生产效率和质量、实现实时沟通和双向反馈等方面的考虑，需要对配套煤炭企业进行一定的理念教育和技术支持，规范和提高供应商的技术水平和质量稳定水平。在这个过程中，跨国公司有较强的能力去帮助本土的协作企业迅速完成这一学习过程，切实帮助中国国内企业完成了从传统的国有企业向面向市场竞争的企业的观念转变，开始考虑投入与产出，且在利润最大化的动力驱动下，提高了技术水平。而且随着中国对外开放度的进一步扩大，外资企业在中国也面临着市场竞争的程度加大、内资企业竞争能力的提高等问题，为了保住市场份额，外资企业会不断提高其技术含量，开始带来较多的先进技术，这些先进的技术很大程度上直接增加了中国的技术储备，提供了更多的技术机会和市场机会，使中国国内企业在自身创造技术知识有限的情况下，能够学习、接触和利用到更多的技术资源，而且这些资源可以迅速转变为现实生产力。

第三，无论是在固定效应模型还是随机效应模型中煤炭产业市场化进程对煤炭产业生产率的影响都为负，这与煤炭产业规模经济的实践相吻合。实证检验结果与理论假设正好相反，这也可能与本书选择非国有经济比重作为市场化程度的测度指标有一定的关系，真正的市场化进程涉及的内容更加广泛。从市场化进程的角度来看，中国正处于转型期，针对市场机制不健全等问题，我国提出了多项改进措施，比如加大价格由市场决定的程度、减少商品市场上的地方保护程度，努力发展包括资金、劳动和技术在内的要素市场，充分利用政府“有形的手”和市场“无形的手”，在充分发挥市场在资源配置中的基础作用的前提下，政府采用经济、法律、行政等手段维护市场规则的公平、公正和公开，政府和市场共同为经济增长服务，为经济发展创造良好的外部环境，促进生产率的提高。但煤炭产业与一般工业行业还有所区别，煤炭产业具有的自然属性和社会属性决定了其规模越大，效率越高，而由于资源产权问题，在我国规模较大的煤矿大多数是国有性质的，所以才会出现上述研究结论。

第四，从基础设施的角度来看，基础设施部门作为国民经济的重要组成部分，其产出增加能够带动国家整体财富的增加。近十几年来，出于拉动内需和优化经济基础的需要，中国政府不断加大对基础设施的投资，为基础设施行业发展出台多项鼓励和优惠政策，有利于增加产出和降低生产成本，实现生产效率的提升。此外，基础设施投资为煤炭产业规模壮大和跨区域发展提供了良好的条件，同时也创造了许多就业岗位，提高了煤炭企业职工收入，而且刺激了煤炭生产能力的扩大，提高煤炭产业经济效率。从地区经济发展的角度来看，交通、通信等基础设施的投资，一方面能够减少煤炭及相关产品的运输时间，从而及时抓住市场的合适价位，获取盈利，同时可以降低路途损耗；另一方面减少原材料的运输时间，防止发生停工停产损失以及可能导致的违约损失。此外，这些基础设施还有助于迅速实现信息的上传下达，内外沟通，实现生产的信息化、智能化，还能加强各地区的信息交流，进而缩小中西部地区在技术效率上的差距。

第五节 考虑环境因素的中国煤炭产业生产率影响因素实证检验

一、检验模型形式的确定

本部分在模型检验前也采用了增加样本容量、改变变量定义形式、采用面板数据三种方法将检验方程中多重共线性问题降至最小，并采用方差膨胀因子的方法对解释变量的多重共线性进行检验，结果如下：具体结果为：$VIFjscx = 3.13$；$VIFjck = 1.89$；$VIFshh = 0.39$；$VIFjcss = 2.55$；$VIFhjhz = 1.52$，五个变量平均 $VIF = 1.90$。平均方差膨胀因子仅为 1.90 表明技术创新、进出口水平、市场化进程、基础设施、环境规制五个变量之间不存在严重的多重共线性。

式（8–2）是考虑环境因素的中国煤炭产业生产率影响因素的检验模型，即将环境规制变量考虑到中国省级煤炭产业生产率影响因素的模型中。对式（8–2）的检验同样也是采取面板数据分析方法，因此，首先，对式（8–2）检验模型的样本数据进行协方差分析检验，检验结果见表 8–10。

表 8–10 模型的协方差分析检验

指标	SSE_r	SSE_u	NT	k	F 值
值	4.62	2.87	338	34	6.78

注：①通过 F 检验说明变截距模型优于常截距模型。②SSE_r 表示常截距模型回归结果的残差平方和；SSE_u 表示变截距模型回归结果的残差平方和，NT 表示样本容量，k 表示常截距模型中被估参数的个数。

从表 8–10 可以看出，在 5%的显著性水平下，F 值大于临界值 $F_{0.05}$（25，278），因此，拒绝零假设，说明建立个体固定效应模型即变截距模型进行回归更加合理，具体形式为式（8–5）。

同样，变截距模型又分为固定影响变截距模型和随机影响变截距模型。下文分别对这两个模型进行实证检验，具体形式见式（8–7）和式（8–9）。

二、实证检验结果

本部分采用 Eviews6.0 软件对式（8-7）与式（8-9）进行检验，具体结果见表 8-11。

表 8-11　考虑环境因素的中国省级煤炭产业生产率影响因素的检验结果

指标	固定效应模型		随机效应模型	
	系数	t 值	系数	t 值
常数项	0.561	1.431	0.325	0.988
技术创新	0.264^{***}	1.823	0.293^{**}	2.107
进出口水平	0.201^{*}	6.549	0.187^{*}	3.432
技术创新 × 环境规制	0.114^{*}	5.184	0.138^{*}	4.054
进出口水平 × 环境规制	0.073^{***}	1.749	0.089^{**}	2.036
环境规制	-0.121^{*}	−3.926	-0.097^{**}	−2.147
市场化进程	-0.487^{*}	−4.853	-0.362^{*}	−6.457
基础设施	0.336^{*}	4.689	0.251^{*}	6.381
北京-C	−0.008		−0.006	
河北-C	0.002		0.001	
山西-C	0.029		0.020	
内蒙古-C	0.082		0.054	
辽宁-C	−0.104		−0.065	
吉林-C	0.044		0.029	
黑龙江-C	0.074		0.049	
江苏-C	0.040		0.026	
浙江-C	0.028		0.019	
安徽-C	0.004		0.003	
福建-C	0.004		0.002	
江西-C	0.054		0.035	
山东-C	−0.052		−0.035	
河南-C	0.029		0.019	
湖北-C	−0.123		−0.080	
湖南-C	0.044		0.029	
广西-C	−0.049		−0.032	
四川-C	−0.007		−0.004	
重庆-C	−0.078		−0.053	
贵州-C	0.039		0.024	

续表

指标	固定效应模型		随机效应模型	
	系数	t值	系数	t值
云南-C	0.001		0.002	
陕西-C	-0.093		-0.059	
甘肃-C	0.086		0.059	
青海-C	0.030		0.018	
宁夏-C	-0.078		-0.052	
新疆-C	-0.031		-0.021	
R^2	0.62		0.78	
F	5.97		10.34	
DW值	1.89		1.92	
样本数	338			

注：本表估计由Eviews6.0完成，系数下数值是t统计值，*、**、***分别表示通过显著水平为1%、5%、10%的t检验，表中1~30数字分别代表按《中国统计年鉴》排序的地区，具体详见附录。

根据表8-11、式（8-7）的估计结果为：

$$SCL_{it} = 0.561 + 0.264JSCX_{it} + 0.201JCK_{it} + 0.114JSCX_{it} \times HJGZ_{it} + 0.073JCK_{it} \times HJGZ_{it} - 0.121HJGZ_{it} - 0.487SHH_{it} + 0.336JCSS_{it} + c_i^*$$

$R^2 = 0.62$　F值 = 5.97　DW值 = 1.89　　t值具体见表8-11

式（8-9）的估计结果为：

$$SCL_{it} = 0.325 + 0.293JSCX_{it} + 0.187JCK_{it} + 0.138JSCX_{it} \times HJGZ_{it} + 0.089JCK_{it} \times HJGZ_{it} - 0.097HJGZ_{it} - 0.362SHH_{it} + 0.251JCSS_{it} + c_i^*$$

$R^2 = 0.78$　F值=10.34　DW值=1.92　　t值具体见表8-11

从表8-11考虑环境因素情况下中国省级煤炭产业生产率影响因素的实证研究结果可以看出，各省煤炭产业存在显著的差异，其中排除技术创新、进出口水平、市场化进程、环境规制、基础设施以及环境规制与技术创新和环境规制与进出口水平交互影响等因素外，其他因素对中国省级煤炭产业生产率影响最大的是湖北，且为负数，而影响最小的则是河北。

无论是在固定效应模型中，还是在随机效应模型中，各个变量都对中国煤炭产业生产率有显著影响。因为本部分重点研究考虑环境因素情况下的中国省级煤炭产业生产率的影响因素，因此，重点分析环境规制变量、环境规制与技术创新交互变量、环境规制与进出口水平交互变量等前面的系数，上文已经解释过环境规制变量前面的系数表示环境规制对中国煤炭产业生产率的直接影响，环境规制与技术创新交互变量和环境规制与对外开放度交互变量前面系数分别表示环境规制通过技术创新和对外开放度对中国省级煤炭产业生产率的间接影响。在固定效应模型中，环境规制前面的系数为-0.121，可见环境规制每增加 1 个单位，煤炭产业生产率将会降低 0.121 个单位，可见环境规制对煤炭产业生产率的直接影响为负；环境规制与技术创新交互变量以及环境规制与进出口水平交互变量前面的系数分别为 0.114 和 0.073，且统计上都显著，这说明环境规制通过促进煤炭产业技术创新和提高煤炭产业进出口水平从而促进了中国煤炭产业生产率的提高。在随机效应模型中，环境规制前面的系数为-0.097，这表明环境规制水平每增加 1 个单位，煤炭产业生产率将会降低 0.097 个单位，这说明环境规制对煤炭产业生产率的直接影响为负；环境规制与技术创新交互变量以及环境规制与进出口水平交互变量前面的系数分别为 0.138 和 0.089，且统计上都显著，这也说明环境规制通过促进煤炭产业技术创新和提高煤炭产业进出口水平促进了中国煤炭产业生产率的提高，环境规制进一步加强了技术创新和对外贸易与中国煤炭产业生产率的正相关性。

三、实证检验结果讨论

根据上文研究可以得出如图 8-3 所示的结论。

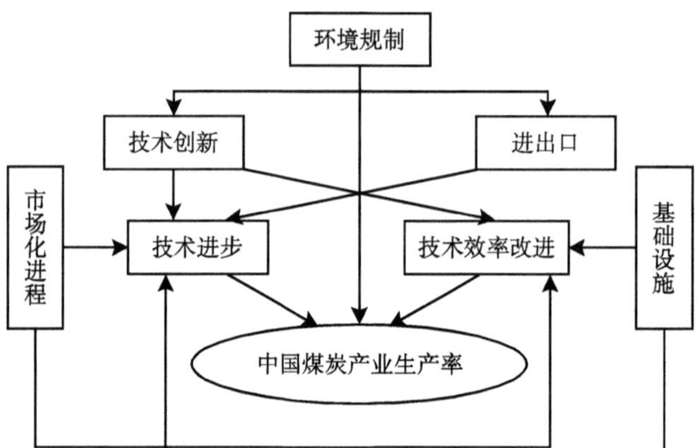

图 8-3　考虑环境因素的中国省级煤炭产业生产率影响因素作用机理

具体结论有以下三点：

第一，环境规制对中国煤炭产业生产率的直接影响为负效应。从环境规制对中国煤炭产业生产率的直接影响来看，一方面，环境规制会影响要素替代成本和生产管理成本进而导致生产成本上升，投入增加；另一方面，环境规制可能会通过资金挤出效应和人力资本分散效应导致产出下降。从这两个角度来讲，实证检验结果与理论预期一致。

第二，环境规制通过技术创新进而间接对中国煤炭产业生产率产生正的影响。环境规制通过对标准的制定和执行，创造了煤炭企业对技术创新的需求，从而影响了企业技术创新资源的分配。在环境规制约束下，煤炭企业为了达到环境规制对污染物排放量等方面的要求，必须改变资源配置，通过技术创新对生产工艺、废料管理、技术使用等环节进行优化与提升，因而，环境规制推动技术创新成为一种必然。此外，技术创新会使企业的投入更具效率，生产率的增长不仅能弥补企业遵循环境规制的成本，而且为企业带来净收益。

环境规制通过设置绿色进入壁垒，调整市场主体构成，导致煤炭产业结构发生改变，而产业结构会作用于企业的技术创新行为，进而对煤炭产业的生产率产生影响。通过环境规制政策可筛选掉那些只关注经济利益、不具有社会责任感的煤炭企业，有目的地引导市场主体重视环境利益。同时，依然存续在市场中的企业实力较强，可用于技术创新的资金保障充足，具有较高的生产率，有利于实现环境与经济的良性互动。

第三，环境规制通过进出口水平进而间接对中国煤炭产业生产率产生正的影响。从出口的角度看，中国煤炭产业加强环境规制，使中国向贸易国出口的产品更加符合它们的要求，通过出口向世界传达了中国对环境负责的积极信号，改变了发达国家人民对中国产品的负面认识，提升了出口产品的形象，对出口起到了促进作用，而且中国煤炭产业通过主动地适应国外绿色壁垒竞争压力，提高了自身环境规制水平，淘汰掉那些漠视环境、只依赖低成本优势的企业，转而扶持环境和经济效益俱佳的优秀企业，从而提高了整个行业的生产率。

从进口的角度看，中国煤炭产业环境规制标准的提高也促使企业在进口环节更加挑剔，将环境友好作为重要的决策选项。绿色产品的进口有助于扩大环保技术在中国国内的扩散，提高国内的整体技术水平，从而促进中国煤炭产业生产率的提高。

第六节 本章小结

本章在中国煤炭产业生产率影响因素理论研究的基础上，分别构建未考虑环境约束和考虑环境约束两种情形下的煤炭产业生产率影响因素实证研究模型，并利用 1999~2011 年中国省级煤炭产业面板数据对模型进行实证检验。主要得出以下结论：

第一，1999~2011 年样本省份各年专利授权数都呈增长趋势，尤其是 2005 年以后增速大幅度加快。中国东部沿海地区专利授权数的绝对数和相对数都远远高于中西部地区；除 1999 年受亚洲金融危机影响以及 2008 年受到美国次贷危机的影响，中国进出口总额增速有所放缓外，其余各年呈高速增长趋势。无论是从进出口总额的绝对数来讲还是从贸易依存度相对数来看，东部地区的对外贸易水平都明显高于中西部地区；中国煤炭产业经历过几次产权改革之后，产业的市场集中度进一步加大，国有性质的煤炭企业比例也有所上升，这与世界煤炭产业发展大趋势相吻合，但是也有部分省份国有煤矿比例相对较低；样本期内，中国工业部门整体环境规制水平呈逐年上升的趋势，平均值从 1999 年的 0.360 上升到 2011 年的 1.301。从三大区域的情况来看，西部地区的环境规制水平相对较低，中部地区和东部地区水平相当；改革开放以来，中国的公共基础设施建设取得了前所未有的成就，为中国经济的高速发展打下了坚实的基础。除了 2011 年之外，中国的公共基础设施投资都呈现上升趋势，样本期内基础设施投资年均增长率约 19.76%。

第二，无论是在固定效应模型中，还是在随机效应模型中，技术创新水平、对外开放度、市场化进程和基础设施水平变量的统计值都在一定程度上显著，说明在未考虑环境因素的情况下，这四个变量都能显著影响中国煤炭产业的生产率。在固定效应模型中，技术创新水平每提高 1%，煤炭产业生产率将会增加 0.108%；进出口水平每增加 1 个单位，煤炭产业生产率将会增加 0.284 个单位；市场化水平的数值每增加 1%，煤炭产业生产率将会减少 0.489%；基础设施水平每增加 1%，煤炭产业生产率将会增加 0.086%。在随机效应模型中，技术创新水平每提高 1%，煤炭产业生产率将会增加 0.163%；进出口水平每增加 1 个单位，煤炭产业生产率将会增加 0.293 个单位；市场化水平的数值每增加 1%，煤炭产业生产率将会降低 0.351%；基础设施水平每增加 1%，煤炭产业生产率将会增加 0.127%。

第三，无论是在固定效应模型中，还是在随机效应模型中，各个变量都对环境约束下的中国煤炭产业的生产率有显著影响。在固定效应模型中，环境规制前面的系数为-0.121，这表明环境规制每增加 1 个单位，煤炭产业生产率将会降低 0.121 个单位，这说明环境规制对煤炭产业生产率的直接影响为负；环境规制与技术创新交互变量以及环境规制与进出口水平交互变量前面的系数分别为 0.114 和 0.073，且统计上都显著，这说明环境规制通过促进煤炭产业技术创新和提高煤炭产业进出口水平促进了中国煤炭产业生产率的提高。在随机效应模型中，环境规制前面的系数为-0.097，这表明环境规制水平每增加 1 个单位，煤炭产业生产率将会降低 0.097 个单位，可见环境规制对煤炭产业生产率的直接影响为负；环境规制与技术创新交互变量以及环境规制与进出口水平交互变量前面的系数分别为 0.138 和 0.089，且统计上都显著，这也说明环境规制通过促进煤炭产业技术创新和提高煤炭产业进出口水平从而促进了中国煤炭产业生产率的提高，环境规制进一步加强了技术创新和对外贸易与中国煤炭产业生产率的正相关性。

第九章 研究总结、政策建议与展望

第一节 研究总结

煤炭在中国一次能源结构中占据主体地位，煤炭产业可持续发展对中国经济平稳增长至关重要。煤炭产业科学合理的发展方式有利于资源、环境与经济之间的良性循环，反之将会引起一系列不良的连锁反应。长期以来，中国煤炭产业由于片面追求速度优先，沿用“高投入、高消耗、高污染”的粗放型增长模式，造成资源过度开发，环境严重破坏。长期累积的负面效应使得中国煤炭产业资源与环境的承载力已经接近极限。严峻的现实要求煤炭产业强调发展的质量和效益，把节约资源、保护环境提高到更加重要的战略地位。本书以“生产率”为主线，将环境因素纳入中国煤炭产业生产率分析框架，系统研究环境约束下的中国煤炭产业生产率测度及影响因素问题，是对传统生产率理论的拓展和延伸，有助于更加明晰地把握中国煤炭产业增长过程中的资源消耗和环境污染，为煤炭产业转型升级提供政策支持，具有重要的理论和现实意义。本书重点研究了以下三个问题：

1. 设计了两种情形下中国煤炭产业生产率测度方法

设计了考虑和未考虑环境因素两种情形下的中国煤炭产业生产率测度方法。分别利用产出距离函数和方向性距离函数并基于 DEA 方法构建 Malmquist 指数和 Malmquist-Luenberger 指数，对未考虑和考虑环境因素两种情形下的煤炭产业生产率、技术进步和技术效率进行测算，并将纳入环境因素与未纳入环境因素的煤炭产业生产率测度结果进行对比，更深入论证了考虑环境因素对客观评价中国煤炭产业增长质量的重要意义。

研究发现：①在未考虑环境因素的情况下，中国煤炭产业 1999~2011 年各年的全要素生产率都是增长的，13 年间生产率年平均增长速度为 21.5%，从曼奎斯特生产率指数分解来看，技术进步是煤炭产业生产率增长的主要原因，而技术效率的改善对煤炭产业生产率的贡献相对较小；从技术效率的分解来看，规模增加促使效率增加的贡献相对纯技术效率来讲要大些。②在考虑环境因素的情况下，中国煤炭产业 1999~2011 年各年的全要素生产率都是增长的，13 年间生产率年平均增长速度为 22.1%；从曼奎斯特生产率指数分解来看，在考虑环境因素的情形下，技术进步同样是煤炭产业生产率增长的主要原因，1999~2011 年，各省份煤炭产业年均技术进步率高达 36.8%；而技术效率的变化则存在较大波动；从技术效率的分解来看，仅少数年份规模效率小于纯技术效率的贡献，大多数年份规模增加促使各省煤炭产业技术效率改善的贡献相对纯技术效率来讲要大。③样本期内未考虑环境因素的中国煤炭产业生产率增长率小于考虑环境后的结果。除了少数省份 1999~2011 年考虑环境因素的煤炭产业生产率平均增长率低于未考虑环境因素情况下的煤炭产业生产率增长率之外，其余省份均高于或者与未考虑环境因素情况下的煤炭产业生产率增长率差异不大。样本期内大多数年份考虑环境因素下的中国煤炭产业技术进步率要小于未考虑环境情形下的技术进步率；各省 1999~2011 年考虑环境因素下的煤炭产业技术进步率平均增长率与未考虑环境因素情况下的煤炭产业技术进步增长率存在很大差异。大多数省份考虑环境因素前后的技术效率值均有变化，一般来讲，考虑环境因素后的技术效率值要大于未考虑环境因素的技术效率值。

2. 比较煤炭产业和其他能源产业的环境生产率差异

将二氧化硫排放作为能源产业生产过程的“坏产出”，根据所构建的 SML 指数模型测算中国省际能源产业及其四大细分行业的环境生产率、环境技术进步和环境技术效率，并将其与在未考虑环境污染情景下所计算的结果进行比较。在此基础上，利用核密度函数估计法分别检验了中国省际能源产业环境生产率及其四大细分行业环境生产率的收敛性。

研究发现：①样本期内，在未考虑环境因素和考虑环境因素两种情形下，我国能源产业生产率年均增长率分别为 2.36%和 3.27%，其中，东部地区年均增长率为 4.00%和 5.77%，西部地区为 2.26%和 2.74%，而中部地区仅为 0.47%和 0.99%，地区间能源产业生产率增长表现出较大的差异。传统方法下存在对能源产业生产率低估的情况，中国能源产业在环境保护方面所做的努力已经初显成效。此外，区域间能源产业生产率发展不平衡的现象仍然比较严重，特别是考虑环境因素后这方面的差距被进一步拉大。②对于能源产业生产率的推动因素，两种情景下技术进步的推动作用要明显大于技术效率提高的贡献，而且样本期内绝大部分年份和地区的技术效率并未改善。1999~2010 年考虑环境因素和未考虑环境因素两种情况下的能源产业技术进步年均增长率分别为 7.65%和 7.09%，而技术效率的年均增长率均为负值，分别下降了 4.07%和 4.41%。因此，应通过加大省际能源企业之间的交流实现能源产业整体技术效率的提升，进而促进技术效率改善对能源产业生产率增长的贡献。③从能源产业四大细分行业来看，无论基于何种计算模型，煤炭行业的生产率增长速度都是最快的。在考虑环境因素的情况下，所有四个行业的生产率年均增长速度都相对大幅度提高。从环境生产率的推动因素来看，各个行业技术进步的作用仍然是非常显著的，而技术效率却起到阻碍作用。④收敛性检验表明，中国各省间能源产业环境生产率在样本期内呈现先发散后收敛的迹象，但并不存在俱乐部收敛的情况。具体到各细分行业，煤炭行业和石油加工业的环境生产率上升显著，各细分行业环境生产率均表现出一定程度的收敛。

3. 两种情况下中国煤炭产业生产率的影响因素

从理论和实证两方面系统研究了未考虑环境规制和考虑环境规制两种情况下的中国煤炭产业生产率影响因素问题。首先基于内生增长理论、新制度经济学和发展经济学等理论，充分考虑中国转型期煤炭产业发展特征（环保形势严峻、投融资体制不健全、劳动力流动频繁、产权改革有待深入、区域发展不平衡等），在深入剖析技术创新、进出口水平、市场化进程和基础设施对中国煤炭产业生产率作用机制的基础上，引入环境规制因素，重点分析了环境规制对技术创新、进出口水平与中国煤炭产业生产率相关性的外部影响，构建了环境约束下的中国煤炭产业生产率影响因素理论分析框架，然后分别设计未考虑环境规制与考虑环境规制的实证检验模型，利用 1999~2011 年中国省级煤炭产业数据对煤炭产业生产率影响因素进行实证分析，厘清了环境约束对中国煤炭产业生产率的特殊影响，为发现中国煤炭产业生产率影响因素提供更深层次的证据。

研究发现：①在未考虑环境因素的情况下，无论是在固定效应模型中，还是在随机效应模型中，技术创新水平、对外开放度、市场化进程和基础设施水平都能显著影响中国煤炭产业生产率。在固定效应模型中，技术创新水平每提高 1%，煤炭产业生产率将会增加 0.108%；进出口水平每增加 1 个单位，煤炭产业生产率将会增加 0.284 个单位；市场化水平的数值每增加 1%，煤炭产业生产率将会减少 0.489%；基础设施水平每增加 1%，煤炭产业生产率将会增加 0.086%。在随机效应模型中，技术创新水平每提高 1%，煤炭产业生产率将会增加 0.163%；进出口水平每增加 1 个单位，煤炭产业生产率将会增加 0.293 个单位；市场化水平的数值每增加 1%，煤炭产业生产率将会降低 0.351%；基础设施水平每增加 1%，煤炭产业生产率将会增加 0.127%。②在考虑环境规制的情形下，无论是在固定效应模型中，还是在随机效应模型中，各个变量对环境约束下的中国煤炭产业生产率都有显著影响。在固定效应模型中，环境规制前面的系数为-0.121，这表明环境规制每增加 1 个单位，煤炭产业生产率将会降低 0.121 个单位，说明环境规制对煤炭产业生产率的直接影响为负；环境规制与技术创新交互变量以及环境规制与进出口水平交互变量前面的系数分别为 0.114 和 0.073，且统计上都显著，这说明环境规制通过促进煤炭产业技术创新和提高煤炭产业进出口水平促进了中国煤炭产业生产率的提高。在随机效应模型中，环境规制前面的系数为-0.097，这表明环境规制水平每增加 1 个单位，煤炭产业生产率会降低 0.097 个单位，这说明环境规制对煤炭产业生产率的直接影响为负；环境规制与技术创新交互变量以及环境规制与进出口水平交互变量前面的系数分别为 0.138 和 0.089，且统计上都显著，这也说明环境规制通过促进煤炭产业技术创新和提高煤炭产业进出口水平促进了中国煤炭产业生产率的提高，环境规制进一步加强了技术创新和对外贸易与中国煤炭产业生产率的正相关性。

第二节　环境约束下提升中国煤炭产业生产率的政策建议

根据理论和实证研究结论，为破解环境约束，推动中国煤炭产业绿色增长和转型升级，实现经济效益与环境效益的“双赢”，本书构建环境友好型煤炭产业生产率提升路径。

一、优化环境规制作用机制

（一）加大市场激励型环境规制工具的应用

中国各级政府对煤炭产业长期以来习惯于采取行政命令式的环境规制工具，虽然在一定程度上达到了防治污染的目的，但“一刀切”的做法给企业生产经营带来诸多障碍，加大了成本负担。理论研究表明，市场激励型环境规制工具能够充分发挥被规制企业的主观能动性，使它们积极采取各种措施避免生产成本的上升。例如环境税，这是对环境资源的开发利用、污染、破坏和保护行为进行征收或减免的一种税。征收环境税的主要目的是通过税收杠杆对环境资源实施定价，向行为主体传递政府的引导信号，降低生产和消费过程中的污染排放，同时对保护环境行为给予税收减免。企业将会在两类支出之间进行权衡，一是排污需要交纳环境税，二是减污导致成本上升，但会享受税收优惠。理性的企业决策者显然会根据自身实际情况选择最优的方案。如果选择前者，国家征收的环境税可以用于环境治理，如果选择后者，则实现了减少污染排放，因此环境税显然能够发挥保护环境的预期目标。目前，中国尚未出台专门的环境税法规，相关的立法还在酝酿当中，应尽快推动环境税的实施。此外，像排污权交易、押金返还等市场激励手段也能起到类似的作用，应积极推进此类工具的运用。

（二）完善针对煤炭产业的税收优惠政策

环境保护是一个国家的基本国策，是一项长期的社会工程。环境规制政策的实施不能被当作权宜之计，应得到有力的执行。中国政府应进一步完善与煤炭产业环境规制有关的法律法规，尽快出台《废弃物循环利用条例》、《节能减排税收优惠办法》等文件。特别是在税收优惠方面，可从以下几个方面着手：

1. 增值税优惠政策

2008 年颁布的《中华人民共和国增值税暂行条例》规定，对企业生产的原料中掺兑废渣比例不低于 30%的特定建材产品免征增值税；以煤炭开采过程中伴生的舍弃物油母页岩为原料生产的页岩油实行即征即退；以煤矸石、煤泥、石煤、油母页岩为燃料生产的电力和热力，且煤矸石、煤泥、石煤、油母页岩用量占发电燃料的比重不低于 60%，实行即征即退 50%。另外，财政部、国家税务总局《关于加快煤层气抽采有关税收政策问题的通知》（2007）规定，对煤矿瓦斯抽采企业的增值税一般纳税人抽采销售瓦斯实行增值税先征后退政策。现行关于煤炭产业增值税优惠的范围偏窄，仅涉及很少的几项，对废弃物循环利用的用途列举不够全面，且设置了比例门槛，不利于资源节约和环境保护的全面开展。本书建议：

（1）实行增值税差别税率。为鼓励企业提高资源回采率，可将煤炭产业增值税设置为低税率 13%和正常税率 17%两档。凡是资源回采率超过全国同行业平均水平的，采用增值税低税率，优惠到 13%水平，反之则按照正常的 17%征税。这一做法能够促使企业采用新技术开采以前无力开采而弃置的煤炭资源，对赋存条件较差的煤炭资源二次开采技术进步将起到显著的推动作用。

（2）扩大增值税的免征或退税范围。一方面，应取消免税或退税的比例门槛，鼓励企业利用一切可能加强废弃物的再利用。只要对规定的废弃物进行再利用且能独立核算的，均应给予一定的税收优惠。在实践中，为简化操作，可按照废弃物再利用程度划分不同的区间，相应地享受不同档次的免税或退税。另一方面，对于已有的优惠项目，煤矸石除可用于建材、发电外，目前煤炭企业正在探索的煤矸石回填开采技术应得到税收支持。这一技术是将煤矸石用于填充巷道，置换出地下的煤炭，既解决了煤矸石的地面污染问题，又避免了开采造成的土地塌陷。2010 年发布的《中国资源综合利用技术政策大纲》也将煤矸石充填采煤塌陷区列为煤炭产业“三废”综合利用技术。因此，采用煤矸石回填技术开采的煤炭资源应享受现行煤矸石再利用的退税政策。

（3）提高增值税的进项税额抵扣比例。由于煤炭生产过程中所投入的原材料并不构成产品实体，且矿井和巷道发生的进项税额也不允许抵扣，导致煤炭企业可用于抵扣的增值税进项数额较少，加重了税收负担。为发挥企业保护环境的主动性，可比照研发支出，允许企业购入从事环境治理与修复的固定资产的进项税额加计抵扣，加计比例不超过50%。

2. 所得税优惠政策

我国规定，利用本企业外的大宗煤矸石、炉渣、粉煤灰做主要原料，生产建材产品的所得，自生产经营之日起，免征所得税五年。企业自2008年1月1日起购置并实际使用列入《环境保护专用设备企业所得税优惠目录（2008年版）》和《节能节水专用设备企业所得税优惠目录（2008年版）》范围内的环境保护、节能节水和安全生产专用设备，可以按专用设备投资额的10%抵免当年企业所得税应纳税额，企业当年应纳税额不足抵免的，可以向以后年度结转，但结转期不得超过五个纳税年度。企业以共生、伴生矿产资源综合利用的资源生产的高岭岩、铝矾土、膨润土、电力、热力及燃气，在计算应纳税所得额时，按90%计入当年收入总额。已有规定对采掘业资源节约和环境保护的投资支持力度不够，特别是对进口国外先进环保设备缺乏明确的激励，而且对绿色研发也没有专门的规定。本书建议：

（1）企业利用自身排放的大宗煤矸石、炉渣、粉煤灰作为主要原料，生产建材产品，同样属于废弃物再利用范畴，应当予以鼓励，也应享受免税政策。考虑到企业利用的原料内外差别，可将免税期适当缩短至三年。

（2）二次开采固定资产加速折旧。煤炭企业对于弃置资源进行二次开采的前期投入较大，特别是固定资产部分，即便是对原生产能力的修缮也需要相当大的资金投入。为帮助企业尽快收回相应投资，积累劣质资源开采资金，应允许企业对从事这类资源开采的固定资产实行加速折旧。

（3）进口环保设备投资抵免。环保设备在各国都属于高新技术，国外知识产权法案较为完善，煤炭产业进口环保设备的价格普遍较高。考虑到我国目前环保设备生产技术尚无法完全满足国内需求，应对企业进口国家特别规定的环保设备给予全额税收抵免。

（4）绿色研发费用加计扣除。煤炭产业从事绿色研发的正外部性是显著的，它能使整个社会受益。政府应对企业节能减排和环境治理的技术创新给予有力的积极回应，可将采掘业能独立核算的绿色研发支出加计扣除比例提高至100%。

3. 营业税优惠政策

煤炭产业资源节约和环境保护相关技术的研发过程相对比较复杂，涉及多个环节和步骤，有时需要企业和科研院所的多方合作，那么就存在技术研发的服务收入问题。当相关研发工作完成后，所形成的专利权或非专利技术成果有可能对外转让，也会带来技术研发的转让收入问题。按照我国税法规定，不管是技术研发的服务收入还是转让收入都需要征收营业税，这无疑加重了煤炭产业实现资源节约和环境保护技术进步和及扩散的成本，不利于行业可持续发展水平的提高。因此，应当减免煤炭产业资源节约及保护技术研发的中间环节及转让环节的营业税。

4. 关税优惠政策

对赋存条件差的煤炭资源进行开采需要用到先进的设备和工艺，很多情况下需要从国外进口。例如，由于薄煤层作业空间小，开采条件恶劣，经济效益差，很多都被放弃开采，而从国外进口的螺旋钻采煤机使一些传统技术无法开采的薄煤层实现了安全高效利用，显著提高了回采率。此外，煤炭产业也经常从外国进口环保设备以处理废水、废气等。对这些进口设备若征收关税，则大大增加了资源节约和环境保护的初始投资，不利于调动企业的积极性。因此，可比照国家鼓励发展的国内投资项目的税收优惠政策，对煤炭产业进口用于资源节约和环境保护的设备以及随设备进口的技术、配套件、备件等，免征关税。

（三）完善煤炭产业环境信息披露制度

财政部 2008 年 12 月发布 《关于做好执行会计准则企业 2008 年年报工作的通知》，又于 2009 年 6 月发布 《关于印发企业会计准则解释第 3 号的通知》，间隔时间很短的两项通知都对煤炭企业提取的安全生产费用和维简费会计处理方式做出了新的规定。以此为依据，一些煤炭企业将与之相类似的矿山环境恢复治理保证金、环境补偿费、转产发展基金、可持续发展基金等也比照上述规定处理，计入环境类“专项储备”。国家环保总局 2007 年颁布《环境信息公开办法(试行)》并于 2008 年公布 《上市公司环境保护核查行业分类管理名录》，将煤炭行业列入核查范围。严格的环境政策能够引导煤炭企业选择环境友好型发展模式，对开采工艺、“三废” 排放、产业链延伸等环节进行完善，关于环境信息的披露也更加全面和深入。深圳证券交易所、上海证券交易所分别于 2006 年和 2008 年发布《上市公司社会责任指引》、《上市公司环境信息披露指引》。2009 年上海证券交易所推出 “上证社会责任指数”，挑选 100 只每股社会贡献值最高的公司股票组成样本股，其中包括兖州煤业、中国神华、中煤能源、兰花科创、开滦股份、潞安环能六家煤炭行业上市公司，资本市场对其环境业绩异常重视。监管部门的制度规范和公众关注度的增加，促使煤炭行业上市公司披露更多的环境信息。环境保护部 2010 年发布 《上市公司环境信息披露指南 (征求意见稿)》，但正式的指南并未随后出台。需要指出的是，环境信息披露在我国尚处于起步阶段，煤炭企业存在着披露数量不稳定、质量不高等问题。本书认为应从完善政策角度，设计政府、行业和社会三位一体的规范体系：

第一，财政部应尽快出台《企业会计准则——环境事项》，增设环境资产、环境负债类科目，界定环境类会计业务核算方式，明确环境信息在年报中的哪些部分体现；环境保护部和证券监督管理委员会应联合发布《上市公司环境信息披露指南》，以正式制度的形式规定信息披露的时间节点、格式和内容等要素，减少投资者和上市公司之间的信息不对称，提高环境信息的可比性。

第二，中国煤炭工业协会可以考虑建立符合行业特色的环境信息披露指引或实施细则，定期发布本行业环境信息披露情况，发挥行业自律作用。

第三，待条件成熟后，要求上市公司单独披露环境报告，需出具第三方审计意见，逐步形成常规信息定期披露和紧急信息及时披露机制。

二、发挥市场竞争和所有权结构调整的积极效应

为促进煤炭产业可持续发展，中国政府出台了一系列扶持政策，包括《煤炭产业政策》（2007）、《关于加快推进煤矿企业兼并重组的若干意见》（2010）等。中国能源主管部门意在调整优化煤炭产业结构，培育一批具有较强国际竞争力的大型煤炭企业集团，一些煤炭资源富集省区如山西、内蒙古、新疆等，也纷纷出台促进煤炭资源开发的政策。"十二五"期间，推进兼并重组、发展大型企业集团是煤炭产业的重点任务。因此，煤炭产业应牢牢抓住这一契机，发挥市场竞争和所有权结构调整对生产率增长的促进作用。

1. 强化市场对资源配置的决定性作用，以竞争促发展

世界银行在《1997年发展报告——变革中的政府》中指出"如果没有有效的政府，经济的、社会的和可持续的发展是不可能的"。政府属于上层建筑的范畴，其功能和行为要受所处的经济基础的制约。随着中国煤炭产业市场化改革的不断深入，我们需要重新思考"政府应该干什么"，合理确定政府的边界，对政府与市场的关系应不断地调整和优化。从促进煤炭产业转型升级的目标出发，政府应当"有所为，有所不为"，修正原有的定位迷失。"有所为"是指政府需加强宏观管理和调控功能，具体应扮演市场制度的建设者、公平竞争的维护者、公共利益的保卫者等角色。"有所不为"是指政府应坚决放弃应由市场实现的功能，包括行政命令式的资源配置、干预企业的正常生产经营等，把自主经营的权力真正赋予企业。

2. 建立健全煤炭产业发展所必需的产品市场和要素市场

（1）坚持煤炭产品价格市场形成机制，在正常情况下，由市场供需状况决定价格，减少政府对煤炭产品价格的过度干预。

（2）严格禁止煤炭产品市场的地方保护行为。在煤炭资源富集地区，煤炭产

品销售往往是当地财政收入的主要来源，地方保护行为不但危害了地方经济发展，也损害了地方政府的信誉，严重阻碍市场的正常发育。

（3）发展资本市场和信贷市场，鼓励优质企业上市，实施银行信贷政策倾斜，为煤炭企业发展提供资金支持。

（4）发展技术成果转化市场，建立技术成果价值评估体系，完善技术成果买卖交易规则，实现技术开发投入的有效补偿，促进技术成果的及时商品化。

3. 积极引入非国有资本，优化所有权结构

近年来，煤炭产业非国有主体发展迅速，但在个别省份的煤炭资源整合过程中，也出现了“国进民退”的反向趋势。未来应重点做好以下工作：

（1）清理煤炭产业非国有资本的准入障碍，消除各种具有歧视性和不合理的规定，构建一视同仁的政策平台，在财政税收、资源获取、利润分配等方面，确保非国有企业享受与其他所有制企业同等的待遇。

（2）构建高效的非国有经济发展服务体系，缩减和精简行政审批项目，取消对非国有煤炭企业的不合理收费。

（3）大力引进绿色外商直接投资。一方面，建立煤炭产业外资进入的绿色标准。在改善投资环境、大力引进外商直接投资的同时，应从环境保护的角度对外资的质量进行把关，各地政府应建立外资引进的最低环境标准，淘汰那些对环境有严重损害的资金。另一方面，引导外资投资与煤炭开采相关的环境保护产业。欧美发达国家在环保产业发展方面已经有了较长的时间实践，积累了丰富的技术和经验。我国在这方面才刚刚起步，应鼓励国外资本投资于节能减排、防污治污等产品和设备的生产。

三、提升煤炭产业技术创新能力

1. 建立多渠道、多元化的科技投入体系

煤炭产业亟须加大科技投入，建立和完善以政府投入为引导、企业投入为主体、银行贷款为支撑、社会筹资和引进外资为重要来源的多渠道、多元化的新型科技投融资体制。

（1）政府可设立重大项目研发基金，用于研发事前资助或事后补贴。以财政资助形式推动研究开发，对从事环境友好型的新技术研究开发的公司、科研组织或个人提供无偿拨款或补贴，对有助于技术进步的项目，给予相应的减免税收政策。

（2）政府可为企业研发贷款提供风险担保，压缩银行贷款的中间审批环节，减少时间上的浪费，推动研发工作的尽快实施。

（3）积极引导外资参与研发，发挥外商投资企业在资金和智力上的优势，带动国内技术能力的提升。

2. 为科技人才的培养使用创造良好的外部条件

（1）在科技人才的培养和使用方面，要加强政府的宏观调控和政策引导，充分发挥市场机制对人力资源配置的基础性作用，在提高科技人才队伍整体素质、优化科技队伍结构的基础上，重点建设好技术创新、企业家、科技管理和科技中介服务四支队伍。

（2）建立和完善竞争择优的人才选拔机制。企业在人才选拔过程中应做到公正透明，选拔的标准要切合企业技术创新的实际需要，使真正有能力的人才脱颖而出。

（3）要建立和完善与人才贡献相适应的人才激励机制。当前大部分煤炭企业已经在人才分配机制上取得了长足的进步，打破了传统的平均分配，但还不够彻底。技术创新工作是一个长期积累的过程，凝聚着研发人员的智力和心血，所形成的成果会给企业带来巨大的回报。科技人才的薪酬应由基本工资、岗位工资、科研奖励等构成，体现目标性和长期性。

3. 完善对技术创新成果的保护工作

企业从事技术创新工作，需要投入资金、人力和设备，经过一个较长的时间才有可能产生成果，而且还要面临失败的风险。高投入和高风险是技术创新的典型特征。如果缺乏对技术创新成果的法律保护，那么“搭便车”现象将普遍存在，会严重打击企业技术创新的积极性和主动性。一方面，企业应增强专利申请的意识。当技术创新成果形成可实施的技术方案时，就应及时申请专利，取得专利证书。专利权可以保障企业的独占权，垄断的优势不仅能够快速收回研发成本，而且能从市场上获取超额的回报，为下一阶段的技术创新奠定资金基础，从而形成投入—回报—再投入—再回报的技术创新良性循环。此外，企业应从系统的高度看待专利申请。对于独创性较高的成果，除申请基本专利之外，还应对与该成果相关的技术申请一系列的相关专利，形成“专利族”，包括形成该技术创新成果的生产材料、制造工艺、专用设备等，实施整体性保护。另一方面，政府应不断完善对技术创新成本保护的法律体系。目前我国已经出台《专利法》，保障申请人对技术创新成果的独占权，实现知识产权保护。但目前《专利法》存在的不足在于过度强调对使用新型专利的保护，而对基础研究成果的保护力度不够。基础研究不同于应用研究，其周期长、见效慢，所能带来的经济效益不如应用研究显著。但基础研究对技术创新的影响是深远的，能为应用研究提供正的外部溢出。忽视基础研究是明显的急功近利行为，我国《专利法》应增加对基础研究成果的保护力度，延长专利年限，给申请者更长时间的获利可能，调动从事基础研究的积极性。

4. 提高研发经费的利用效率

(1) 企业应该通过强化管理，厉行节约，完善资金预算，加强审计监督，构建研发经费的事前、事中和事后的全过程管理体系，提高研发经费的使用效率。

(2) 政府应发挥政策主导作用，加强科技成果转化工作。建立科技成果资源库，推动与企业的对接，对科技成果的市场化交换给予税收优惠，促进科技成果价值得以实现，发挥其在经济社会发展中的巨大作用。

(3) 建立和完善科技转化的中介服务体系。目前我国煤炭领域科技创新的主要力量在高校和科研院所，而成果转化的主体则是企业。由于隶属于不同的行业和部门，院校的科研成果被束之高阁，而企业则苦于缺乏合理的技术支撑，两者间缺乏必要的沟通是煤炭领域科技成果转化效率低的重要原因。而社会中介机构比政府更能发挥桥梁纽带的作用，对市场供需机会的灵敏捕捉、机制的高度灵活、人员的专业化等优势为科技中介的快速发展奠定了良好的基础。

四、规范煤炭产业进出口行为

1. 合理调控进口行为

(1) 适度增加煤炭资源类产品进口。加快对煤炭资源类产品进口政策的改革，利用国际、国内两种资源，减少对国内竞争市场的保护，形成进口产品对国内生产者的竞争压力，优化资源在国内市场的配置，提高资源利用效率。

(2) 优化进口结构。禁止高硫分、高灰分煤炭资源的进口；鼓励优质洁净煤炭资源的进口；鼓励与煤炭生产相关的高新技术和设备的进口，分享国外先进科技成果，带动国内产品附加值的提升。

(3) 注重技术溢出与自主创新的结合。由于发达国家对核心技术的出口往往实施限制措施，一味地依赖国外显然并不可行，必须通过吸收先进技术并加以自主创新，形成自身的核心竞争力。

2. 优化出口结构

(1) 出口主体结构的优化。在鼓励国有煤炭企业拓展海外市场的同时，破除不利于民营企业出口的体制和机制障碍，放宽限制，赋予民营企业更多的外贸经营权，引导民营煤炭企业做大做强，促进民营企业和国有企业在出口方面相互学习、相互促进，共同发展。

(2) 出口品种结构的优化。努力构建出口产品的质量优势，提高绿色产品份额。采取员工培训、工艺改进等多种方式降低生产成本，保持价格优势，通过对煤炭资源的深加工提高产品的附加值。

(3) 促进多种辅助措施结构的优化。完善国内外市场的信息化网络建设，多层次举办商品展览会、投资促进会，大力培养外贸型的专业人才，完善出口法律体系。

五、完善与煤炭产业发展配套的基础设施建设

1. 完善投融资体制，优化投融资主体构成

调动企业投资的积极性。与煤炭产业发展配套的基础设施投资虽具有公益性质，但并不必然完全归属于财政支出的范畴。特别是属于地方政府承担的，囿于有限的财力，在条件允许的情况下，可由地方政府和企业共同开发。同时，鼓励外资和民间资本进入。政府应主动提供基础设施投资的信息，为外资和民间资本了解政策导向和投资可能提供机会。

2. 做好项目建设的总体规划，严格招投标制度

基础设施项目周期长、投资大、风险高，建设规划应详尽细致，避免匆忙上马。招投标制度要实现“优中选优”，争取以较低的成本实现预期的目标。对于政府主导的基础设施建设，应本着公平、公正、公开的原则，通过招标落实责任主体，保证建设质量，提高运作效率。

3. 基础设施建设过程中重视绿色技术的使用

基础设施是煤炭产业长期增长的平台，其质量好坏直接影响到增长的可持续性，因此应该确保可靠技术，特别是环保技术的大规模采用。项目建设合同中应明文规定应采用的工艺、原料等标准，对为减少环境污染而采取的技术创新，应给予奖励，将环保工作做得扎实到位的建设单位列入“绿色名单”，在以后的招标中优先选择。

第三节　研究展望

本书对环境约束下的中国煤炭产业生产率进行了测度，在此基础上，对中国煤炭产业生产率的影响因素进行了理论和实证研究，力求做到论点明确、论据充分、方法科学，取得了一定的研究成果。本书所讨论的议题已受到越来越多的学者和政府部门的广泛关注。对于未来的进一步研究，本书从以下几个方面进行展望：

首先，引入新的研究方法。对于环境约束下的生产率测度，本书采用的是基于方向性距离函数的 Malmquist–Luenberger 指数，这一方法是对过去发生的确定

数据做出计算，并未分析未来有可能发生的不确定性情况，不利于对政策实施前做评价。情景分析方法可以有效解决这一问题。情景分析是假定某种现象或者趋势持续到未来的前提下，对可能出现的情况或引起的后果做出评估的方法，其意义不在于准确地预测研究对象的未来状态，而是对不同趋势条件下可能出现的状态进行考察和比较。进一步地研究可对未来环境污染排放进行情景设定，分别测度不同情景下的煤炭产业生产率及其影响因素，并提出相应的解决对策，从而提高研究的适用性。

其次，充实中国煤炭产业生产率绿色增长的影响因素，考虑不同区域的差异性，并分析因素间的交互作用。受数据可得性的限制，本书重点考察了环境规制、技术创新、进出口、市场化进程和基础设施五个因素对中国煤炭产业生产率的作用效果，并分析了市场竞争和所有权结构的影响，这显然未能穷尽所有可能的因素。未来随着数据统计的不断完善，可纳入更多的制度变迁变量，并可结合某一具体政策，分析政策变革前后生产率的变动情况。此外，本书并未分区域研究煤炭产业生产率的影响因素，这在一定程度上会影响政策建议的实施效果。因此，分别考虑不同区域，深入分析各影响因素间的交互作用也是未来研究的重点之一。

最后，结合典型煤炭企业进行案例分析。本书在实证研究中是以整个煤炭产业为样本，并未单独考虑每个企业的特殊性。未来可细化到某一典型企业作具体案例分析，并有针对性地提出绿色增长政策建议，具有显著的现实意义。

参考文献

[1] Jefferson G.H., Rawski T.G., Zheng Y.. Chinese Industrial Productivity: Trends, Measurment and Recent Development [J]. Journal of Comparative Economics, 1996, 23 (2): 146–180.

[2] Huang Y., Meng X.. China's Industrial Growth and Efficiency: A Comparison between the State and TVE Sectors [J]. Journal of the Asia Pacific Economy, 1999 (2): 101–121.

[3] 郑京海，刘小玄，Arne Bigsten. 1980~1994 期间中国国有企业的效率、技术进步和最佳实践 [J]. 经济学（季刊），2002 (3): 32–43.

[4] 涂正革. 全要素生产率与区域经济增长的动力——基于对 1995~2004 年 28 个省市大中型工业的非参数生产前沿分析 [J]. 南开经济研究，2007 (4): 14–36.

[5] 李强，聂锐. 环境规制与中国大中型企业工业生产率 [J]. 中国地质大学学报（社会科学版），2010 (4): 55–59.

[6] 涂正革，肖耿. 环境约束下的中国工业增长模式研究 [J]. 世界经济，2009 (11): 41–54.

[7] Harrod, R. F.. An Essay in Dynamic Theory [J]. Economic Journal, 1939, 49: 14–33.

[8] Harrod, R.F.. Towards a Dynamic Economics [M]. London: Macmillan, 1948.

[9] Domar, E.D.. Capital Expansion, Rate of Growth, and Employment [J]. Econometrica, 1946, 14: 137–147.

[10] Solow, Robert M.. A Contribution to the Theory of Economic Growth [J]. Quarterly Journal of Economics, 1956, 70: 65–94.

[11] Swan, Trevor W.. Economic Growth and Capital Accumulation [J]. Economic Record, 1956, 32 (3): 334–361.

[12] Romer, P.. Increasing Returns and Long Run Growth [J]. Journal of Political Economy, 1986, 94 (5): 1002–1037.

［13］ Lucas，R.E.. On the Mechanics of Economic Development［J］. Journal of Monetary Economics，1988，22：3–42.

［14］ Denison，Edward F.. Trends in American Economic Growth：1929–1982［R］. Washington D.C：The Brookings Institution，1985.

［15］ Abramovitz，M.. Catching up，Forging Ahead，and Falling Behind［J］. Journal of Economic History，1986（2）：385–406.

［16］ Lucas，R.. Making a Miracle［J］. Econometrica，1993，61：251–272.

［17］ Hall，R.，Jones，C.I.. Why do Some Countries Produce so much more output Per Worker than Others？［J］. Quarterly Journal of Economics，1999，114（1）：83–116.

［18］ Romer，P.. Endogenous Technological Change［J］. Journal of Political Economy，1990，98：71–102.

［19］ Grossman，G.M.，Helpman，E.. Innovation and Growth in the Global Economy ［M］. Cambridge：MIT Press，1991.

［20］ Jones，C.. R&D based Models of Economic Growth［J］. Journal of Political Economy，1995，103：759–784.

［21］ Jones，C.. Time Series Tests of Endogenous Growth Models［J］. Quarterly Journal of Economies，1995，110（2）：495–525.

［22］ Ruttan，V.W.. Technology，Growth，and Development：an Induced Innovation Perspective ［M］. Oxford：Oxford University Press，2001.

［23］ Quesnay F.. 魁奈 《经济表》及著作选 ［M］. 晏智杰译，北京：华夏出版社，2006.

［24］ Jorgenson D.W.，Zvi Griliches. The Explanation of Productivity Change［J］. The Review of Economic Studies，1967，34（3）：249–283.

［25］ Solow，Robert M.. Technical Change and the Aggregate Production Function［J］. The Review of Economics and Statistics，1957，39（3）：312–320.

［26］ Kumbhakar，S.C.，Lovell，C.A.K.. Stochastic Frontier Analysis ［M］. London：Cambridge University Press，2000.

［27］ Meeusen，W.，J. van den Broeck. Efficiency Estimation from Cobb–Douglas Production Function with Composed Error［J］. International Economic Review，1977，18（2）：435–444.

［28］ Aigner，D.，Lovell，C.，Schmidt，P.. Formulation and Estimation of Stochastic Frontier Production Function Models［J］. Journal of Econometrics，1977，6（1）：21–37.

[29] Battese, G.E., Corra, G.S.. Estimation of a Production Frontier Model: with Application to the Pastoral Zone of Eastern Australia [J]. Australian Journal of Agricultural Economics, 1977, 21: 169-179.

[30] Battese, G.E., Coelli, T.J.. A Model for Technical Inefficiency Effects in a Stochastic Frontier Production Function for Panel Data [J]. Empirical Economics, 1995, 20: 325-332.

[31] Charnes, A., Cooper, W.W., Rhodes, E.. Measuring the Efficiency of Decision Making Units [J]. European Journal of Operational Research, 1978, 12 (6): 429-444.

[32] Chow, G.. Capital Formation and Economic Growth in China [J]. Quarterly Journal of Economics, 1993, 108: 809-842.

[33] Hu, Z.F., Khan, M.S.. Why is China Growing so Fast [J]. IMF Sta. Papers, 1997, 44: 103-131.

[34] Chow, G., Lin, An-loh. Accounting for Economic Growth in Taiwan and Mainland China: A Comparative Analysis [J]. Journal of Comparative Economics, 2002, 30 (3): 507-530.

[35] OECD. Economic Surveys: China [R]. 2005.

[36] Perkins, D., Rawski, T.. Forecasting China's Economic Growth to 2025 [M]. Cambridge: Cambridge University Press, 2008.

[37] Li and Liu. Economic and Productivity Growth Decomposition: An Application to Post-reform China [J]. Economic Modelling, 2011, 28 (1): 366-373.

[38] Laurenceson and Donnell. New Estimates and a Decomposition of Provincial Productivity Change in China [J]. China Economic Review, 2014, 30 (9): 86-97.

[39] Wang. Sources of Energy Productivity Growth and its Distribution Dynamics in China [J]. Resource and Energy Economics, 2011, 33 (1): 279-292.

[40] Chen and Golley. Green Productivity Growth in China's Industrial Economy [J]. Energy Economics, 2014, 44 (7): 89-98.

[41] 张自然. 考虑人力资本的中国生产性服务业的技术进步 [J]. 经济学(季刊), 2010 (4): 153-168.

[42] 程郁, 陈雪. 创新驱动的经济增长——高新区全要素生产率增长的分解 [J]. 中国软科学, 2013 (11): 26-39.

[43] Borensztein, E., Ostry, J.D.. Accounting for China's Growth Performance [J]. American Economic Review, 1996, 86: 225-228.

[44] Young, A.. Gold into base Metals: Productivity Growth in the People's Republic of China during the Reform Period [J]. Journal of Political Economy, 2003, 111 (6): 1220 -1242.

[45] Cowgill, P.A.. A Productivity and Efficiency Analysis of Post-reform China [D]. Georgia: University of Georgia, 2001.

[46] 黄章树，苏小密. 全要素生产率与福建省三大主导产业产出增长的源泉分解 [J]. 系统工程理论与实践，2013 (4): 878-885.

[47] 赵国浩，高文静. 基于前沿分析方法的中国工业部门广义碳生产率指数测算及变化分解 [J]. 中国管理科学，2013 (1): 31-36.

[48] 王小鲁，樊纲. 中国经济增长的可持续性与制度变革 [M]. 北京：经济科学出版社，2000.

[49] 张军. 增长、资本形成与技术选择：解释中国经济增长下降的长期因素 [J]. 经济学（季刊），2002 (2): 301-338.

[50] 孙琳琳，任若恩. 中国资本投入和全要素生产率的估算 [J]. 世界经济，2005 (12): 3-13.

[51] 涂正革. 我国大中型工业企业生产率与技术效率的随机前沿模型分析 [D]. 武汉：华中科技大学博士学位论文，2005.

[52] 王争，郑京海，史晋川. 中国地区工业生产绩效：结构差异、制度冲击及动态表现 [J]. 经济研究，2006 (11): 48-59.

[53] 查冬兰，周德群，严斌剑. 能源约束下的我国全要素生产率增长比较——基于技术可变的面板随机前沿生产模型 [J]. 系统工程，2009 (6): 8-14.

[54] 岳书敬，刘朝明. 人力资本与区域全要素生产率分析 [J]. 经济研究，2006 (4): 90-96.

[55] 傅东平. 中国生产率的变化及其影响因素研究 [D]. 武汉：华中科技大学博士学位论文，2009.

[56] 于永达，吕冰洋.中国生产率争论：方法的局限性和结论的不确定性 [J]. 清华大学学报（哲学社会科学版），2010 (3): 141-153.

[57] 胡鞍钢等. 考虑环境因素的省级技术效率排名（1999~2005) [J]. 经济学（季刊），2008 (3): 933-960.

[58] 吴军，笪凤媛，张建华. 环境管制与中国区域生产率增长 [J]. 统计研究，2010 (1): 83-89.

[59] 许海萍. 基于环境因素的全要素生产率和国民收入核算研究 [D]. 杭州：浙江大学博士学位论文，2008.

[60] 贺胜兵. 考虑能源和环境因素的中国省级生产率研究 [D]. 武汉：华中

科技大学博士学位论文，2009.

[61] 匡远凤，彭代彦. 中国环境生产效率与环境全要素生产率分析[J]. 经济研究，2012 (7)：62-74.

[62] 涂正革. 环境、资源与工业增长的协调性 [J]. 经济研究，2008 (2)：93-105.

[63] 岳书敬，刘富华. 环境约束下的经济增长效率及其影响因素[J]. 数量经济技术经济研究，2009 (5)：94-106.

[64] 吴军. 环境约束下中国地区工业全要素生产率增长及收敛分析[J]. 数量经济技术经济研究，2009 (11)：17-27.

[65] 陈诗一. 中国的绿色工业革命：基于环境全要素生产率视角的解释 [J]. 经济研究，2010 (11)：21-34.

[66] 王兵等. 碳排放约束下中国工业行业能源效率的测度与分解 [J]. 金融研究，2013 (10)：128-141.

[67] 张青，穆忻普. 煤炭企业生产函数及其应用 [J]. 煤炭学报，1995 (4)：444-448.

[68] 姚平，梁静国. 我国煤炭企业技术效率测算 [J]. 煤炭学报，2008 (3)：263-266.

[69] 赵梦楠. 中国煤炭行业生产效率的区域差异研究 [D]. 南京：南京航空航天大学硕士学位论文，2008.

[70] 王晓东. 中国煤炭上市公司生产率变化实证研究 [J]. 山东工商学院学报，2009 (4)：33-41.

[71] 丁哲新. 我国煤炭行业的技术效率、技术进步与生产率增长 [J]. 科技管理研究，2009 (3)：91-93.

[72] 姚平，黄文杰. 基于 DEA-Malmquist 模型对煤炭企业全要素生产率的分析 [J]. 资源开发与市场，2012 (12)：1078-1082.

[73] 赵萌. 中国煤炭企业的全要素生产率增长 [J]. 统计研究，2011 (8)：55-62.

[74] 王克强等. 中国能源开采业全要素生产率的测度框架与实证研究 [J]. 经济研究，2013 (6)：127-140.

[75] Arrow，K.J. The Economic Implications of Learning by Doing [J]. Review of Economic Studies，1962，29：155-173.

[76] MacDougall，G.D.A. The Benefits and Costs of Private Investment from Abroad：A Theoretical Approach [J]. Economic Record，1960，36 (4)：13-35.

[77] Chen. E. K. Y，Multinational Corporations，Technology and Employment

[M]. London: Macmillan, 1983.

[78] Pack, H., Saggi, K. Exporting, Externalities and Technology Transfer, Working Paper, 1999.

[79] Das S.. Externalities and Technology Transfer through Multinational Corporations: A Theoretical Analysis [J]. Journal of International Economics, 1987, 22 (1-2): 171-182.

[80] Kokko, A. Foreign Direct Investment, Host Country Characteristics and Spillovers [R]. Stockholm: The Economics Research Institute, 1992.

[81] Eiichi Tomiura. Foreign Outsourcing, Exporting and FDI [J]. Journal of International Economics, 2007, 72 (1): 113-127.

[82] Aitken, B. and Harrison, A.E, Do Domestic Firms Benefit from Direct Foreign Investment? Evidence from Venezuela [J]. American Economic Review, 1999, 89: 605-618.

[83] Markusen, J., Venables, A.. Foreign Direct Investment as a Catalyst for Industrial Development [J]. European Economic Review, 1999, 43 (2): 335-356.

[84] Lee. Trade, FDI, and Productivity Convergence [J]. Japan and the World Economy, 2009, 21 (3): 226-238.

[85] Wang, Jian-Ye, Blomström, M.. Foreign Investment and Technology Transfers: a Simple Model [J]. European Economic Review, 1992, 36: 137-155.

[86] Sjöholm, F.. Productivity Growth in Indonesia: the Role of Regional Characteristics and Direct Foreign Investment [J]. Economic Development and Cultural Change, 1999, 47: 559-584.

[87] Anwar Sun. Heterogeneity and Curvilinearity of FDI-related Productivity Spillovers in China's Manufacturing Sector [J]. Economic Modelling, 2014, 41: 23-32.

[88] Syverson, C..Market Structure and Productivity: A Concrete Example [J]. Journal of Political Economy, 2004 (12): 1181-1222.

[89] Acemoglu D., Linn, J.. Market Size in Innovation: Theory and Evidence from the Pharmaceutical Industry [J]. Quarterly Journal of Economics, 2004 (3): 1-40.

[90] David Lagakos. Superstoresor Momand Pops, Markersize, Technology Adoption and TFP Difference [R]. UCLA, Job Market Paper, 2008.

[91] Aw, B., Roberts, M., Xu, Y.. R&D Investment, Exporting and Productivity Dynamics [R]. NBER Working Paper, 2009.

［92］ Olper et al. Trade, FDI, and Productivity Convergence［J］. Food Policy, 2014, 49: 71-83.

［93］ Andrew Levin, Lakshmik Raut. Complementarities between Exports and Human Capital in Economic Growth: the Evidence from the Semi-industrialized Countries［R］. Economic Development and Cultural Change, 1999.

［94］ 王玲，Adam Szirmai. 高技术产业技术投入和生产率增长之间关系的研究［J］. 经济学（季刊），2008（2）：913-932.

［95］ 刘建翠. R&D对我国高技术产业全要素生产率影响的定量分析［J］. 工业技术经济，2007（5）：51-54.

［96］ 曹泽，李东. R&D投入对全要素生产率的溢出效应［J］. 科研管理，2010（2）：18-25.

［97］ 李小平. 自主R&D、技术创新和生产率增长——对中国分行业大中型工业企业的实证研究［J］. 数量经济技术经济研究，2007（7）：15-24.

［98］ 夏良科. 人力资本与R&D如何影响全要素生产率——基于中国大中型工业企业的经验分析［J］. 数量经济技术经济研究，2010（4）：78-94.

［99］ 万伦来，朱琴. R&D投入对工业绿色全要素生产率增长的影响［J］. 经济学动态，2013（9）：20-26.

［100］ 张同斌. 研发投入的非对称效应、技术收敛与生产率增长悖论［J］. 经济管理，2014（1）：131-141.

［101］ 李小平，卢现祥，朱钟棣. 国际贸易、技术进步和中国工业行业的生产率增长［J］. 经济学（季刊），2008（1）：549-564.

［102］ 黄静波，向铁梅. 贸易开放度与行业生产率关系研究——基于中国制造业面板数据的分析［J］. 广东社会科学，2010（2）：5-12.

［103］ 王恬，王苍峰. 贸易政策变动对异质性企业生产率的影响——对我国制造业企业数据的实证研究［J］. 世界经济文汇，2010（3）：27-41.

［104］ 李新等. 进口、出口与生产率——基于中国制造业微观企业的实证分析［J］. 财贸经济，2013（12）：101-111.

［105］ 何枫. 经济开放度对我国技术效率影响的实证分析［J］. 中国软科学，2004（1）：48-52.

［106］ 黄先海，石东楠. 对外贸易对我国全要素生产率影响的测度与分析［J］. 世界经济研究，2005（1）：22-26.

［107］ 何元庆. 对外开放与TFP增长：基于中国省际面板数据的经验研究［J］. 经济学（季刊），2007（4）：1127-1142.

［108］ 刘舜佳. 国际贸易、FDI和中国全要素生产率下降——基于1952~2006

年面板数据的 DEA 和协整检验［J］. 数量经济技术经济研究，2008（1）：28–39.

［109］张三峰. FDI 溢出渠道、人力资本与中国制造业生产率增长——基于 1999~2006 年制造业行业数据的经验研究［J］. 浙江社会科学，2009（9）：42–49.

［110］傅东平. 国际技术溢出与我国生产率的变化：基于 FDI 和进口渠道的研究［J］. 南方经济，2010（3）：34–45.

［111］蒋冠宏等. 我国技术研发型外向 FDI 的“生产率效应”［J］. 管理世界，2013（9）：44–54.

［112］李小平，陈勇. 劳动力流动、资本转移和生产率增长——对中国工业“结构红利假说”的实证检验［J］. 统计研究，2007（7）：22–28.

［113］柴志贤，黄祖辉. 集聚经济与中国工业生产率的增长——基于 DEA 的实证分析［J］. 数量经济技术经济研究，2008（11）：3–15.

［114］刘秉镰，武鹏，刘玉海. 交通基础设施与中国全要素生产率增长——基于省域数据的空间面板计量分析［J］. 中国工业经济，2010（3）：54–64.

［115］李凯，邹怿. 金字塔控制、管理层持股与公司全要素生产率——来自中国制造业国有上市公司的经验证据［J］. 预测，2010（2）：13–20.

［116］戚磊. 隐性经济产业关联的生产率效应［J］. 中国工业经济，2013（11）：70–82.

［117］孙晓华，王昀. 企业规模对生产率及其差异的影响［J］. 中国工业经济，2014（5）：57–69.

［118］Pigou A.. The Economics of Welfare［M］. London：Macmillan，1920.

［119］Coase R.H..The Problem of Social Cost［J］. Journal of Law and Economics，1960（3）：1–44.

［120］Baron，D.，Myerson，R.. Regulating a Monopolist with Unknown Costs［J］. Econometrica，1982，50：911–930.

［121］Heyes，A.. Making Things Stick：Enforcement and Compliance［J］. Oxford Review of Economic Policy，1998，14（4）：50–63.

［122］King，C.，Zhao，J.H.. On the Long–run of Auctioned vs Free Permits［J］. Economics Letters，2000，69：235–238.

［123］Bemelmans–Videc，Marie–Louise，Rist，R.C.，Vedung，E.. Carrots，Sticks，and Sermonsp：Policy Instruments and Their Evaluation［M］. New Brunswick：Transaction Publishers，1998.

［124］王明远. 从“污染物‘末端’处理”到“清洁生产”——发达国家依法保护环境资源的理论与实践［J］. 外国法译评，1999（3）：80–87.

［125］赵细康. 引导绿色创新——技术创新导向的环境政策研究［M］. 北京：

经济科学出版社，2006.

[126] 世界银行. 碧水蓝天：展望 21 世纪的中国环境 [M]. 北京：中国财经出版社，1997.

[127] Lundqvist, L.J.. Implementation from Above: the Ecology of Sweden's New Environmental Governance [D]. Gothenburg: University of Gothenburg, 2000.

[128] Shogren, J.F., Joseph, A.H., Govindasamy, R.. Limits to Environmental Bonds [J]. Ecological Economics, 1993 (8): 109–133.

[129] Christiansen, G.B., Haveman, R.H.. The Contribution of Environmental Regulations to the Slowdown in Productivity Growth [J]. Journal of Environmental Management, 1981 (8): 381–390.

[130] Siegel, P.B., Johnson, T.G.. Measuring the Economic Impacts of Reducing Environmentally Damaging Production Activities [J]. The Review of Regional Studies 1993 (23): 237–253.

[131] Brock W.A., Evans, D.S.. The Economics of Small Business: Their Role and Regulation in the U.S. Economy [M]. New York: Holmes and Meier, 1986.

[132] Walley, N., Whitehead, B.. It's not Easy Being Green [J]. Harvard Business Review, 1994 (3): 46–52.

[133] Porter, M.E..America's Green Strategy [J]. Scientific American, 1991 (4): 168.

[134] Porter, M.E., Van der Linde. Toward a New Conception of the Environment–Competitiveness Relationship [J]. Journal of Economic Perspectives, 1995 (4): 97–118.

[135] Xepapadeas, A., A.de Zeeuw. Environmental Policy and Competitiveness: the Porter Hypothesis and the Composition of Capital [J]. Journal of Environmental Economics and Management, 1999 (37): 165–182.

[136] Stefan Ambec, Philippe Barla. A Theoretical Foundation of the Porter Hypothesis [J]. Economics Letters, 2002 (75): 355–360.

[137] Mohr, R.. Technical Change, External Economics, and the Porter Hypothesis [J]. Journal of Environmental Economics and Management, 2002 (43): 158–168.

[138] Campbell, N.. Does Trade Liberalization Make the Porter Hypothesis Less Relevant [J]. International Journal of Business and Economics, 2003, 2 (2): 129–140.

[139] Barbera A.J., McConnell V.D..The Impact of Environmental Regulations on Industry Productivity: Direct and Indirect Effects [J]. Journal of Environmental

Economics and Management, 1990 (1): 50–65.

[140] Gray, W., Shadbegian, R..Pollution Abatement Expenditure and Plant-level Productivity: Production Function Approach [J]. Ecological Economics, 2005, 54: 196–208.

[141] Dufour C., Lanoie P., Party M.. Regulation and Productivity in the Quebec Manufacturing Sector [J]. Journal of Productivity Analysis, 1998 (9): 233-242.

[142] Myunghun Lee. Environmental Regulation and Production Structure for the Korea Iron and Steel Industry [J]. Resource and Energy Economics, 2008 (30): 1–11.

[143] Berman, E., Bui, L.T.. Environmental Regulation and Productivity: Evidence from Oil Refineries [J]. The Review of Economics and Statistics, 2001 (3): 498–510.

[144] Domazlicky, B.R., Weber, W.L.. Does Environmental Protection Lead to Slower Productivity Growth in the Chemical Industry [J]. Environmental and Resource Economics, 2004, 28: 301–324.

[145] Yang et al. Environmental Regulations, Induced R&D, and Productivity: Evidence from Taiwan's Manufacturing Industries [J]. Resource and Energy Economics, 2012, 34 (4): 514–532.

[146] Bi et al.. Does Environmental Regulation Affect Energy Efficiency in China's Thermal Power Generation? Empirical Evidence from a Slacks-based DEA model [J]. Energy Policy, 2014 (66): 537–546.

[147] Henderson, D.J., Millimet, D.L.. Environmental Regulation and US State-level Production [J]. Economics Letters, 2005 (87): 47–53.

[148] Shadbegian R.J., Gray W.B.. Pollution Abatement Expenditure and Plant-level Productivity: Production Function Approach [J]. Ecological Economics, 2005, 54: 196–208.

[149] R.A.Becker. Local Environmental Regulation and Plant-level Productivity [J]. Ecological Economics, 2011, 70 (12): 2515–2522.

[150] Conrad K., Wastl D.. The Impact of Environmental Regulation on Productivity in German Industries [J]. Empirical Economics, 1995 (4): 615–633.

[151] Majumdar S.K., Marcus A.A.. Rules Versus Discretion: the Productivity Consequences of Flexible Regulation [J]. Academy of Management Journal, 2001 (1): 170–179.

[152] Alpay E., Buccola S., Kerkvliet J.. Productivity Growth and Environmental Regulation in Mexian and U.S. Food Manufacturing [J]. American Journal of Agricultural Economics, 2002 (4): 887-901.

[153] Telle, K., Larsson, J. .Do Environmental Regulation Hamper Productivity Growth? How Accounting for Improvements of Plants' Environmental Performance can Change the Conclusion [J]. Ecological Economics, 2007, 61: 438-445.

[154] Armando et al. An Empirical Analysis of the Nonlinear Relationship between Environmental Regulation and Manufacturing Productivity [J]. Journa l of Applied Economics, 2013, 16 (2): 357-372.

[155] Lanjouw, J.O., Mody, A.. Innovation and the International Diffusion of Environmentally Responsive Technology [J]. Research Policy, 1996 (4): 549-571.

[156] Brunnermeier S.B., Cohen M. A.. Determinants of Environmental Innovation in US Manufacturing Industries [J]. Journal of Environmental Economics and Management, 2003 (2): 278-293.

[157] Vries, F. P., Withagen, C.. Innovation and Environmental Stringency: the Case of Sulfur Dioxide Abatement [R]. Working Paper, 2005.

[158] Mitsutsugu Hamamoto. Environmental Regulation and the Productivity of Japanese Manufacturing Industries [J]. Resource and Energy Economics, 2006 (28): 299-312.

[159] Carmen, E.C., Innes R.. Environmental Innovation and Environmental Performance [J]. Journal of Environmental Economics and Management, 2010 (59): 27-42.

[160] Ford et al.. How Environmental Regulations Affect Innovation in the Australian Oil and Gas Industry [J]. Journal of Cleaner Production, 2014 (84): 204-213.

[161] Murty, M.N., Kumar, S.. Win-win Opportunities and Environmental Regulation: Testing of Porter Hypothesis for Indian Manufacturing Industries [J]. Journal of Environmental Management, 2003 (67): 139-144.

[162] Arno J.van der Vlist, Cees Withagen, Henk Folmer. Technical Efficiency under Alternative Environmental Regulatory Regimes: the Case of Dutch Horticulture [J]. Ecological Economics, 2007 (63): 165-173.

[163] 张友国. 一般均衡模型中排污收费对行业产出的不确定性影响——基于中国排污收费改革分析 [J]. 数量经济技术经济研究, 2004 (5): 156-160.

[164] 王兵, 吴延瑞, 颜鹏飞. 生产率对中国经济增长的贡献: 新的估计

[J]. 经济学（季刊），2008（2）：827-842.

[165] 解垩. 环境规制与中国工业生产率增长[J]. 产业经济研究，2008（1）：19-25.

[166] 张成，于同申，郭路. 环境规制影响了中国工业的生产率吗——基于DEA与协整分析的实证检验[J]. 经济理论与经济管理，2010（3）：11-17.

[167] 李玲，陶锋. 中国制造业最优环境规制强度的选择——基于绿色全要素生产率的视角[J]. 中国工业经济，2012（5）：70-82.

[168] 李斌等. 环境规制、绿色全要素生产率与中国工业发展方式转变[J]. 中国工业经济，2013（4）：56-68.

[169] 王杰，刘斌. 环境规制与企业全要素生产率——基于中国工业企业数据的经验分析[J]. 中国工业经济，2014（3）：44-56.

[170] 王齐. 环境管制促进技术创新及产业升级的问题研究[D]. 济南：山东大学博士学位论文，2005.

[171] 黄德春，刘志彪. 环境规制与企业自主创新——基于波特假设的企业竞争优势构建[J]. 中国工业经济，2006（3）：100-106.

[172] 赵红. 环境规制对产业技术创新的影响——基于中国面板数据的实证分析[J]. 产业经济研究，2008（3）：35-40.

[173] 李强，聂锐. 环境规制与区域技术创新[J]. 中南财经政法大学学报，2009（4）：18-23.

[174] 江珂，卢现祥. 环境规制与技术创新[J]. 科研管理，2011（7）：60-66.

[175] 沈能，刘凤朝. 高强度的环境规制真能促进技术创新吗？[J]. 中国软科学，2012（4）：49-59.

[176] 李婉红等. 环境规制强度对污染密集行业绿色技术创新的影响研究[J]. 研究与发展管理，2013（6）：72-81.

[177] 蒋伏心等. 环境规制对技术创新影响的双重效应[J]. 中国工业经济，2013（7）：44-55.

[178] T.J.Holmes and J.A.Schmitz. Competition and Productivity：A Review of Evidence[J]. Annual Review of Economics，2010，2（1）：619-642.

[179] Januszewski et al.. Product Market Competition，Corporate Governance and Firm Performance[J]. Research in Economics，2002，56（3）：299-332.

[180] Okada. Competition and Productivity in Japanese Manufacturing Industries[J]. Journal of the Japanese and International Economies，2005，19（4）：586-616.

[181] Inui et al.. Market Competition，Differences in Technology，and Productivity

Improvement [J]. Japan and the World Economy, 2012, 24 (3): 197-206.

[182] S.Khalid. Does Competition Improve Productivity in Developing Countries? [J]. Journal of Economic Policy Reform, 2009, 12 (2): 145-162.

[183] S.Malick. Canada-US Productivity Gap: The Role of Competition Intensity Differential [J]. International Review of Applied Economics, 2013, 27 (3): 404-428.

[184] F. Amri and R.Mouelhi. Impact of Competition on Total Factor Productivity, Efficiency and Technical Change [J]. International Journal of Statistics and Economics, 2014, 14 (2): 68-91.

[185] 李玉红等. 企业演化：中国工业生产率增长的重要途径[J]. 经济研究，2008 (6): 12-24.

[186] 柴志贤，黄祖辉. 集聚经济与中国工业生产率的增长 [J]. 数量经济技术经济研究，2008 (11): 3-15.

[187] 简泽. 从国家垄断到竞争：中国工业的生产率增长与转轨特征 [J]. 中国工业经济，2011 (11): 79-89.

[188] 简泽，段永瑞. 企业异质性、竞争与全要素生产率的收敛 [J]. 管理世界，2012 (8): 15-29.

[189] 李平等. 进入退出、竞争与中国工业部门的生产率 [J]. 数量经济技术经济研究，2012 (9): 3-21.

[190] 毛其淋，盛斌. 中国制造业企业的进入退出与生产率动态演化 [J]. 经济研究，2013 (4): 16-29.

[191] 简泽等. 进口自由化、竞争与本土企业的全要素生产率 [J]. 经济研究，2014 (8): 120-132.

[192] G.H. Jefferson and T.G.Rawski. China's Emerging Market for Property Rights: Theoretical and Empirical Perspectives [J]. Economics of Transition, 2002, 10 (3): 585-617.

[193] G.H. Jefferson. Ownership, Performance, and Innovation in China's Large-and Medium-Size Industrial Enterprise Sector [J]. China Economic Review, 2003, 14 (1): 89-113.

[194] 袁宏泉，陈建梁. 上市公司股权变更与公司产出效率的研究 [J]. 中山大学学报 (社会科学版), 2005 (5): 87-93.

[195] 叶彬，任佩瑜. 股权结构与全要素生产率 [J]. 山西财经大学学报，2010 (6): 78-84.

[196] 张红凤，张肇中.所有权结构改革对工业行业全要素生产率的影响 [J]. 经济理论与经济管理，2013 (2): 66-77.

[197] 李兴华等. 经营环境、治理结构与商业银行全要素生产率的动态变化 [J]. 中国工业经济，2014 (1)：57-68.

[198] 姜永宏，蒋伟杰. 中国上市商业银行效率和全要素生产率研究 [J]. 中国工业经济，2014 (9)：109-121.

[199] 季永杰，徐晋涛. 环境政策与企业生产技术效率——以造纸企业为例 [J]. 北京林业大学学报（社会科学版），2006 (6)：78-82.

[200] Fare，R.，Grosskopf，S.，Lovell CAK. Production Frontiers [M]. Cambridge: Cambridge University Press，1994.

[201] Farrell，M. J..The measurement of Production Efficiency [J]. Journal of Royal Statistical Society，Series A，General，1957，120：253-281.

[202] Chambers，R.G.，Fare，R.，Grosskopf，S.. Productivity Growth in APEC Countries [J]. Pacific Economic Review，1996，1 (3)：181-190.

[203] Fare，R.，Grosskopf，S，Pasurka，C.A.. Environmental Production Functions and Environmental Directional Distance Functions [J]. Energy，2007，32：1055-1066.

[204] Luenberger，D.G.. Microeconomic Theory [M]. Boston：McGraw-Hill，1995.

[205] Shephard，R. W.. Theory of Cost and Production Functions [M]. Princeton: Princeton University Press，1970.

[206] Chung，Y.H.，Fare，R.，Grosskopf，S.. Productivity and Undesirable Outputs：A Directional Distance Function Approach [J]. Journal of Environmental Management，1997，51：229-240.

[207] Sala-I-Martin，X.X..The Classical Approach to Convergence Analysis [J]. Economic Journal，1996，106：1019-1036.

[208] Miller，S.M.，Upadhyay，M.P.. Total Factor Productivity and the Manufacturing Sectors in Industrialized and Developing Countries [J]. Energy Policy，2002，29：769-775.

[209] 李旭颖. 企业创新与环境规制互动影响分析 [J]. 科学学与科学技术管理，2008 (6)：61-65.

[210] 吴晓波. 二次创新的进化过程 [J]. 科研管理，1995 (2)：27-35.

[211] Selden，T.，Song，D.. Environmental Quality and Development：is there a Kuznets Curve for Air Pollution Emissions [J]. Journal of Environmental Economics and Management，1994，35：126-141.

[212] Stewart，R.B.. Pyramids of Sacrifice?：Problem of Federalism in Mandating

State Implementation of National Environmental Policy [J]. Yale Law Journal, 1977, 86: 1196 -1272.

[213] William J.Baumol, Wallace E.Oates. The Theory of Environmental Policy [M]. New York: Cambridge University Press, 1988.

[214] Wallace E. Oates, Robert M. Schwab. Economic Competition among Jurisdictions: Efficiency Enhancing or Distortion Inducing [J]. Journal of Public Economics, 1988, 35: 333-354.

[215] Wellisch, D..Locational Choices of Firms and Decentralized Environmental Policy with Various Instruments [J]. Journal of Urban Economics, 1995,37: 290-310.

[216] 国家计委市场与价格研究所课题组. 我国经济市场化程度的判断 [J]. 宏观经济管理, 1996 (2): 20-23.

[217] 陈宗胜. 中国经济体制市场化进程研究 [M]. 上海: 上海人民出版社, 1999.

[218] 卢中原, 胡鞍钢. 市场化改革对我国经济运行的影响 [J]. 经济研究, 1993 (12): 49-55.

[219] 樊纲, 王小鲁, 朱恒鹏. 中国市场化指数 [M]. 北京: 经济科学出版社, 2010.

[220] North, D., Thomas, R.. The Rise of the Western World: a New Economic History [M]. Cambridge: Cambridge University Press, 1973.

[221] Coase, R.. The Nature of the Firm [J]. Economica, 1937,4 (16): 386-405.

[222] Williamson, O.E.. Hierarchical Control and Optimum Firm Size [J]. Journal of Political Economy, 1967, 75 (2): 123-138.

[223] Demsetz, H.. Toward a Theory of Property Rights [J]. American Economic Review, 1967, 57 (2): 347-359.

[224] Rosensterin-Rodan, P.N..Problems of Industrialization of Eastern and South-eastern Europe [J]. Economic Journal, 1943: 6-9.

[225] 世界银行.1994 年世界发展报告: 为发展提供基础设施 [M]. 北京: 中国财政经济出版社, 1994.

[226] 李强, 黄国良.促进采掘业资源节约和环境保护的税收优惠政策探讨 [J]. 税务研究, 2011 (10): 86-88.

[227] Hirschman, A.O.. The Strategy of Economic Development [M]. New Haven, CT: Yale University Press, 1958.

[228] Barro, R.J. Government Spending in a Simple Model of Endogenous Growth [J]. Journal of Political Economy, 1990, 98 (5): 103-125.

[229] 赵志华. 中国煤炭业重组研究：产权交易与金融支持 [M]. 太原：山西人民出版社，2011.

[230] 杨钟馗等. 基于 DEA 的中国能源产业生产效率及生产率变动分析 [J]. 技术经济，2009 (10)：38-43.

[231] 赵梦楠，周德群. 煤炭行业全要素生产率的区域差异 [J]. 统计与决策，2007 (3)：81-82.

[232] 张各兴，夏大慰. 所有权结构、环境规制与中国发电行业的效率——基于 2003~2009 年 30 个省级面板数据的分析 [J]. 中国工业经济，2011 (6)：130-140.

[233] 张各兴，夏大慰. 中国输配电网技术效率与全要素生产率研究 [J]. 财经研究，2012 (10)：112-122.

[234] 李宏舟，邹涛. 我国电力行业发电技术效率及影响因素 [J]. 改革，2012 (10)：44-50.

[235] Du et al.. The Effects of Electricity Reforms on Productivity and Efficiency of China's Fossil-fired Power Plants [J]. Energy Economics, 2013, 40: 804-812.

[236] 白兰君等. 中国石油全要素生产率增长率的计算 [J]. 石油科技论坛，2009 (3)：30-34.

[237] Donghyun O., Almas H. A.. Sequential Malmquist-Luenberger Productivity Index: Environmentally Sensitive Productivity Growth Considering the Progressive Nature of Technology [J]. Energy Economics, 2010, 32 (9): 1345-1355.

[238] Silverman, B.W.. Density Estimation for Statistics and Data Analysis [M]. New York: Chapman and Hall, 1986.

[239] Sain, S.R., Scott, D.W.. On Locally Density Estimation [J]. Journal of the American Statistical Association, 1996 (91): 1525-1534.